Die Rezeption der europäischen Privatrechte in China
und die konfuzianische Tradition

Rechtshistorische Reihe

Band 457

Zur Qualitätssicherung und Peer Review der vorliegenden Publikation

Die Qualität der in dieser Reihe erscheinenden Arbeiten wird vor der Publikation durch den einen Herausgeber der Reihe geprüft.

Notes on the quality assurance and peer review of this publication

Prior to publication, the quality of the work published in this series is reviewed by one of the editors of the series.

Ruomeng Yang

Die Rezeption der europäischen Privatrechte in China und die konfuzianische Tradition

Das Beispiel des Deliktsrechts im frühen 20. Jahrhundert

PL ACADEMIC RESEARCH

Bibliografische Information der Deutschen Nationalbibliothek
Die Deutsche Nationalbibliothek verzeichnet diese Publikation in der Deutschen Nationalbibliografie; detaillierte bibliografische Daten sind im Internet über http://dnb.d-nb.de abrufbar.

Zugl.: Frankfurt (Main), Univ., Diss., 2014

Die vorliegende Arbeit wurde von
Prof. Dr. A. Cordes
zur Aufnahme in die Reihe empfohlen.

Umschlagabbildung:
Justitia. Allegorie der Gerechtigkeit.
Druck aus dem 17. Jahrhundert.

D 30
ISSN 0344-290X
ISBN 978-3-631-66352-3 (Print)
E-ISBN 978-3-653-05753-9 (E-Book)
DOI 10.3726/978-3-653-05753-9

PL Academic Research ist ein Imprint der Peter Lang GmbH.

Peter Lang – Frankfurt am Main · Bern · Bruxelles · New York · Oxford · Warszawa · Wien

Diese Publikation wurde begutachtet.

www.peterlang.com

Inhaltsübersicht

Inhaltsverzeichnis

Abkürzungen

BGB	Das Bürgerliche Gesetzbuch Deutschlands
C. c.	Code civil des français, französische Gesetzbuch zum Zivilrecht 1804
chin. ZGB	chinesisches Zivilgesetzbuch 1929-1931
HGR	Haftungsgesetz für Rechtsverletzungen der VR China 2010
jap. ZGB	japanisches Zivilgesetzbuch
KMT	Kuomintang, Nationale Volkspartei Chinas
KPC	Kommunistische Partei Chinas
OGH	Oberster Gerichtshof der Republik China (Nanjing, 1928-1949)
OR	Schweizerisches Obligationenrecht 1911
RGZ	Entscheidungen des deutschen Reichsgerichts in Zivilsachen
ZGB	schweizerisches Zivilgesetzbuch 1907
ZRG	Zivilrechtsgrundsätze der VR China 1986

Kapitel 1: Einleitung

I. Fragestellung

Max Weber hat schon darauf hingewiesen, dass die rationale Tradition des modernen europäischen Rechts auf dem Gedanken des allgemeinen abstrakten Rechts basiert.[1] Als ein Beispiel dient das BGB, das vollständig auf allen Arten subjektiver Rechte basiert, um in erster Linie das Privatrecht und die Privatheit zu schützen. Was bemerkenswert ist: Sowohl die Idee der subjektiven Rechte als auch die Privatheit können kaum von der chinesischen Kultur verstanden werden.

Trotz des ganz unterschiedlichen kulturellen Hintergrunds rezipierte China seit Anfang des 20. Jahrhunderts die abendländischen Rechtsordnungen. Von der Zeit an wurde eine enge rechtsgeschichtliche Beziehung zwischen China und der westlichen Welt begonnen, wodurch die chinesischen traditionellen Ordnungen allmählich verdrängt wurden. Aber trotzdem bedeutet dies nicht, dass die abendländische rechtliche Grundlage in China geistig vollständig umgesetzt worden wäre.

Schon in den 1950er Jahren, als viele chinesische Juristen die Rechtsrezeption vom westlichen Recht in China als selbstverständlich hielten – wie den Dingen ihren natürlichen Lauf lassen –, äußerte sich der berühmte chinesische Rechtswissenschaftler Wang Boqi kritisch: Alles, was durch die neue Gesetzgebung von China rezipiert worden war, sei das auf der westlichen Kultur und der Denkweise basierende Rechtssystem, während die Elemente, die auf der Ebene des Volksbewusstseins funktionierten, immer noch der traditionellen Kultur, Ethik und Gewohnheit, oder mit seinen eigenen Worten, „*li*-Vorschriften (*lijiao zhidu* 礼教制度)", folgten. Diese beiden Strömungen seien nicht ohne Weiteres miteinander kompatibel; die Kluft dazwischen dürfte nicht ausgeglichen werden.

Aus seiner Sicht stellt sich die Frage: Werden die westlichen Gesetze in China wirklich gelebt? Passt sich unser Denken wirklich den rezipierten westlichen Rechten an? Darauf hat er zuerst seine eigene Antwort gegeben: Die europäischen Rechte und die chinesische Tradition seien „äußerlich verbunden, innerlich getrennt".[2]

---

1 Weber, Wirtschaft und Gesellschaft, Grundriss der verstehenden Soziologie, Tübingen, Nachdr. 1980, S. 397 ff.

2 Wang, Modernes Rechtsdenken und alte chinesische Kultur, Taipeh, 1956, Nachdr. Beijing, 2002, S. 5, 52.

In der Tat ist bis heute in der Rechtsrezeptionsforschung Konsens, dass die Verbindung von westlichen Gesetzen und der chinesischen lokalen Kultur nicht „selbstverständlich" ist, sondern eine komplexe „symbiotische" Beziehung darstellt. Manche Nachwirkung dieser komplexen Beziehung bleibt sogar bis heute ungelöst. Vor dem Hintergrund der kontinuierlichen Steigerung des nationalen Selbstbewusstseins wird diese Komplexität im heutigen China weiterhin eine Rolle spielen.

Im Folgenden werden die Hauptfragen dargestellt, die innerhalb dieser Dissertation beantwortet werden sollen: Hat das westliche Rechtssystem wirklich die traditionellen chinesischen Rechtsordnungen ersetzt? Haben die westlichen Rechtsgrundsätze wirklich die chinesische Rechtstradition ersetzt? Welche Rollen haben die beiden Strömungen jeweils in der Rechtsrezeption in China gespielt? Wie funktionierte die Interaktion zwischen den entsprechenden Rechtskulturen? Welche traditionellen chinesischen Elemente dienten als das innere Motiv für die chinesische Rechtsrezeption?

Weitere Fragen, die innerhalb dieser Dissertation behandelt werden, sind: Wie können neue Rechtsgrundsätze in einem anderen Land, das eine sehr heterogene Kultur hat, überleben und sich weiter fortbilden? Inwieweit können die ausländischen juristischen Elemente beibehalten und weiter in die lokalen Vorstellungen integriert werden? Ist die Rechtsordnung vom Prinzip her universal oder lokal?

Die oben genannten Rechtsrezeptionsfragen werden in dieser Dissertation hauptsächlich mittels einer rechtskulturellen Methode erforscht, die sich auf die Beziehungen zwischen den westlichen Rechtsnormen und dem lokalen traditionellen Hintergrund (in erster Linie Konfuzianismus) konzentriert. Im Allgemeinen wird die Rechtsrezeption als ein dynamischer Vorgang verstanden, der gleichermaßen durch das rezipierte Recht und das Subjekt der Rezeption beeinflusst wird.

Über die Rechtsrezeption des römischen Rechts in Deutschland hat Wieacker geschrieben, dass die Rezeption ein „sowohl vom Leitbild als auch vom Empfänger mitbeeinflusster Komplex" ist.[3] Es soll an dieser Stelle aber darauf hingewiesen werden, dass die chinesische Rechtsrezeption sich von der deutschen Rechtsrezeption unterscheidet. Wegen der kulturellen Heterogenität ist die erstere „komplexer" als die letztere. Diese Komplexität kann als „heterogene Rechtsrezeption" oder „transkulturelle Rechtsrezeption" bezeichnet werden. In der vorliegenden Arbeit wird der Rezeptionsvorgang in China als „ideelle

3 Wieacker, Privatrechtsgeschichte der Neuzeit, Göttingen, 1967, Nachdr. 1996, S. 128.

Anpassungsrezeption“ bezeichnet, um zu betonen, dass eine ideelle Anpassung in der Rechtsrezeption immer eine bedeutende Rolle gespielt hat.

In der nachfolgenden wissenschaftlichen Ausarbeitung stehen zwei Arbeitsschritte im Mittelpunkt: (1) Anhand von historischen Quellen untersuchen, wie genau die rezipierte westliche Rechtsordnung und der lokale Hintergrund aufeinander eingewirkt haben; (2) die Rezeptionselemente kategorisieren, die Mitwirkungsphänomene typisieren und die möglichen Gründe dafür erklären.

II. Untersuchungsobjekt und -ziel

1. Die zeitliche Eingrenzung

Der Prozess der Rechtsrezeption in China ist noch nicht abgeschlossen. Aus praktischer Erwägung muss der zu untersuchende Zeitraum jedoch eingrenzt werden: vom Anfang der Rechtsrezeption in der Zeit der *Qing*-Dynastie (etwa 1900) bis zur Zäsur der Rezeption wegen der Gründung der Volksrepublik China (1949).

Die Rezeption des europäischen zivilrechtlichen Gesetzbuches in China begann am Ende der *Qing*-Dynastie mit dem ersten Entwurf eines chinesischen zivilrechtlichen Gesetzbuches (1911). Bis zur republikanischen Zeit Chinas bzw. der Epoche der *Beijing-Regierungszeit* (1912-1928) wurde der zweite zivilrechtliche Entwurf geschaffen. In der Rechtsprechung begann die Anwendung der rezipierten Rechtsnormen erst in dieser Zeit. Trotz eines großen Mangels an gerichtlicher Erfahrung und Gesetzgebung gab es zahlreiche Fälle, in denen versucht wurde, das europäische Recht mit der chinesischen Tradition kreativ zu verbinden.[4] Schließlich wurde das chinesische ZGB in der Epoche der *Nanjing-Regierungszeit* (1929-1948) verabschiedet, was als Meilenstein der chinesischen Rechtsrezeptionsgeschichte betrachtet werden kann. Das Ende des Untersuchungszeitraums setzt die Gründung der Volksrepublik China im Jahr 1949, womit die Kontinuität der Rechtsrezeptionsgeschichte seit dem Ende der Qing-Dynastie, insbesondere der Gesetzgebungsrezeption, infolge des Regimewechsels ein Ende fand. Die Rezeption des westlichen Rechts in der Volksrepublik China nach 1949 könnte daher als ein eigenes Thema erforscht werden.

Innerhalb der vorliegenden Dissertation wird der Zeitraum 1900-1949 sowohl als äußerst wichtig für den Beginn der Rechtsrezeption in China als auch für die Fortentwicklung des europäischen Rechts (davon vor allem BGB) betrachtet.

---

4 Siehe dazu 5. Kap. I. 3. Die Analyse der Entscheidungen des Dali Yuan ist einer der Schwerpunkte der vorliegenden Arbeit. Einige dieser Entscheidungen werden im folgenden Kapitel anhand von Fallstudien dargestellt.

2. Die Hauptquellen zur Rechtsrezeptionsgeschichte

Zu den Quellen zählen in erster Linie offizielle Texte, und zwar (a) Rechtsprechungstexte, (b) die Texte der Kodifikationen und (c) die anderen offiziellen Gesetzgebungstexte. Die Rechtstexte, vor allem die Gesetzestexte und die Gerichtsentscheidungen, verdienen besondere Beachtung, weil sie im Vergleich zu den anderen Quellen, wie Gewohnheitsrecht, mehr Deutlichkeit und Rationalität, und wichtiger, mehr Sicherheit und Normativität, beinhalten.[5]

a) Die Quellen der Rechtsprechung

Der Zeitraum von 1900 bis 1949 war aufgrund häufiger Kriege und Regimewechsel eine der unruhigsten Perioden in der chinesischen Geschichte. Deshalb konnten die damaligen Rechtsprechungsdokumente nicht gut genug aufbewahrt werden. Die meisten bekannten Dokumente sind heute im *Second Historical Archives of China* (中国第二历史档案馆, in Nanjing, VRC) zugänglich. Aus politischen Gründen ist die Benutzung oder Recherche jedoch schwierig. Durch die akademische Kooperation zwischen China und Taiwan konnten die Gerichtsentscheidungen aus dem Zeitraum 1912–1949 in den letzten Jahren schrittweise kopiert werden und können nun im *Fundamental Jurisprudence Research Center* des *College of Law* der *National Chengchi University* (基礎法學研究中心, 國立政治大學法學院, in Taipeh, Taiwan) mit besserer Zugänglichkeit aufbewahrt werden. Ein Teil der Dokumente wurde schon neu ediert und veröffentlicht.[6] Die unveröffentlichten Dokumente sind unter Zustimmung der zuständigen Behörde für Forscher aus aller Welt zugänglich.[7]

Da die Untersuchung derartiger Quellen im Mittelpunkt der vorliegenden Arbeit steht, werden im Folgenden einige Aspekte über den Hintergrund, den Wert und den Zustand der ausgewählten Quellen vorgestellt.[8]

---

5 Vgl. Knieper, Gesetz und Geschichte, Baden-Baden, 1996, S. 16.

6 Die bisher veröffentlichten Dokumente: Huang (Editor), Maßgebende Entscheidungssammlung des Dali Yuan in Zivilsachen (大理院民事判例輯存), Bände: Allgemeiner Teil, Obligationsrecht, Sachenrecht, Familienrecht, Erbrecht, Taipeh, 2012; Huang (Editor), Hunderte ausgewählte Entscheidungen des Dali Yuan in Zivilsachen (景印大理院民事判例百選), Wunan Books, Taipeh, 2009.

7 Im Archiv dürfen die Dokumente gelesen und begrenzt kopiert werden (Zur Quellenlage in Taipeh siehe: Huang, Die Bearbeitung und Forschung der Rechtsprechungsdokumente des Dali Yuan in der frühen republikanischen Zeit, in: Chengchi Law Review, Taipeh, Vol. 59, 1998-6, S. 1-31.

8 Näheres hierzu siehe unten, Anhang I: Quellenverzeichnis

(1) *Entscheidungssammlung des Dali Yuan*[9] *in Zivilsachen im Volltext 1912–1928* (大理院民事判決全文彙編)

Wie oben schon erwähnt, gab es trotz des Mangels an praktischer Erfahrung und der Nichtverfügbarkeit eines kodifizierten zivilrechtlichen Gesetzbuchs in der Beijing-Regierungszeit-Epoche (1912–1928) zahlreiche Versuche, europäisches Recht und europäische „Rechtstheorie (條理 *tiaoli*)“ in der Praxis anzuwenden. Um hierbei einerseits so viele Streitfälle wie möglich unter Anwendung der rezipierten Normen zu lösen und um andererseits so viele Wertkonflikte wie möglich zu vermeiden, versuchten die Richter, mit großer Sorgfältigkeit Verknüpfungsmöglichkeiten zwischen den westlichen Rechtsprinzipien und dem lokalen Rechtsverständnis zu ermitteln.[10]

Aus den folgenden Gründen ist die Bearbeitung dieser Quellen jedoch sehr aufwendig (insbesondere das Lesen und die Recherche): Erstens, die Sammlung besteht aus gescannten Kopien der Original-Quellen, in denen alle Texte mit Schreibpinsel, nach dem alten chinesischen Schreibstil, und ohne Satzzeichen geschrieben wurden; zweitens, alle zivilrechtlichen Urteile innerhalb von 16 Jahren (insgesamt 38 Bände) sind nur in chronologischer Reihenfolge, nicht nach Themenbereichen, sortiert.

Bild 1. Eine Seite der *Entscheidungssammlung des Dali Yuan in Zivilsachen im Volltext 1912-1928*

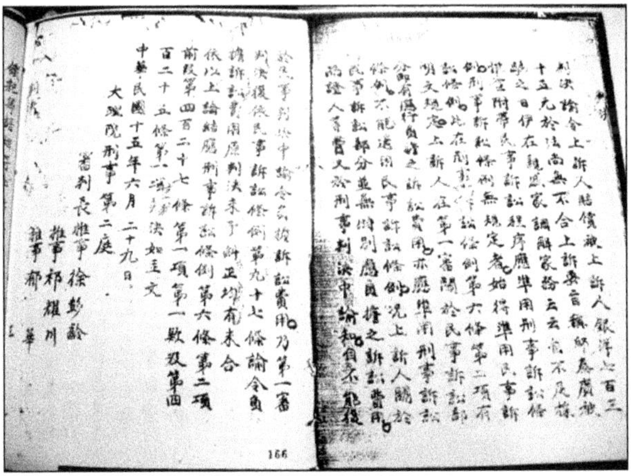

9 Dali Yuan (大理院), das oberste Gericht der Republik China von 1912 bis 1928, wurde 1928 durch den Obersten Gerichtshof der Republik China ersetzt.

10 Shao, Die Rezeption des deutschen Zivilrechts im alten China, in: JZ, Band 54, 1999, H. 2, S. 84.

Aufgrund der zeitlichen Begrenzung wird in der vorliegenden Arbeit daher nur ein kleiner Teil dieser Urteile[11] berücksichtigt.

(2) *Maßgebende Entscheidungssammlung des Dali Yuan in Zivilsachen* (大理院民事判例輯存)
(3) *Entscheidungsleitprinzipien des Dali Yuan in Zivilsachen* 1912-1928 (大理院判例要旨匯覽・民事)

Die juristischen Ausbildungshintergründe von Richtern am *Dali Yuan* und von Richtern in Bezirksgerichten waren so unterschiedlich, dass Willkür in richterlichen Entscheidungen nicht ausgeschlossen werden konnte. Unter diesen Umständen war ein einheitliches und klares zivilrechtliches Gesetzbuch, oder zumindest ein offizielles normatives Rechtsdokuments, dringend notwendig. Die Rechtsprechung war aber zum großen Teil auf die Regelungen angewiesen, die von dem *Dali Yuan* selbst erlassen worden sind. Deshalb hat das *Dali Yuan* einige typische Fälle aus seiner Rechtsprechungspraxis ausgewählt und die den jeweiligen richterlichen Entscheidungen zugrunde liegenden normativen Rechtsgrundsätze, die insgesamt als „Entscheidungsleitprinzipien (判例要旨)" bezeichnet werden, herausgezogen. Diese Leitprinzipien weisen teilweise Ähnlichkeiten mit dem angloamerikanischen *case law* auf. Obwohl die „Entscheidungsleitprinzipien" offiziell nur eine wegweisende, leitende Funktion für die Richter aus den untergeordneten Gerichten hatten, wurden sie häufig auch als Rechtsquelle herangezogen.[12]

Die Anzahl der maßgebenden Entscheidungen in den Entscheidungsleitprinzipien ist geringer als die Anzahl in der gesamten Sammlung. Außerdem sind die „Entscheidungsleitprinzipien" nachträglich von dem *Fundamental Jurisprudence Research Center* überarbeitet und kategorisiert und von *Angle Publishing* (Taipeh) veröffentlicht worden: Sie wurden aus der traditionellen Handschrift in einen gedruckten Text mit Satzzeichen übertragen und inhaltlich nach der pandektischen Struktur sortiert. Die maßgebende Entscheidungssammlung ist sowohl quantitativ als auch qualitativ eine der wichtigsten Quellen für die vorliegende Untersuchung.

---

11 Die Gerichtsentscheidungen im Zeitraum von 1914 bis 1916, ungefähr 10 %-15 % aller Dokumente.

12 Näheres hierzu siehe unten, 3. Kap. II. 2.

Bild 2. Eine Seite der Maßgebenden Entscheidungssammlung des Dali Yuan in Zivilsachen

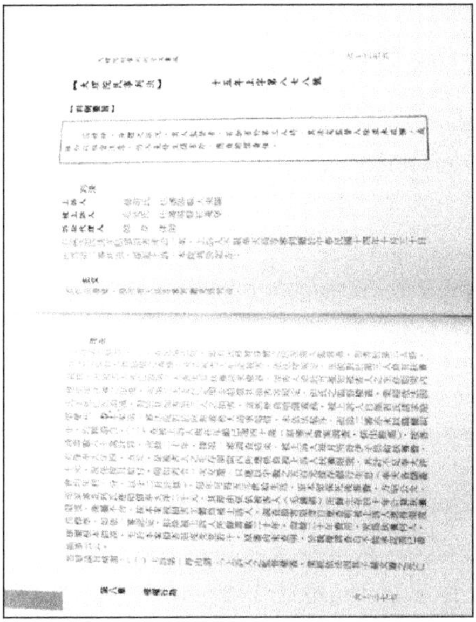

(4) *Maßgebende Entscheidungssammlung des Obersten Gerichtshofs in Zivilsachen 1928-1949* (最高法院民事判例匯覽)
(5) *Vergleichende Gegenüberstellung der unterschiedlichen Standpunkte in den Entscheidungen des Obersten Gerichtshofs seit 1912* (最高法院判例中前後不同見解之比較研究)

Nach dem Inkrafttreten des chinesischen ZGB, als Ergebnis der Gesetzgebungsrezeption, begannen die Theorierezeption und die Gerichtsentscheidungsrezeption. In der Entscheidungssammlung des Obersten Gerichtshofs (OGH) – der Nachfolgeinstitution des *Dali Yuan* – können mehr Argumentationen mit dem „richtigen" Verständnis des rezipierten Rechts gefunden werden.[13]

Die *Vergleichende Gegenüberstellung* ist eine vom obersten Gerichtshof vorgenommene offizielle Interpretation. Darin wurden die Begründungsveränderung zwischen den älteren und den neuen Entscheidungen (in erster Linie die auf Leitprinzipien bezogenen Entscheidungen) zusammenfassend verglichen, erklärt und reflektiert. Diese Interpretation enthält nicht viele Fälle, aber alle Fälle sind von maßgeblicher Bedeutung.

---

13 Näheres hierzu siehe unten, 3. Kap. III.

Die anderen wichtigen Quellen vom *Dali Yuan/Obersten Gerichtshof* sind folgende:

(6) *Auslegungen des Dali Yuan im Volltext 1912–1928* (大理院解釋例全文)
(7) *Zivilrechtliche Prinzipien und Auslegungen der Republik China seit 1928* (中華民國民法判解釋義全書)
(8) *Entscheidungsleitprinzipien des Obersten Gerichtshofs in Zivilsachen seit 1928* (最高法院判例要旨匯覽・民事)

Die Entscheidungen aus den Bezirksgerichten sehen im Vergleich mit den Entscheidungen des *Obersten Gerichtshofs/Dali Yuan* „unordentlich" aus. Da die Richter aus den Bezirksgerichten normalerweise eine geringere Kenntnis des westlichen Rechts hatten, war die Urteilsbegründung nicht immer „richtig" und es gab nicht selten Verzerrungen des ursprünglichen Gedankens der rezipierten Rechtsnormen. Allerdings sind eben jene Verzerrungen und die Missverständnisse von großer Bedeutung für die Rezeptionsforschung. Die zu untersuchenden Entscheidungen aus Bezirksgerichten sind folgende:

(9) Dokumente mehrerer Bezirksgerichte 1908-1912 (各省審判廳判牘), in denen ca. 300 zivil- und strafrechtliche Entscheidungen nach der Rechtsreform am Ende der Qing-Dynastie gesammelt wurden.
(10) Gerichtsentscheidungen Tajingting 1908-1914 (塔景亭案牍), in denen ca. 100 Entscheidungen von einem Bezirksgericht erster Instanz im Zeitraum vom Ende der Qing-Dynastie bis zur Republik China gesammelt wurden.
(11) Sammlung zivilrechtlicher *und strafrechtlicher Entscheidungen 1926-1931* (民刑事裁判大全), in der die Entscheidungen von einigen Bezirksgerichten in der frühen Nanjing-Regierungszeit gesammelt wurden.

b) Die Texte der Kodifikationen

(1) *Der Entwurf zum Zivilgesetzbuch der Großen Qing 1911* (大清民律草案)
(2) *Der Entwurf zum Zivilgesetzbuch der Republik China 1925* (中華民國民律草案)
(3) *Das Zivilgesetzbuch der Republik China 1929-1931* (中華民國民法)

Die Übersetzungen des chinesischen ZGB in dieser Arbeit sind übernommen aus Bünger, Zivil- und Handelsgesetzbuch sowie Wechsel- und Scheckgesetz von China, S. 101 ff. Da die meisten Fachbegriffe und die Formulierungen der zivilrechtlichen Regelungen seit dem ersten Entwurf kaum geändert wurden, profitieren auch die Übersetzungen zu dem ersten und zweiten Entwurf und zu den Leitprinzipien des Dali-Yuan von dieser Vorarbeit.

c) Die Sekundärquellen zur Gesetzgebungsgeschichte

(1) Materialien zur Entstehungsgeschichte des chinesischen Zivilgesetzbuchs (中華民國民法制定史料彙編)
(2) Das Archiv der Rechtsgeschichte in der Republik China (中華民國法律志)
(3) Sammlung *der Gesetzentwürfe* (法律草案彙編)

d) Fachliteratur

Neben Gesetzgebungs- und Rechtsprechungstexten kann die vielfältige Fachliteratur aus der Rezeptionszeit als eine andere wertvolle Quelle hinzugezogen werden. Obwohl sie im Unterschied zu den Rechtstexten nicht vom Staat verfasst und durchgesetzt wurden, kann mithilfe der Auswertung der Fachliteratur häufig das damalige Verständnisniveau und die Weiterentwicklung bzw. Anpassung der Ideen dargestellt werden. Die rechtswissenschaftliche Fachliteratur nach 1949 wird gelegentlich berücksichtigt, aber meistens nicht als Primärquelle, sondern als Sekundärliteratur benutzt.

3. Rechtsrezeptionsforschung im Bereich Deliktsrecht

Es ist notwendig zu erklären, warum das Deliktsrecht als Musterbeispiel für die Rezeption des Zivilrechts in China und als Haupt-Untersuchungsgegenstand der vorliegenden Dissertation ausgewählt wurde. Allgemein gesagt, reflektiert das Deliktsrecht oft außerrechtliche Perspektiven wie z. B. Traditionen, Wirtschaftssysteme und Wertvorstellungen – und bietet, vor diesem Hintergrund, auch der transkulturellen rechtsgeschichtlichen Forschung einen großen Spielraum.

a) H. Kötz hat bereits auf die historische und kulturelle Dimension des modernen Deliktsrechts hingewiesen: Das Deliktsrecht blickt auf eine lange Geschichte zurück und geht von sehr unterschiedlichen kulturellen Erfahrungen aus. Dies erklärt die unterschiedlichen Strukturen des heutigen Deliktsrechts in der Welt.[14] Im Unterschied zu anderen zivilrechtlichen Bereichen ist das Deliktsrecht in der Rechtsgeschichte, ähnlich wie das Strafrecht, stärker von der Kasuistik geprägt und ist damit stärker auf die Tradition und Praktiken angewiesen. Aufgrund seiner langfristigen kumulativen Entwicklung hat das Deliktsrecht eine lange Geschichte und wird in seiner Entwicklung oft von der chinesischen Kultur beeinflusst. Aus diesem Grund dient das Deliktsrecht häufig als Gegenstand der rechtsgeschichtlichen Forschung. Obwohl es

14 Kötz/Wagner, Deliktsrecht, Nachdr. München, 2010, Rn. 13.

im chinesischen traditionellen Rechtssystem kaum ein ausdrücklich bezeichnetes zivilrechtliches Deliktsrecht im Sinne des modernen Rechtssystems gab, können zahlreiche alte deliktische Rechtsverordnungen und Rechtsideen gefunden werden, die gelegentlich innerhalb der vorliegenden Dissertation in die Betrachtung der Rechtsrezeptionsforschung miteinbezogen werden.[15]

b) Der Hauptzweck des zivilrechtlichen Deliktsrechts ist es, zwischen der individuellen Handlungsfreiheit und dem Schutzbereich von Rechtsgütern abzuwägen. Die entscheidenden Punkte werden dann oft von den dominierenden Wertvorstellungen abgeleitet, die wiederum von Faktoren wie Tradition, Wirtschaftssystem, Sozialethik und Weltanschauung beeinflusst oder determiniert werden. Mithilfe der Untersuchung des Deliktsrechts kann ein Zusammenhang zwischen politischer Strategie und juristischer Technik nachgewiesen werden.[16] Das Deliktsrecht kann, als Knotenpunkt aller außerrechtlichen Strömungen, das Verhältnis zwischen der Funktion von Rechtsnormen und der sozialen Entwicklung darstellen. Gert Brüggemeier ist sogar der Meinung, dass jeder der drei Deliktstatbestände im deutschen BGB einen eigenen gesellschaftlichen Steuerungsmechanismus ausgedrückt habe: (1) *§ 823 Abs. 1*: Steuerung durch den **Markt**; (2) *§ 823 Abs. 2*: Steuerung durch **Politik**; (3) *§ 826*: Steuerung durch gesellschaftliche **Moral**.[17]

Für den Forschungsschwerpunkt der vorliegenden Dissertation (die Vereinbarkeit lokaler Ideen und rezipierter Rechtsnormen) ist das Deliktsrecht daher ein großer Gewinn.

4. Eine Auswahl materiellrechtlicher Sachfragen

Während die Quellenauswahl objektiv eingeschränkt ist, beruht die Auswahl der materiellrechtlichen Sachfragen auf einer subjektiven Eingrenzung.

Die vorliegende Dissertation wird sich in erster Linie auf kulturelle und geschichtliche Elemente konzentrieren. Die Quellen und Materialien wurden entsprechend dieser inhaltlichen Ausrichtung ausgewählt. Die konkreten Gründe für die Auswahl werden jedoch erst in Kapitel 4 und 5 thematisch genauer erklärt. In einem ersten Schritt wird ein Katalog erstellt. Mithilfe dieses Katalogs lassen sich die Art und Weise der Rechtsrezeption und die nachträglichen Modifikationen im Sinne des Konfuzianismus nachvollziehen. Dies ist eine notwendige Vorbereitungsarbeit für die sachlichen Analysen.

---

15 Näheres hierzu siehe weiter unten, Kapitel 2. II.

16 Bell, Policy Arguments in Judicial Decisions, Oxford, 1983, S. 36 f, 41 ff.

17 Brüggemeier, Deliktsrecht, Baden-Baden, 1986, Rn. 84, 790, 839.

Im Großen und Ganzen wird die Analyse die folgenden Bereiche einbeziehen:

a) Allgemein
  aa) Schaden
  bb) Verschulden (Mitverschulden)
  cc) Generalklauseln
b) Haftungsgründe
  aa) Verschuldenshaftung
  bb) Billigkeitshaftung
  cc) Gefährdungshaftung
c) Rechtsgüter und Rechte
  aa) Leben und Körper
  bb) Eigentumsrecht und absolute sonstige Rechte
  cc) Persönlichkeitsrecht (Ruf, Ehre, Privatsphäre)
  dd) Familienrechte
d) Die Haftung bei Sondertatbeständen
  aa) Aufsichtshaftung
  bb) Gehilfenhaftung
e) Haftung mehrerer Personen
  aa) Gesamtschuld
  bb) Ersetzung der Kausalität durch Verschulden
f) Rechtsfolgen der Haftungen (Schadensersatz/Strafe)
  aa) Schadensersatz
  bb) Geldersatz und Naturalrestitution
  cc) Schmerzensgeld

Weil alle einflussreichen chinesischen zivilrechtlichen Gesetzentwürfe hauptsächlich nach dem Muster des BGB verfasst worden sind, wird sich die Erstellung des Katalogs materieller und prozessualer Kernfragen an dem System und der Terminologie des deutschen Deliktsrechts orientieren. Dies bedeutet jedoch NICHT, dass die Arbeit sich nur auf § 823 und die nachfolgende Vorschriften des BGB beschränkt. Zusätzlich werden die einschlägigen Sachfragen aus anderen zivilrechtlichen Bereichen (z. B. Sachenrecht, Familienrecht, ungerechtfertigte Bereicherung und das Vertragsrecht in Bezug auf die Anspruchskonkurrenz) berücksichtigt.

Der Grund dafür ist, dass in dieser Arbeit in erster Linie die funktionalen Aspekte des Deliktrechts erforscht werden und nicht die dogmatischen Aspekte. Die kodifizierten privatrechtlichen Strukturen unterscheiden sich in unterschiedlichen Rechtssystemen bezüglich ihrer jeweiligen kulturellen und geschichtlichen Hintergründe. Dies gilt auch für das chinesische Deliktsrecht und das deutsche Deliktsrecht. Deshalb sollen die Normen des Deliktsrechts nicht nur auf ihre formale Struktur hin untersucht werden, sondern auch inhaltlich analysiert werden, damit die zweckmäßig entsprechenden Normen in den unterschiedlichen Rechtssystemen gefunden werden können. Darüber hinaus ist es wichtig zu erklären, dass der Fokus innerhalb dieser Dissertation auf der allgemeinen Privatrechtsrezeptionsgeschichte liegt und das Deliktsrechts in erster Linie als Musterbeispiel und zur Eingrenzung des Forschungsgegenstands hinzugezogen wird. Das Ziel ist es, mithilfe der genaueren Betrachtung des Deliktsrechts induktiv Rückschlüsse auf die Ganzheit des Privatrechts zu ziehen.

III. Theoretische Grundlagen und Methoden

1. Theoretische Ansätze der Rechtsrezeption

Über die theoretischen Grundlagen der Rechtsrezeption gibt es in den Disziplinen der Rechtsvergleichung und der Rechtsgeschichte seit langem kontroverse Theorien. Im Folgenden werden einige dieser Theorien vorgestellt.

a) Universalismus

Der Begriff Universalismus bezeichnet in der Rechtsrezeptionsforschung den Anspruch, die Vielfalt aller Rechtssysteme weltweit auf ein einzelnes allgemeingültiges Wertesystem zurückzuführen. Dieser Gedanke beruht sowohl auf der naturrechtlichen Lehre in der alten Zeit als auch auf der Idee und dem Versuch der Rechtsvereinheitlichung in der neuen Zeit.[18] Der philosophische Ursprung liegt entweder im Klassizismus oder in der Moderne. Im Klassizismus gibt es die Vorstellung, dass eine ursprüngliche, ideale Form des Rechts existieren muss; die philosophische Schule der Moderne geht davon aus, dass alle Rechtssysteme einem ähnlichen oder gleichen Entwicklungsprozess unterliegen. Dem Universalismus zufolge ist die Rechtsrezeption ein natürlicher und notwendiger Prozess für die Weiterentwicklung des Rechtssystems. In diesem Sinne basiert die Weiterentwicklung des Rechts auf der vorangegangen Rechtsrezeption.

Viele chinesische Wissenschaftlicher, die sich mit der Rezeption des deutschen Rechts beschäftigen, postulieren, dass es im deutschen Recht gewisse allgemeingültige Grundlagen gibt. Aus Sicht der Gesetzgeber in China war es wichtig, das deutsche Zivilrecht zu rezipieren, weil dort ein Teil des allgemeingültigen,

---

18 Zur Rechtsvereinheitlichung siehe Zweigert/Kötz, Einführung in die Rechtsvergleichung: auf dem Gebiete des Privatrechts, Tübingen, 1996, S. 23 ff.

universell anwendbaren *ius commune* integriert ist.[19] Allerdings wurde das deutsche Zivilrecht mit der Vertiefung der Rezeption immer weiter an die chinesischen lokalen Bedürfnisse angepasst. Dies lässt sich durch die äußerlichen und inhaltlichen Umwandlungen in den zweiten und dritten zivilrechtlichen Kodifikationsversuchen veranschaulichen.[20] Aufgrund der „selektiven Rezeption" des Rechts ist es für die Vertreter des Universalismus eine große Herausforderung, diese gemeinsamen Grundlagen nachzuweisen: es gibt in der Geschichte kaum unveränderte Kopien eines Gesetzestexts, sondern immer nur Teile desselben mit unterschiedlichen Modifikationen.

b) Relativismus

Im Gegensatz zum optimistischen Universalismus haben manche Forscher (vor allem die Rechtsanthropologen), die dem Relativismus nahestehen, eine pessimistische Auffassung über die Möglichkeit der Rechtsrezeption. Ihrer Meinung zufolge entspringt die Rechtsauffassung aus dem „Volksgeist" bzw. der nationalen Identität. Aus diesem Grund dominieren in den Gesetzestexten, ihrer Meinung nach, auch nicht die allgemeingültigen Elemente, sondern die nationalen oder lokalen Besonderheiten.[21] Es wird behauptet, dass der Transfer des Rechts aus anderen Ländern mit unterschiedlicher Kultur sehr schwierig oder grundsätzlich unmöglich ist,[22] weil das Recht nicht „universal", sondern kulturell bedingt, oder anders gesagt, „relativ" sei.

Außer der oben beschriebenen, extremeren Auffassung gibt es noch einige moderatere Interpretationen des Relativismus. Der Rechtskomparatist Otto Kahn-Freund war der Meinung, dass Rechtsnormen und Rechtsinstitution nicht einfach von einem sozialen oder politischen Kontext zum anderen transplantiert werden können.[23] Eine ähnliche Auffassung wird von dem Rechtssoziologen Gunther Teubner vertreten. Er schlägt vor, die Bezeichnung „*legal transplant*" durch „*legal irritant*" zu ersetzen. Der Rechtstransfer könne nur organisch (*organismic*) und nicht mechanisch (*machinistic*) erfolgen. Das rezipierte Recht

19 Zhang, Chinesische Rechtsgeschichte, Bd. 9, 1999, S. 214; Kollektive Schriften von Hanmin Hu, Taipeh, 1978, S. 847 ff.

20 Näheres hierzu siehe weiter unten, 3. Kap. III. 2.

21 Für die Beispiele bzw. Vertreter siehe Knieper, Gesetz und Geschichte, Baden-Baden, 1996, S. 17.

22 Zum Beispiel die Auffassung bezüglich des „*local knowledge*" von Geertz. Vgl. Geertz, Local Knowledge: Further Essays in Intertive Anthropology, 1983, S. 215 ff.

23 Kahn-Freund, On Uses and Misuses of Comparative Law, in: The Modern Law Review, Volume 37, Issue 1, 1974-1, S. 27.

(Rezeptionsobjekt) würde nicht eins zu eins übernommen werden, also nicht „*domesticated*", sondern während der Veränderung des Rezeptionssubjekts umkonstruiert.[24]

Es kann festgehalten werden, dass die Beachtung von kulturellen, geschichtlichen und lokalen Besonderheiten sinnvoll oder sogar unerlässlich ist. Eine Extremauffassung sollte jedoch vermieden werden, denn ein totaler Lokalismus oder Partikularismus ist in diesem Zusammenhang nicht zielführend. Der moderate Relativismus hält jedoch oftmals hilfreiche Reflexionen bereit: Im Zuge einer Rechtsrezeption, die auf theoretischen Grundlagen des Universalismus basiert, kann durch die Berücksichtigung des Relativismus und somit durch die Betrachtung der vielfältigen lokalen Unterschiede eine zu starke Verallgemeinerung verhindert werden.

c) *Funktionalitätsprinzip*

Das Funktionalitätsprinzip als Methode der Rechtsrezeption stammt aus der Rechtsvergleichungslehre.[25] Die Anwendung des Funktionalitätsprinzips könnte dazu führen, dass die kulturellen und geschichtlichen Hintergründe des Privatrechts mit der an Stärke gewinnenden Globalisierung und wirtschaftlichen Integrierung immer weniger in Betracht gezogen werden. Aus dieser Perspektive wird das Privatrecht vielmehr als ein rein funktionales und technisches Instrument benutzt, und das ideelle Hindernis der transkulturellen Rechtsrezeption teilweise absichtlich übersehen, damit der Umfang der zu vergleichenden Rechtsordnungen vergrößert werden kann. Die Rechtsinstitutionen aus unterschiedlichen Ländern, sogar aus unterschiedlichen Rechtskreisen können durch die „Vermutung der Ähnlichkeit der praktischen Lösungen" (*„praesumtio similitudinis"*)[26] vergleichbar gemacht werden. In diesem Sinn basiert die Methode der Rechtsrezeption auf der Zweckmäßigkeit.

Allerdings steht dieser Ansatz bereits heftig in der Kritik: (1) Die Prämisse „Vermutung von Ähnlichkeit" sollte grundsätzlich hinterfragt werden, insbesondere in manchen geschichtlichen und transkulturellen Fällen.[27] (2) Es gibt

---

24 Teubner, Legal Irritants: Good Faith in British Law or How Unifying Law Ends Up in New Divergences, in: The Modern Law Review, Vol. 61, No. 1 1998-1, S. 12.

25 Zweigert/Kötz, Einführung in die Rechtsvergleichung: auf dem Gebiete des Privatrechts, Tübingen, 1996, S. 33.

26 Zweigert/Kötz, Einführung in die Rechtsvergleichung: auf dem Gebiete des Privatrechts, Tübingen, 1996, S. 39.

27 Cordes, Was erwartet die (mittelalterliche) Rechtsgeschichte von der Rechtsvergleichung und anderen vergleichend arbeitenden Disziplinen? in: ZEuP, 1999-3, S. 544 ff.

heutzutage trotz des Trends der Internationalisierung viele Fälle, in denen nicht nur vermutete „Konvergenz", sondern „Kluft", also nicht ein vermutetes *„uniform law"*, sondern mehr *„fragmented laws"* zwischen Rechtssystemen dargestellt werden.[28] Das heißt, selbst in Zeiten der Globalisierung und der wirtschaftlichen Integration können zunehmend funktionale Unterschiede zwischen Rechtssystemen entstehen. (3) Die technische Arbeitsweise der Komparatisten ist fragwürdig. Die Anhänger der funktionalen Methode verstehen oder interpretieren die „Funktionen" oft auf eine „nicht näher erklärte, vermutlich mehr oder weniger intuitive" wenn nicht sogar „unreflektierte" Art.[29] Allein durch die funktionale Betrachtung ist es nicht klar, wie die von den Komparatisten behauptete „Zweckmäßigkeit" genau verwirklicht werden soll.

Wieacker zufolge wird die Interpretation der historischen Rechtsveränderung immer von den jeweiligen allgemeinen philosophischen Ideen beeinflusst.[30] Dasselbe gilt auch für die Rechtsrezeption. Es ist unvorstellbar, wie eine fremde, komplizierte und systematische Rechtsordnung ohne ideelle Repulsion, Andauung und Assimilation vollständig aufgenommen werden kann. Die Rechtsrezeption würde ohne eine solche kulturelle Subjektivität ihre Orientierung verlieren.

Zusammenfassend lässt sich sagen, dass jeder der erwähnten theoretischen Ansätze trotz der oben beschriebenen Kritikpunkte auf eine gewisse Weise zielführend ist. Eine praktische Lösung ist es, eine Balance zwischen dem extremen Relativismus und dem Universalismus zu suchen, und unter Berücksichtigung des Forschungsgegenstands und des Quellenzustands einen individualisierten und angemessenen Ansatz zu entwickeln, der als Analysemethode innerhalb der vorliegenden Doktorarbeit verwendet werden kann.

2. Interpretation der Anpassung

Der theoretische Ansatz (und die darauf beruhende Analysemethode) der vorliegenden Arbeit basiert auf einer Mischung der drei oben erwähnten Ansätze. Er wird hier vereinfacht „Interpretation der Anpassung" genannt.

Wie am Anfang schon erwähnt, ist der Rezeptionsvorgang ein sowohl durch das Leitbild als auch durch das Subjekt der Rezeption gemeinsam gestalteter Verlauf, dem oft ein Anpassungsverfahren zugrunde liegt. In dem Rezeptionsprozess

---

28 Teubner, Legal Irritants: Good Faith in British Law or How Unifying Law Ends Up in New Divergences, in: The Modern Law Review Limited 1998, S. 13.

29 Cordes, Was erwartet die (mittelalterliche) Rechtsgeschichte von der Rechtsvergleichung und anderen vergleichend arbeitenden Disziplinen? ZEuP, 1999-3, S. 548 und Fn. 16.

30 Wieacker, Privatrechtsgeschichte der Neuzeit, Göttingen, 1967, Nachdr. 1996, S. 20 ff.

in China spielte die lokale Tradition (in meinem Kontext „Konfuzianismus") immer eine bedeutende Rolle. Deshalb wird die chinesische Rechtsrezeption als Anpassungsrezeption bezeichnet. Diese Analysemethode kann durch zweierlei theoretische Ansätze begründet werden:

a) Der hermeneutische Ansatz

Gadamers Hermeneutik zufolge ist das Verstehen von Inhalten immer eine Verschmelzung der Sichtweise des Textverfassers und der des Interpreten. Dieser Vorgang wird als „Horizontverschmelzung" bezeichnet.[31] Der philosophischen Hermeneutik zufolge basiert intersubjektives kommunikatives Handeln auf dem jeweiligen geschichtlichen und kulturellen Erfahrungshintergrund der beteiligten Akteure.[32]

Die Rechtsrezeption ist grundsätzlich das Ergebnis eines internationalen kulturellen Austauschs. In diesem Sinn ist die philosophische Hermeneutik ebenfalls ein Bestandteil der Rechtsrezeption. Ein bedeutendes Beispiel hierfür ist, dass westliche Terminologie und Fachausdrücke in China eingeführt worden sind, wenn auch zum Teil verändert oder, auch aufgrund von Missverständnissen, in einem anderen Kontext.[33] Dies liegt zum einen an Übersetzungsschwierigkeiten. Aber eine wichtige Frage bleibt dabei offen: Weshalb kommt es eigentlich zu solchen Verzerrungen? Als Erklärung hierfür kann kulturelle Anpassung angenommen werden.

b) Der kulturpsychologische und soziologische Ansatz

Eine fundamentale psychische Erfahrung ist es, dass der Mensch eine fremde Meinung häufig schon durch Selbstreflexion verstehen kann. Neben dem pragmatischen Motiv dafür gibt es auch noch eine psychologische Motivation: seine Identität vor der Gefahr der Entfremdung zu bewahren. Dieses Bewusstsein gilt nicht nur für den Einzelnen, sondern auch für ein Volk in seiner Ganzheit.

Clifford Geertz hat aus der anthropologischen Perspektive auf das Recht geschaut und auf die „einheimischen Vorstellungen" (*vernacular imaginings*) hingewiesen. Das Recht sei „lokale Kenntnis" (*local knowledge*). „Lokal" soll in seinem Sinne hauptsächlich auf die Eigentümlichkeit hindeuten. Die Verbindung

31 Gadamer, Wahrheit und Methode – Grundzüge einer philosophischen Hermeneutik, Tübingen 1986, S. 311.

32 Habermas, Die Philosophie als Platzhalter und Interpret, in: Moralbewußtsein und kommunikatives Handeln, Frankfurt a. M., 2006, S. 16 ff.

33 Näheres hierzu siehe unten, 4. Kap. I.

zwischen der einheimischen Charakterisierung vom tatsächlichen Ereignis und den einheimischen Vorstellungen vom möglichen Ereignis wird samt der Schilderung, durch welche die Prinzipien anschaulich beschrieben werden können, von Geertz als „juristische Sensibilität" (*legal sensibility*) verstanden.[34] Geertz hat ausdrücklich das Recht als lokale Kenntnis interpretiert, was bedeutet, dass lokale Anpassbarkeit eine unerlässliche Eigenschaft des Rechtswesens ist.

Aus der geschichtlichen Perspektive hat Wieacker auf die Rolle der **Kontinuität** der Rechtsrezeption hingewiesen: „Die Aufnahme fortdauernder Elemente durch neue Kulturträger führt nun zugleich immer Veränderungen des Elements herbei: jede geschichtliche Begegnung ist zugleich produktives Missverstehen."[35]

Auch aus der soziologischen Perspektive kann Unterstützung gezogen werden. Der US-amerikanische Rechtshistoriker Harold Berman bezeichnet seine Theorie als „*Integrative Jurisprudence*": Angesichts der zeitlichen und räumlichen Begrenzung kann ein gleiches Thema in unterschiedlichen Rechtskulturen unterschiedliche Bedeutungen aufweisen.[36] Er nennt das Problem des Schwangerschaftsabbruchs als ein Beispiel, und deutet darauf hin, dass dieses Thema in den USA hauptsächlich der Frauenbewegungen untergeordnet und als Gegensatz von *pro choice* und *pro life* betrachtet werden soll, während es in Deutschland vor allem als das Thema des Lebensrechts des Embryos bzw. Fötus zu betrachten ist. Der Grund liegt darin, dass die Geschichte des Holocausts in der Zeit des Nationalsozialismus die deutsche Rechtskultur tiefgehend geprägt hat, was dazu führt, dass jede Beraubung des Lebenswesens große Aufmerksamkeit auf sich ziehen wird.

Eine Untersuchung der chinesischen Rechtspraxis Anfang des 20. Jh. zeigt, dass die damaligen chinesischen Juristen, die Rechtsfragen auf Basis der rezipierten Rechtsregeln oder des neuen Gesetzbuchs bearbeitetet haben, in der Regel kein richtiges Verständnis für den Sinn und Zweck des originalen Gesetzes hatten. Aus diesem Grund neigten die Richter dazu, diese Regeln nach ihrer eigenen Vorstellung (z. B. nach dem einheimischen Vorverständnis wie vor allem Konfuzianismus) anzuwenden. In der späteren Rezeption ist diese Situation verändert worden, aber trotzdem ist die zu diesem Zeitpunkt existierende Abhängigkeit von dem jeweiligen lokalen „Vor-Verständnis" deutlich nachweisbar.

---

34 Geertz, Local Knowledge: Further Essays in Interpretive Anthropology, 1983, S. 215.

35 Wieacker, Privatrechtsgeschichte der Neuzeit, Göttingen, 1967, Nachdr. 1996, S. 45.

36 Berman, Toward an Integrative Jurisprudence: Politics, Morality, History, in: California Law Review, Vol. 76, Issue 4, 1988-7, S. 779 ff.

3. Über den Begriff „Rezeption“

Auf der theoretischen Ebene ist zum letzten Punkt zu erwähnen, dass selbst der Begriff „Rezeption“ infrage gestellt und kritisiert wird. Einer relativ jüngeren Auffassung von z. B. Thomas Duve zufolge sei „Translation“ im Vergleich zu überlieferten Bezeichnungen wie „Rezeption“ oder „Transfer“ in mehreren Aspekten vorteilhaft.[37] Rezeption basiere auf dem Grund einer unklaren und uneinheitlichen Ontologie und sei unzureichend bei der Operationalisierung: Trotz langjähriger theoretischer Anwendung des Begriffs erwerbe sie sich noch wenige Verdienste. Sie könne ferner auf hinwegtäuschende Implikationen hinweisen. Darüber hinaus sei es bei der Forschung im außereuropäischen Kontext noch inkompatibler.[38]

Im Gegensatz dazu bietet die Bezeichnung „Translation“, die von den im letzten Jahrzehnt entstandenen „translationswissenschaftlichen Ansätze[n]“ inspiriert wird, eine stärkere Berücksichtigung der sprachlichen und sozial praktischen Hinsicht. Es solle sich vor allem um einen linguistischen Ansatz handeln, aber sich nicht nur auf die sprachliche Übersetzung beschränken, sondern in einem viel weiteren Sinne verstanden werden. Ein wesentlicher Aspekt ist hierbei, dass dies besonders für die Forschung der Rechtsübertragung in der interkulturellen Dimension geeignet sei, weil es aus der kulturellen Perspektive heraus die lokalen Praktiken betont.[39]

Hier in der vorliegenden Arbeit wird die Meinung vertreten, dass die von Duve aufmerksam verfolgten Punkte durchaus zutreffend sind und ihnen zuzustimmen ist. Wie oben erwähnt, sollen die sprachlich bezogenen Elemente im Übertragungsprozess und die lokale Selbstfortbildung als Kernfragen betrachtet und in der vorliegenden Arbeit stark berücksichtigt werden. Der neuen Auffassung von Duve soll in der Zukunft noch mehr Aufmerksamkeit geschenkt und als offenes Thema mehr zur Diskussion gebracht werden. Allerdings findet in der vorliegenden Arbeit trotzdem noch die Bezeichnung „Rezeption“ Anwendung, weil dieser überlieferte Begriff bereits von den meisten Rechtshistorikern als Topos akzeptiert und zudem in den meisten Fällen angemessen ist. Hingegen könnte der neue, aber fremde Begriff „Translation“ gegenwärtig ohne

37 Duve, Von der Europäischen Rechtsgeschichte zu einer Rechtsgeschichte Europas in globalhistorischer Perspektive, 2012, S. 52 ff.

38 Duve, Von der Europäischen Rechtsgeschichte zu einer Rechtsgeschichte Europas in globalhistorischer Perspektive, 2012, S. 53.

39 Duve, Von der Europäischen Rechtsgeschichte zu einer Rechtsgeschichte Europas in globalhistorischer Perspektive, 2012, S. 54 f.

ausgeweitete Erklärung des Hintergrunds und der Bedeutung noch unerwartete Missverständnisse auslösen. Die Nachteile, auf die von Duve schon hingewiesen hat, sind demnach durch einen bewussten sorgfältigen Umgang möglichst zu vermeiden.

IV. Literaturbericht zur Rezeption des westlichen Zivilrechts bzw. Deliktsrechts in China

1. Zur Rezeption des Zivilrechts

Die Rezeption des westlichen Rechts in China ist für die Forschung kein neues Thema. Man kann dazu in der Literatur zahlreiche Abhandlungen finden. Die Literatur bezüglich der zivilrechtlichen Rezeption nimmt hierbei den größten Raum ein. In China gab es schon in der republikanischen Zeit (1911-1949) viele Diskussionen und Ausführungen, besonders in der Zeit vor und nach der Veröffentlichung des chinesischen ZGB (1929-1931), dem ersten Höhepunkt der zivilrechtswissenschaftlichen Geschichte in China. Ein repräsentatives und relativ frühes Beispiel des damaligen Forschungszustands ist ein Artikel aus dem Jahr 1930 von *Liu, Lumin* (劉陸民): *Entwicklung und Geist des chinesischen Zivilrechts* (中華民法之沿革與精神), in dem die Entwicklungsgeschichte des chinesischen Zivilrechts seit dem Ende der Qing-Dynastie dargestellt wurde. Das bedeutendste Werk für dieses Thema in diesem Zeitraum ist eine Monografie aus dem Jahr 1930 von *Yang, Honglie* (楊鴻烈): *Die Entwicklungsgeschichte des chinesischen Rechts* (中國法律發達史). Hierbei handelt es sich um die früheste Monografie, die die Rezeption des westlichen Zivilrechts in China umfassend darstellt, und zugleich um eines der wichtigsten Werke, in deren Nachfolge die weiteren stehen. Sie wird bis heute häufig referenziert und zitiert.[40] Aus der Monografie von *Mei Zhongxie* (梅仲協): *Prinzipien des Zivilrechts* aus dem Jahr 1944 ergeben sich auch viele einflussreiche Thesen hinsichtlich der Entstehungs- und Rechtsrezeptionsgeschiche vor und während der Zeit des chinesischen ZGB 1929-1931.

Die Tendenz, „die Rezeption des westlichen Rechts in China" als einen reinen Gegenstand der Rechtsgeschichte und nicht nur als Hintergrund für das geltende Zivilgesetz zu erforschen, entwickelte sich erst im Jahr 1949 in Taiwan. Viele infolge der Auseinandersetzungen nach Taiwan ausgewanderten chinesischen Rechtswissenschaftler hatten dies aus der Taufe gehoben und die

40 Die aktuelle Auflage: Yang, Die Entwicklungsgeschichte des chinesischen Rechts, Beijing, 2009.

Weiterentwicklung des chinesischen Zivilrechts selbst erlebt, wenn nicht sogar daran mitgewirkt. Sie waren somit qualifiziert, die Rechtsgeschichte aus einer neuen Perspektive zu betrachten. Als der Kriegszustand in China 1949 nach langen Kämpfen beendet wurde, gewann in der relativ friedlichen Situation nicht nur die praktische, sondern auch die theoretische Rechtswissenschaft viel mehr Spielraum, z. B Fächer wie Rechtsgeschichte und Rechtsrezeption, die sich vor allem auf Selbstreflektion ausrichtet. Darüber hinaus erfüllte die theoretische Forschung infolge der etablierten Rechtskraft des chinesischen ZGB in Taiwan eine praktische Bedeutung.

Eine der besonders zu erwähnenden Monografien dieser Zeit ist *„Modernes Rechtsdenken und alte chinesische Kultur“* (近代法律思潮与中国固有文化) aus dem Jahr 1956 von *Wang, Boqi* (王伯琦). Wangs Werk konzentriert sich nicht mehr nur auf die Darstellung der rezipierten Rechtsbegriffe und der Struktur, sondern vielmehr auf den Vergleich zwischen der chinesischen und der westlichen Rechtskultur. Es bildet damit den Ausgangspunkt für eine Analyse der Möglichkeit, Anpassbarkeit und Schwierigkeit der Rechtsrezeptionsforschung. Auf die rechtskulturelle Ebene hat er mehrere wichtige Grundlagen gelegt, z. B. die Zusammenfassung der Besonderheiten des westlichen Rechts (Vergleich zum chinesischen traditionellen Recht)[41] und den Vergleich der sozialen Elemente in der chinesischen Rechtstradition und in der modernen westlichen Entwicklungstendenz. Nach seiner Hauptthese ist das rezipierte Recht mit der chinesischen Kultur „äußerlich verbunden“ und „innerlich getrennt“. Wangs Werk ist nach wie vor eine der bedeutenden Abhandlungen zur chinesischen Rechtsrezeptionsforschung. Allerdings ist der Umfang seines Werks relativ gering (ca. 120 Seiten). Es ist nur eine Forschungsgrundlage. Viele Thesen wurden erstmals aufgestellt, doch leider geht er nicht in die Tiefe. Abgesehen von einigen Beispielen fehlt es sowohl an einer positivistischen Analyse als auch an historischen Tatsachen zur Stützung seiner Argumentation. Darüber hinaus konzentriert er sich in seiner Forschung so gut wie ausschließlich auf den Unterschied zwischen der chinesischen und der westlichen Rechtskultur, lässt jedoch Ähnlichkeiten und Übereinstimmungen unberücksichtigt.

Die ordentliche Rechtswissenschaft auf dem chinesischen Festland begann erst in den 1980ern, entwickelte sich dann aber rasant. Bis in die 1990er Jahre erfuhr die Rechtsgeschichte eine starke Entwicklung.

Ein Meilenstein ist die Forschung von *Zhang, Jinfan* (张晋藩), Professor am *China University of Political Science and Law*. Seine repräsentativen Monografien

41 Siehe dazu Kap. 2, II, 2.

sind „*Die Chinesische Rechtsgeschichte*“ (中国法律通史) aus dem Jahr 1999 und „*Die Rechtstradition und der moderne Transfer in China*“ (中国法律传统与近代转型). In diesen Werken macht das Thema der Rechtsrezeption einen bedeutenden Teil aus. Allgemein kann festgehalten werden, dass sein Werk umfangreich ist und die historischen Quellen einer präzisen Betrachtung unterzogen werden. Insbesondere die Gesetzgebungsgeschichte wurde umfassend erforscht. Zhang hat in seiner Forschung eine offensichtlich positive Bewertung zur chinesischen Rechtstradition abgegeben sowie die Vollständigkeit der traditionellen Rechtsinstitution und die Fortschrittlichkeit der traditionellen Rechtskultur betont. Allerdings zeigt Zhangs Werk eine mehr oder weniger politische Orientierung, bis hin zu einer kulturell konservativen und deutlich nationalistischen Tendenz. Mit dieser Perspektive wurde die Reform in China seit Anfang des 20. Jh. nicht als „Rezeption“ (继受), sondern als „Transformation (转型)“ bezeichnet, um die Subjektivität zu betonen. Anders gesagt: diese Geschichte wurde weniger als „Aufnahme des westlichen Rechts“, sondern vielmehr als „Erneuerung und Wiederherstellung des traditionellen chinesischen Rechts“ verstanden.

Dieser Pfad bildet bisher noch eine der Hauptströmungen des aktuellen chinesischen rechtsgeschichtlichen Kreises (mit der schwächeren politischen Berücksichtigung im Vergleich zu Zhang). Viele chinesische Rechtshistoriker gehen für ihre Betrachtung und Analyse der Rechtsrezeption von der chinesischen Rechtskultur aus. Eine repräsentative und bekannte Monografie hat *Liang, Zhiping* (梁治平) mit „*Die Suche nach der Harmonie in der natürlichen Ordnung*“ (寻求自然秩序中的和谐) aus dem Jahr 1997 vorgelegt. Darin interpretiert er mit der Rechtskultur die chinesische Rechtsgeschichte in der neuen Zeit bzw. die Rechtsreform in tief gehender Weise. Beispielsweise hat Liang in seinem Werk durch die Analyse der konfuzianistischen Idee erklärt, worin der Grund für die Passivität und Negativität des offiziellen rechtlichen Prozesses (im Vergleich zu Moral oder Gewohnheitsrecht) im traditionellen chinesischen Rechtsleben liegt und in welchem Maß es das gesamte Rechtssystem beeinflusst. Weitere Werke, die in eine ähnliche Richtung gehen, sind beispielweise *Hao Tiechuan* (郝铁川): „*Kulturelle Tradition und die besondere Gestalt der modernen chinesischen Gesetzgebung*“ (文化传统与当代中国立法特色的形成) und *Zhang, Sheng* (张生): „*Von der Kodifizierung im neuzeitlichen China 1901–1949*“ (中国近代民法法典化研究 一九〇一至一九四九), 2004.

Auch in der deutschsprachigen Forschung finden sich viele Abhandlungen zur Rezeption des westlichen Rechts in China. Die Themen der Diskussion beziehen sich sowohl auf die Rezeption der Terminologie und Rechtsnormen als auch auf die Kontinuität und Reform auf der rechtskulturellen Ebene. *Karl Bünger* hat sich relativ früh für den Vorgang der Rechtsreform in der Republik China interessiert und die neu erlassenen Gesetzbücher übersetzt und kommentiert. (*Bünger, Das neue chinesische BGB. Seine Entstehungsgeschichte und Systematik*, 1931; *Bünger, Zivil- und Handelsgesetzbuch sowie Wechsel- und Scheckgesetz von China*, 1934; *Bünger, Die Rezeption des europäischen Rechts in China, Tübingen*, 1950.) Alle diese Ausführungen leisten bedeutende Vorbereitungsarbeit für die spätere Forschung.

Oskar Weggel forschte eingehend und umfassend zum traditionellen chinesischen Recht und der konfuzianistischen Kultur und stellte in diesem Zusammenhang bei der Berücksichtigung der chinesischen Rechtsreform und Modernisierung auch das Verhältnis zwischen der konfuzianistischen Tradition und dem westlichen rezipierten Recht dar (*Weggel, Chinesische Rechtsgeschichte*, 1980). Es ist zum großen Teil noch bis heute aktuell.

Viele Rechtshistoriker und Rechtsdogmatiker aus Taiwan, China und anderen asiatischen Ländern haben knappe aber aussagekräftige, allgemein gehaltene Artikel zu diesen Themen formuliert, die sich für westliche Rezipienten gut zur Einführung eignen. Hier sind nur einige Beispiele: *Wang, Tze-chien: Die Aufnahme des europäischen Rechts in China, AcP, 16 (1966); Lee, Hyong-Kyu: Die Rezeption des europäischen Zivilrechts in Ostasien, ZvglRWiss 86 (1987); Shao, Jiandong: Die Rezeption des deutschen Zivilrechts im alten China, JZ, 54 (1999); Mi, Jian: Die rechtsgeschichtlichen Wurzeln Chinas - insbesondere des Zivilrechts,* in: *Wolff, Jörg (Hrsg.): Kultur- und rechtshistorische Wurzeln Europas, Godesberg, 2006; Sun, Xianzhong: Die Rezeption der westlichen Zivilrechtswissenschaft und ihre Auswirkung im modernen China, RabelsZ, 71 (2007). Bu, Yuanshi: Die Rezeption des ausländischen Rechts in China,* in: *Bu (Hrsg.): Deutsche und europäische Elemente des chinesischen Rechts, Freiburg, 2012.* Ähnliche Abhandlungen, allerdings nicht von asiatischen Autoren, sind: *Ruete, Hans-Hellmuth: Der Einfluss des abendländischen Rechtes auf die Rechtsgestaltung in Japan und China, 1940; Schulze, Reiner: Der Einfluss des BGB in China,* in: *Berger, Elisabeth (Hrsg.): Rechtstransfer durch Zivilgesetzbücher, Beiträge Liechtenstein-Institut 29 (2005); Ham, Büdiger: Zur Rezeption des Deutschen Bürgerlichen Gesetzbuches in China,* in: *Duss (Hrsg.): Rechtstransfer in der Geschichte, München, 2006.*

Weil die Rechtsrezeption des westlichen Rechts im 20. Jh. eine der wichtigsten Phasen der chinesischen Rechtsentwicklung ist, beziehen sich fast alle Werke zur chinesischen Rechtsgeschichte auf dieses Thema. Zum Beispiel: *Manthe, Ulrich: Bürgerliches Recht und Bürgerliches Gesetzbuch in der VR China, JOR, 28 (1987); Senger, Harro von: Einführung in das chinesische Recht, 1995; Heuser, Robert: Einführung in die chinesische Rechtskultur, Hamburg, 2002; Bu, Yuanshi: Einführung in das Recht Chinas, München, 2009.*

Die vorliegende Arbeit ist auf die chinesisch- und deutschsprachige Literatur fokussiert. Allerdings muss hier darauf hingewiesen werden, dass auch in anderen Sprachräumen – besonders in englischsprachigen Ländern – zahlreiche Abhandlungen zu finden sind, die hier nicht im Einzelnen aufgezählt werden können. Dennoch sind hier zwei bedeutende Rechtshistoriker, die sich intensiv mit dem Thema der chinesischen Rechtskultur und Rechtsreform beschäftigen, zu erwähnen: der Amerikaner *Philip C. C. Huang* und der Japaner *Shiga Shuzo.*

Huang war von 1966 bis 2004 an der Universität von California Professor für Geschichte und ist der Begründer und Editor der Zeitschrift „*Modern China: An International Journal of History and Social Science*", die seit 1975 im Umlauf ist. Sein Interessensgebiet ist die chinesische Rechtsgeschichte seit der Qing-Dynastie, neben ökonomiegeschichtlichen und gesellschaftsgeschichtlichen Forschungen. Er berücksichtigt besonders die untersten gesellschaftlichen Schichten und das Leben der Allgemeinheit und versucht aus der Perspektive der Volkskultur und des Gewohnheitsrechts die rechtsgeschichtliche Umwandlung zu interpretieren. Von seinen Veröffentlichungen sind die folgenden zu nennen: *Code, Custom, and Legal Practice in China: The Qing and the Republic Compared, 2001*; *Civil Justice in China: Representation and Practice in the Qing, 1998; Civil Law in Qing and Republican China,* (mit *Bernhardt, Kathryn*), *1994*; *Civil Justice in China: Representation and Practice in the Qing, 1996.*

Shiga Shuzo (滋賀秀三, 1921-2008), Professor an der Tokyo Universität und ein bekannter Rechtshistoriker für Rechtsgeschichte, beschäftigt sich hauptsächlich mit dem traditionellen chinesischen Familienrecht und dem Prozessrecht. Er verfolgt den Forschungsansatz, die „Justiz" als Kerntatsache einer Gesellschaft zu betrachten und die chinesischen rechtsgeschichtlichen Phänomene mehr von der vorherrschenden kulturellen Denkweise (wie „*Qingli*") zu verstehen. Beispielhaft sei sein Werk „*Untersuchung zur chinesischen Rechtskultur*" (中国法文化の考察) aus dem Jahr 1987 genannt.[42]

Eine der Fragestellungen in der vorliegenden Arbeit widmet sich dem Verhältnis zwischen Recht und Sprache. Dies geht mit dem aktuellen Forschungsfokus in China konform. Die Quellen in dieser Richtung sind z. B. *He, Qinhua* (何勤华 Hrsg.): *Der Ursprung der juristischen Termini* (法律名词的起源), 2009; *Liu, Xingyi* (劉幸義, Hrsg.): *Integration der chinesischen Zeichen für juristische Fachsprache*

42 Interessant sind diesbezüglich die Debatte und der Unterschied der Forschungsmethode und Auffassungen zwischen Huang und Shiga. Dazu siehe You, How a "New Legal History" Might Be Possible: Recent Trends in Chinese Legal History Studies in the United States and Their Implications, in: Modern China, XX(X) 1-38, 2013. Online-Version: http://mcx.sagepub.com/content/early/2013/01/21/0097700412471589.

in den ostasiatischen Ländern (東亞法律漢字用語之整合), 2007; *Wei, Yakun* (魏亚坤): *Die Quelle des „in Japan geschaffenen Chinesisch" in wanguo gongfa* (《万国公法》中"和制汉语"词汇的词源分析), 2008; *Zhu, Jingwei* (朱京伟): *Die strukturelle und semantische Analyse zum „in Japan geschaffenen Chinesisch"* ("和制汉语"的结构分析和语义分析), 1999. Zur Referenz werden auch wichtige Werke in anderen Sprachen herangezogen wie *Liu, Lydia H.*: *Translingual Practice: Literature, National Culture, and Translated Modernity-China 1900-1937*, 1995; *Yanabu, Akira* (柳父章): *Die Geschichte der Übersetzung des Fachausdrucks* (翻訳语成立事情), 1982 und *Furuta, Hirokiyo* (古田裕清): *Übersetzung und die japanische juristische Terminologie: Untersuchung zum Hintergrund der originalen Texte und zur europäischen Weltanschauung* (翻訳語としての日本の法律用語－原語の背景と欧州的人間観の探究), 2004.

2. Zur Rezeption des Deliktsrechts

Im Vergleich zur Vielzahl an Werken zur Rezeption des Zivilrechts in China hält sich die Anzahl der Abhandlungen zu seinem Unterbereich – Deliktsrecht – ersichtlich in Grenzen.

Für die Kategorie der allgemeinen und umfassenden Forschung zur Rezeption des europäischen Deliktsrechts können nur eine von *Pan, Weihe* (潘維和) verfasste Monografie „*Die chinesische Zivilrechtsgeschichte*" (中國民事法史) aus dem Jahr 1982 und ein von *Yang, Lixin* (杨立新) verfasster Artikel „*Die Hundertjährige Geschichte des chinesischen Deliktsrechts und seine neue Entwicklung im neuen Jahrhundert*" (中国侵权行为法的百年历史及其在新世纪的发展) aus dem Jahr 2001 genannt werden. Man kann darin eine allgemeine Darstellung zu den deliktsrechtlichen Normen in den zwei Entwürfen und im ZGB finden. Darüber hinaus wird vereinzelt die Gesetzgebungsgeschichte zum Deliktsrecht in der allgemeinen Literatur zur Zivilrechtsgeschichte und in einigen verbreiteten Lehrbüchern zum chinesischen Deliktsrecht erwähnt. Hier sind einige Beispiele: *Zheng, Chengsi* (郑成思): *Deliktische Haftung, Schadensersatz und Schutz des Geistigen Eigentums* (侵权责任、损害赔偿责任与知识产权保护), 2003 und *Wang Tze-chien* (王泽鉴): *Deliktsrecht* (侵权行为法), 2002. *Wang Boqi* hat in seiner Monografie einige deliktsrechtliche Bestimmungen, wie zum Beispiel Aufsichtshaftung und Rechtsmissbrauchsverbot, diskutiert. *Wagatsuma Sakae* hat in seinem Lehrbuch „*Allgemeiner Teil des chinesischen Schuldrechts*" (中國民法債權総論) aus dem Jahr 1936 die grundlegende Gesetzgebungsgedankenlinien, die Struktur und die Terminologie des Schuldrechts bzw. das Deliktsrecht dargestellt und bewertet.

Während der rasanten Entwicklung des akademischen Austausches zwischen China und den anderen Ländern und der Wiederherstellung der chinesischen

Rechtsgeschichte ist die Rechtsrezeptionsforschung zum Deliktsrecht in den letzten Jahren als Gesprächsthema erneut interessant geworden und wird häufig reflektiert. Die neuesten repräsentativen Artikel sind *Cai Xiaorongs* (蔡晓荣): *„Umwandlung des Textes und Überlieferung der ‚Rechtsidee': Entwicklungslinien der chinesischen deliktischen Gesetzgebung"* (文本嬗递与"法意"薪传：中国近代侵权行为立法的一般脉络) aus dem Jahr 2009 und *„Text, Rechtsprechung und Rechtslehre: Entwicklung des Deliktsrechts im neuzeitlichen China"* (文本、判解及学说：近代中国侵权行为法的生成谱系) aus dem Jahr 2013. Basierend auf vorliegenden Forschungsarbeiten, insbesondere der Rezeption von Normen, konzentriert sich Cai auf die Kontinuität und Umwandlung der deliktischen Rechtsnormen. Dabei strebt er eine bewusste Rezeptionsforschung und keine Rechtsvergleichung und allgemeine Gesetzgebungsgeschichte an. Hinzu kommt, dass dieser Artikel die Rechtsprechung berücksichtigt – leider nur auf den von den Gerichtsentscheidungen gezogenen Normen, nämlich Entscheidungsleitprinzipien und Auslegungen, beschränkt. Ferner hat er die akademische Diskussion und die Debatten während des Gesetzgebungsvorgangs erforscht. Dieser Bereich, gemeint ist die akademische Rezeption, ist in der Forschung in China noch unterrepräsentiert.

Im deutschsprachigen Raum findet sich ein Artikel explizit zu diesem Thema: *„Die Rezeption deutschen Zivilrechts in China am Beispiel des Deliktsrechts"* von der chinesischen Professorin *Xu Lan* aus dem Jahr 2006. In diesem Artikel hat *Xu* die chinesische deliktsrechtliche Gesetzgebungsgeschichte resümiert. Inhaltlich handelt es sich zum großen Teil um eine zusammenfassende Wiederholung des vorhandenen Forschungskonsenses in China. *Xu* hat durch ihren Artikel ein Bild der Rechtsrezeptionsgeschichte gezeichnet, das als Rahmen für oder Hinweis auf eine tiefgehende Forschung dient. Zu bemerken ist, dass *Xu* speziell die Rezeption und Modifikation der deliktischen Generalklauseln dargestellt hat.

Überdies sind die Abhandlungen von *Zhu Yan* zu referenzieren (*„Entwurf für ein chinesisches Haftungsgesetz: Text und Begründung"*). *Zhu* hat den Vergleich und das historische Verhältnis des deutschen und chinesischen Deliktsrechts erklärt. Inhaltlich ist *Zhus* Werk eher rechtsvergleichend und weniger rechtsgeschichtlich. Der Zweck der Forschung liegt nicht in der Selbstreflexion der Wissenschaft, sondern vielmehr in der aktuellen Gesetzgebung und Praxis („Anwendung").[43] Obwohl sie auch zurate gezogen werden können, verfolgen

---

43 Zum Zweck der Rechtsgeschichte siehe Wieacker, Privatrechtsgeschichte der Neuzeit, Göttingen, 1967, Nachdr. 1996, S. 15 ff. Weiterführend zu Wieackers Methodenlehre siehe Wesel, Zur Methode der Rechtsgeschichte, in: Kritische Justiz, 1974, S. 340 ff.

sie in der Tat ein unterschiedliches Forschungsinteresse und Ziel und zählen deswegen in ihrer Eigenschaft nicht zur Rechtsrezeptionsforschung.

Zusammenfassend ist zu konstatieren, dass die Forschung der Rezeption des westlichen Deliktsrechts im chinesischen rechtswissenschaftlichen Kreis noch in der Anfangsphase steckt.

3. Zu lösendes Problem

Sowohl zur Rezeption des Zivilrechts als auch zur Rezeption des Deliktsrechts ist die Literatur umfangreich. Allerdings sind die vorhandenen Abhandlungen nicht in allen Aspekten ausreichend. Allgemein gesagt ist die aktuelle Literatur noch in mehreren Richtungen zu ergänzen. Erstens: Die Forschung zur Entwicklungsgeschichte des Rechts konzentriert sich vor allem auf die „obere Schicht" im rechtskulturellen Sinn, und zwar die wörtliche Interpretation der Rechtsbegriffe oder die deskriptive Darstellung zum Rechtssystem, die Analyse auf der „unteren Schicht", wie die rechtsethische, rechtssoziologische Darstellung, sind noch rar. Zweitens: Die meisten vorhandenen Forschungen zur Rechtsrezeption sind tendenziell von der makroskopischen Sicht ausgeführt. Es fehlt die Betrachtung in einzelnen zivilrechtlichen Bereichen. Drittens: Es fehlt eine Zusammenfassung und Bewertung zur umfassenden Rechtsrezeptionsgeschichte.

Das dringendste Problem ist aber, dass die Forschung zu Gerichtsentscheidungen in der Rechtsrezeptionszeit fehlt. Schon in der republikanischen Zeit hat *Jean Escarra* auf die bedeutende Rolle der Materialien der Rechtsprechung für die Forschung der chinesischen neuen Rechtsgeschichte hingewiesen.[44] Allerdings sind infolge der politischen und anderen Gründe bisher solche Forschungen noch kaum zu entdecken. Seit den 1990er Jahren wird diesem Bereich von chinesischen und taiwanischen Rechtshistorikern wieder Aufmerksamkeit geschenkt, – vor allem von dem taiwanischen Professor Huang (*„Die Rechtsentwicklung und Rechtsprechung in der frühen republikanischen Zeit 1912-1928"*, 民初法律變遷與裁判 1912-1928, 1990; *„Die Bearbeitung und Forschung der Rechtsprechungsdokumente des Dali Yuan in der frühen republikanischen Zeit"*, 民初大理院司法檔案的典藏整理與研究, 1998). *Huangs* Fokus liegt darin, die Wichtigkeit der Forschung der Rechtsprechungsquellen in der (früheren) republikanischen Zeit zu betonen. Er hat daneben auch selbst an dem Forschungsprojekt teilgenommen und ermöglicht, die Gerichtsentscheidungen in der Rechtsrezeptionszeit

---

44 Escarra, Chinese Law, in: Seligman, Edwin R. A./Johnson, Alvin (Hrsg.), Encyclopedia of the Social Sciences, London, 1930. S. 254.

zu sammeln und zu ordnen, was eine bessere Zugänglichkeit für die weitere Betrachtung (wie die vorliegende Arbeit) bietet.

Auch auf dem chinesischen Festland haben einige Rechtshistoriker damit begonnen, die Rechtsprechung der Rechtsrezeptionszeit zu erforschen. Ein Beispiel hierfür ist eine Monografie mit dem Titel „*Die Modernisierung des Zivilrechts am Anfang der Republik China*" (民国初期民法的近代化——以固有法和继受法的整合为中心) aus dem Jahr 2002 von *Zhang Sheng*.

Ausgangspunkt der vorliegenden Arbeit ist es, den oben erwähnten Mangel gewissermaßen auszugleichen. Die Gerichtsentscheidungen in den deliktsrechtlichen und anderen Bereichen werden Hauptgegenstände der Betrachtung sein. Außerdem werden sämtliche rezipierten Elemente zusammenfasst, typisiert und die Tendenz dargestellt.

Kapitel 2: Die auf dem Konfuzianismus basierenden traditionellen Ordnungen in China

Vor der Darstellung der Rechtsrezeption in China ist es sinnvoll, zuerst einen Blick auf die traditionelle Rechtskultur vor der Rechtsreform am Anfang des 20. Jahrhunderts zu richten.

Die chinesische Rechtskultur ist ein altes und umfangreiches Thema. Einige klassische Auffassungen zu den Merkmalen der traditionellen chinesischen Rechtskultur sind im Folgenden zu erkennen:[45]

(I. Ethische Grundlage der chinesischen Rechtskultur:)

a. Im chinesischen Rechtsleben spielt nicht das Gesetz, sondern das *li*-System eine führende Rolle.

b. Im Gegensatz zur normativen Regel findet die Abwägung der Einzelfälle (das sogenannte *qingli*) mehr Berücksichtigung bei der gerichtlichen Beurteilung.

c. Das oberste Ziel der Gesetzgebung ist es, den Streit in der Gesellschaft zu vermeiden und den idealen Zustand von *hexie* zu bewahren.

(II. Normative Grundlage der chinesischen Rechtskultur:)

a. Das Strafrecht ist der dominierte Rechtsbereich. Die zivilrechtliche Bestimmung nimmt demgegenüber nur eine Nebenfunktion ein.

b. Materielles Recht und Verfahrensrecht werden nicht klar getrennt.

c. Die staatlichen Gewalten der Exekutive und Judikative werden nicht geteilt. Der für die Verwaltungsabteilung Zuständige fungiert auch als Richter. Es gibt keine professionellen Juristen.

Alle Merkmale der chinesischen Rechtskultur beziehen sich mehr oder weniger auf die vorherrschende Ideologie des traditionellen China, nämlich dem Konfuzianismus. Das vorliegende Kapitel wird zuerst auf den konfuzianistischen Rechtsgedanken und dann auf die traditionellen chinesischen Gesetze eingehen.

---

45 Vgl. z. B. Bu, Einführung in das Recht Chinas, München, 2009, S. 8; Weggel, Chinesische Rechtsgeschichte, S. 216-232; Zhang, Allgemeine Untersuchung über das Zivilprozesssystem im alten China, Jilin, 1996-3, S. 54-55; Zhang, Die Rechtstradition und der moderne Transfer in China, Beijing, 2006, S. 3-335.

I. Konfuzianismus als herrschende Ideologie in China

Konfuzianismus (*rujia sixiang* 儒家思想) bezeichnet die Philosophie und die politische Lehre, die von Konfuzius (*Kongfuzi* 孔夫子, 551 v. Chr. - 479 v. Chr.) und seinen Schülern in China begründet wurde. Sie ist eine der bedeutendsten Ideologien für China und die anderen fernostasiatischen Kulturen und die Grundlage der chinesischen Rechtskultur.

Der Konfuzianismus basiert auf der Weltanschauung, den Gewohnheiten und Verhaltensregeln und anderen kulturellen Elementen, die während der für China charakteristischen Lebensführung über eine lange Zeit gestaltet worden sind, und steigert sie in eine systematische Theorie. In der chinesischen Philosophiegeschichte kam der Konfuzianismus in seiner Entwicklung mit dem Daoismus und Buddhismus in Verbindung, er hat die Vorteile von den letzteren in sich aufgenommen und schließlich die Vorherrschaft gewonnen – während er in der chinesischen Rechtsgeschichte die Vorteile des Legalismus vereinnahmt und dann eine Vorherrschaft errungen hat. Der Konfuzianismus ist somit umfassend. Als eine Staatslehre betont der Konfuzianismus die soziale Kontrolle durch die Moral. Die zwei wichtigsten Pfeiler der konfuzianistischen Lehre sind *li* (禮, etwa „Ritus“) und *ren* (仁, etwa „Menschlichkeit“). Daneben ist *hexie* (和諧, wie Harmonie) auch eines der wichtigen Elemente, die nicht nur die Rechtstradition, sondern auch die Rechtsrezeption beeinflussten.

1. Li

a) *Grundprinzipien von* li

Li (禮) ist der abstrakte Begriff, der sich weder ohne Weiteres definieren noch übersetzen lässt. Die Übersetzungen variieren oft nach Kontext. Am häufigsten bedeutet *li* Ritus (*liyi*, 禮儀) oder Sittenordnung (*lizhi*, 禮制), aber es kann nach dem Kontext auch als Anstand**,** Höflichkeit, Zeremonie usw. verstanden werden.

Der Kern des *li*-Gedanken liegt in der **Rolle der Person** in der Gesellschaft und in der **Konstruktion der Gesellschaft** selbst. Der Mensch erlangt seine Identität nicht durch seine eigene Persönlichkeit, sondern hauptsächlich über seine sozialen Verhältnisse (z. B. durch die Familienangehörigen, Freunde und bestimmte Rollen). Die wichtigsten sozialen Beziehungen werden im Konfuzianismus als die „Fünf Elementarbeziehungen“ (*wulun* 五倫) zusammenfasst, nämlich Vater-Sohn, Fürst-Diener, Ehemann-Ehefrau, Alt-Jung, Freund-Freund.[46]

---

46 „(…) dass zwischen Vater und Sohn die Liebe ist, zwischen Fürst und Diener die Pflicht, zwischen Mann und Frau der Unterschied der Gebieter der Tätigkeit,

Um den idealen Zustand in den genannten menschlichen Beziehungen zu bewahren, entwickelte der Konfuzianismus ein vollständiges System der ethischen Normen als Gedankens- und Verhaltensstandard. Eines der wichtigsten Beispiele ist *zhong-xiao* (忠孝). *Zhong* bedeutet wörtlich Untertanentreue oder Loyalität, während *xiao* für kindliche Pietät oder Verehrung für die Eltern und Ahnen steht. Zhong betrifft die Elementarbeziehung Fürst-Diener, während kindliche Pietät die Elementarbeziehung Vater-Sohn bewahrt.

Der Konfuzianismus war die wichtigste Ideologie in China, doch die Lehre des Konfuzius kennt keinen Gott mit Allwissenheit und Allmacht, kein Jenseits, kein Karma.[47] Statt auf die transzendentalen oder mystischen Quellen legt der Konfuzianismus seinen Schwerpunkt immer nur auf die Welt der Lebenden: Eine Person soll im Diesseits den Sinn des Lebens und ihre eigenen Werte suchen.

Eine logische Konsequenz daraus ist, dass ein moralischer Mensch die Gesellschaft und ihr Gemeinwesen erkennen und eine aktive Rolle übernehmen soll. Der Prozess der Assimilation eines Individuums in der Gesellschaft ist eben jener, eine ganzheitliche und moralische Person aus dem Einzelnen zu machen. Diese soziale Ausrichtung hat in der chinesischen Rechtskultur eine bedeutende Rolle gespielt, und danach die Rechtsrezeption am Anfang 20. Jh. tief beeinflusst.

b) *Hierarchische Ordnung*

Ein weiterer Grundsatz von *li* war die feine Abstufung der menschlichen Rangordnung in der Gesellschaft,[48] gemeint sind die hierarchischen Ordnungsverhältnisse. Das hat mit der konfuzianistischen grundlegenden Weltanschauung zu tun. Nach dem Konfuzianismus sollen alle wegen ihrer unterschiedlichen Rolle in der Gesellschaft nach ihrer Eigenschaft differenziert werden. Die Differenziertheit sei demnach die Ursache für Harmonie und Ordnung. Wie die Sonne am Himmel oder der Fisch im Wasser solle jeder Mensch seine eigene Position erkennen und dort verbleiben. Um den idealen Zustand zu bezeichnen, wurde das Zeichen für Musik (*yue*, 樂) in der konfuzianistischen Lehre häufig mit dem von *li* verbunden, also „*li-yue*". Dieser Schritt entspringt der Idee, dass

---

zwischen Alt und Jung der Abstand, zwischen Freund und Freund die Treue." (父子有親, 君臣有義, 夫婦有別, 長幼有序, 朋友有信.) Mengzi (孟子), Buch III: Teng-wen Gong (滕文公), Abschnitt A. Deutsche Übersetzung von Wilhelm, Die Lehren des Konfuzius, Frankfurt, 2008, S. 813.

47 „Der Meister sprach niemals über Zauberkräfte und widernatürliche Dämonen." (子不語怪力亂神) Lun Yu (論語), VII Buch (Shu Er 述而).20. Deutsche Übersetzung von Wilhelm, Die Lehrern des Konfuzius, Frankfurt, 2008, S. 235.

48 Weggel, Chinesische Rechtsgeschichte, S. 219.

Musik gerade die Kunst sei, die dazu in der Lage sei, Harmonie aus Differenzierung zu gestalten. Dieser ideale Zustand wird zusammenfassend mit „der Fürst sei Fürst, der Diener sei Diener; der Vater sei Vater, der Sohn sei Sohn“[49] wiedergegeben. Die gesamte *li*-Vorschrift war stark von diesem Gedanken geprägt, was schließlich eine feine Unterscheidungsordnung, und zwar eine hierarchische Ordnung, entwickelte. Dies wurde von Fei Xiaotong „Unterscheidungsmodus der Assoziation“ genannt.[50]

c) Symbolisierte Familie

Ein weiterer wichtiger Einfluss des *li*-Gedankens für die chinesische Rechtskultur war die Idee der Familien mit symbolischer Bedeutung.

China, seit der Han-Dynastie, und das römische Reich, in seiner Zeit der Zwölftafelgesetze, wiesen Ähnlichkeiten auf. Allerdings folgten sie sehr bald verschiedenen Richtungen: Im römischen Reich wurde die Macht des Familienvaters immer stärker eingeschränkt und die Position des Familiensohnes entsprechend aufgewertet. Es kann festgestellt werden, dass bis zum Ende der römischen Kaiserzeit die Rechtsidee sich dem modernen Verständnis bereits ziemlich angenähert hatte.[51]

Demgegenüber war die familiäre Bindung in China nicht geschwächt, sondern noch gestärkt worden. Die chinesische Bezeichnung *jia* (家) war nach dem Kontext manchmal gleichdenkend im Sinne von Sippe, die dadurch charakterisiert ist, dass alle Mitglieder einen gemeinsamen Familiennamen *(xing*, 姓), gemeinsame Ahnen oder ein gemeinsames Familienoberhaupt hatten. Die hauptsächliche Funktion von *jia* war die eines sozialen Organs, das auf die Verwirklichung des geschäftlichen Zwecks abzielt: In diesem geschäftlichen Organ ist die Vater-Sohn-Beziehung immer die Hauptlinie, weil sie die Haupt-Funktion der Familie übernimmt, nämlich den Generationswechsel. Der Generationswechsel bezieht sich vor allem darauf, die Lebensdauer des Individuums zu durchbrechen und das familiäre Geschäft möglichst zu expandieren. Bei der Ausweitung des Geschäfts kann das *jia* nach den unterschiedlichen Verwandtschaftsbeziehungen

---

49 Lun Yu (論語), XII Buch (*Yan Yuan* 顏淵). 11. Deutsche Übersetzung von Wilhelm, Die Lehren des Konfuzius, Frankfurt, 2008, S. 365.

50 Fei, Xiangtu Zhongguo (鄉土中國), 1947, Englische Übersetzung von Hamilton and Zheng: From the soil: the foundations of Chinese society, California, 1992, Titel „Chaxugeju: The differential Mode of Association“und „The Morality of Personal Relationship“.

51 Maine, Ancient Law, London, Nachdr. 1936, S. 81 f.

sukzessiv von näher zu ferner ausgedehnt werden, sogar über die gesamte Sippe oder den Clan. Das „Geschäft" bedeutet hier sowohl politisch, wirtschaftlich, militärisch oder religiös. Fei Xiaotong hat die Eigenschaft von *jia* zusammenfassend als „kontinuierliche geschäftliche Organisation" bezeichnet.[52]

Infolge der herausragenden Funktion der Familie wurde die Familienordnung im traditionellen chinesischen Recht nicht nur durch die ethische Lehre offenkundig demonstriert, sondern durch das Rechtssystem authentisch gehalten. Strengste strafrechtliche Bestimmungen regelten die Delikte gegen die Familienordnung. Mindestens seit der Tang-Dynastie wurden die „Zehn Übel" (*shi-e* 十惡) als Straftatbestände im Kodex geführt. Sie wurden als besonders unmoralisch betrachtet und als Gefahr für die Stabilität der Gesellschaft eingestuft.[53] Vier von den Zehn Übeln beziehen sich direkt auf die familiäre Ordnung: *e-ni, bu-xiao, bu-yi, nei-luan*. Zweitens wurde die Rechtsfolge nach den unterschiedlichen Rollen innerhalb einer Familie differenziert. Bei der gleichen deliktischen Handlung konnte unterschiedlich geurteilt werden. In einer Familie wichen die Rechtspflicht, Haftung und Rechtsfähigkeit der Familienangehörigen voneinander ab. Außerdem gab es im privatrechtlichen Bereich auch Regelungen, besonders für die familiäre Stabilität, wie z. B. das Vorkaufsrecht des Verwandten oder das Verfügungsrecht des Familienoberhaupts. Der Einfluss und die Entwicklung derartiger Bestimmungen in der Rechtsrezeption sind im weiteren Verlauf dieser Dissertation zu erklären.

2. Ren

a) *Grundprinzipien von* ren

Der zweite Pfeiler der konfuzianistischen Lehre ist *ren* (仁). Ren ist eine alte chinesische ethische Idee, die sich aus der konfuzianistischen Schule als ein bedeutsamer moralischer Standard und ein philosophischer Begriff entwickelt

---

52 Fei, Xiangtu Zhongguo (鄉土中國), 1947, Englische Übersetzung von Hamilton and Wang: From the soil: the foundations of Chinese society, Berkeley: California, 1992, S. 41.

53 Die zehn Übel umfassen: 1. *mou-fan* (謀反, Rebellion), 2. *mou-da-ni* (謀大逆, Hochverrat), 3. *mou-pan* (謀叛, Landesverrat), 4. *e-ni* (惡逆, Verwandtenmord), 5. *bu-dao* (不道, Unmenschlichkeit), 6. *da-bu-jing* (大不敬, Unehrerbietigkeit), 7. *bu-xiao* (不孝, mangelnder kindlicher Respekt), 8. *bu-mu* (不睦, Familienzwist), 9. *bu-yi* (不義, Illoyalität), 10. *nei-luan* (内亂, Inzest). Die Übersetzung der Termini ist übernommen von Bünger, Quellen zur Rechtsgeschichte der T'ang-Zeit, Peiping, 1946, S. 88. Vgl. auch Münzel, Strafrecht im alten China nach den Strafrechtskapiteln in den Ming-Annalen, Wiesbaden, 1968, S, 88; Weggel, Chinesische Rechtsgeschichte, S. 140.

hat. Ins Englische wird *ren* oft als *benevolence* oder *virtue* übersetzt oder mit *ren* oder *jen* transkribiert. Die unterschiedlichen Übersetzungen reflektieren die variierenden Auffassungen von dem Begriff.

Nach der herrschenden Meinung der konfuzianistischen Schule werden das Gewissen und die Neigung zum Guten eigentlich aus der Natur des Menschen hervorgebracht.[54] Demnach spiele in der chinesischen Philosophie nur die gute Seite in der Natur des Menschen eine führende Rolle, das Böse sei nur eine Ausnahme. Diese Ansicht wird nachträglich in der Ethik als das „auf Natur basierende Gute" (*Nature-Based Account of the Good*) bezeichnet: Das Gute liegt in der gesunden Entwicklung der menschlichen Natur. Eine Sache erhält sein inneres Gutes dadurch, dass es zum unerlässlichen Teil in der menschlichen Entfaltung wird.[55]

Die Aufgabe von *ren* ist es, „Mensch zu werden" (*Becoming a Person*) oder zu zeigen, wie ein natürlicher Mensch als ein moralischer Mensch durch Demonstration des inneren Guten werden kann. Nach der modernen Ansicht ist der Konfuzianismus eine Art Tugendethik wie die aristotelische Ethik, in der eine Reihe von Tugenden auflistet werden. Ähnlich wurden in der konfuzianistischen Lehre auch eine Reihe der allgemeinen oder konkreten Grundsätze aufgelistet, wie z. B. die „Fünf Tugenden (*wuchang* 五常): Menschlichkeit (仁), Gerechtigkeit (義), Höflichkeit (礼), Weisheit (智) und Aufrichtigkeit (信).

b) Innere Kontrolle

Idee und Zweck von *ren* sind, durch menschliche Selbsterziehung die „innere Kontrolle" der Gesellschaft zu verwirklichen.[56] Das konfuzianistische Werk „*Da Xue*" (大學, wörtlich „Große Lehre") hat verdeutlicht, dass das ideale Leben eines Edlen (*junzi* 君子, „ein moralischer Mann") darin begründet sei, „zuerst ihre Persönlichkeit zu bilden, dann das Haus zu regeln, den Staat zu ordnen und schließlich die Welt in Frieden zu bringen". (*xiushen, qijia, zhiguo, pingtianxia* 修身、齊家、治國、平天下).[57] Es zeigt einen vollständigen persönlichen

54 Näheres hierzu siehe Liang, Die Suche nach der Harmonie in der natürlichen Ordnung, Beijing, 1997, S. 74; Li, Geistesgeschichte im alten China, Beijing, 2008, S. 238, 308.

55 Luper, A Guide to Ethics, New York, 2002, S. 84.

56 Der Gegensatz, nämlich die „äußere Kontrolle" bedeutet vor allem die institutionelle Kontrollmaschine, wie die Gesetze und das Zwangsvollstreckungssystem. Vgl. Weggel, Chinesische Rechtsgeschichte, S. 219.

57 Der originale Text lautet: „Indem die Alten auf der ganzen Erde die klaren Geisteskräfte klären wollten, ordneten sie zuerst ihren Staat; um ihren Staat zu ordnen, regelten sie zuerst ihr Haus; um ihr Haus zu regeln, bildeten sie zuerst ihre Persönlichkeit

Entfaltungsprozess: vom Einzelnen über seine Familie bis zur Beherrschung des ganzen Staats, und zwar in einem Fortschreiten vom Inneren zum Äußeren.[58] Dieser Vorgang wird auch als „Heiliger innere, König äußere" (*neisheng waiwang* 内聖外王) bezeichnet.

Davon ausgehend wird in der chinesischen Rechtskultur vielfach betont, der menschlichen Rechtsnatur sei zu vertrauen und sie sei zu glorifizieren und die in sich bestehende Moral sei zu entdecken oder zu aktivieren. Nach einem bekannten Konfuzianer Xunzi:

> *There are lords who produce chaos in their states, but there are no countries that are naturally chaotic; there are men who can bring order about, but there is no model that will produce order. (…) Thus, the model (fa) cannot be established alone, nor can its categories for analogical extension apply themselves in particular instances. If proper men are obtained, then the model will survive; if such men are lost, then it will perish. The model is the first manifestation of order; the gentleman is the wellspring of model. Accordingly, if there is a gentleman, however incomplete the model may be, it is sufficient to be employed everywhere. So too if there is no gentleman, then however complete the model may be, the loss of the proper application of the proper sequence of 'first and last' and the impossibility of appropriate response to evolving affairs is sufficient to cause anarchy.*[59]

Im *Lun Yu* findet sich ein ähnlicher Gedanke: „Die Menschen können die Wahrheit verherrlichen, nicht verherrlicht die Wahrheit die Menschen."[60]

3. Hexie

Hexie (和諧, Harmonie) ist das erstrebenswerte Ziel und der ideale Zustand der konfuzianistischen Lehre und auch das höchste Rechtsgut der chinesischen Rechtsordnung. *Ren* und *li* können auch durch *hexie* begründet werden, was bereits erwähnt wurde. Das höchste Ziel der Lehre von *ren* liegt in der Perfektionierung eines einzelnen Menschen und in seiner Selbstverwirklichung, also in

(…)" Siehe Da Xue (大學), Die deutsche Übersetzung von Wilhelm, Die Lehren des Konfuzius, Frankfurt, 2008, S. 634 f.

58 Vgl. Weggel, Chinesische Rechtsgeschichte, S. 219.

59 Xun Zi (荀子), XII Buch (Jun Dao 君道), Englische Übersetzung von Knoblock, Xunzi, A Translation and Study of the Complete Works, Stanford, 1988, Vol. 2, 12. Book On the Way of a Lord, S. 175 f. Eine Regel zu Übersetzungen in der vorliegenden Arbeit ist: Wenn eine gut gelungene englische Übersetzung für die chinesischen klassischen Schriften vorhanden ist, ist der Text nicht mehr ins Deutsche zu übersetzen, sic passim.

60 Lun Yu (論語), XV Buch (Wie Ling Gong 衛靈公). 28. Deutsche Übersetzung von Wilhelm, Die Lehren des Konfuzius, Frankfurt, 2008, S. 498.

einer seelischen Harmonie. Der Idealzustand der Lehre von *li* liegt in der Assimilation des Selbst in der Gesellschaft, also in einer sozialen Harmonie. In der Rechtskultur ist die Idee *hexie* vor allem in der chinesischen Art der friedlichen Konfliktlösung verankert.

a) *Qingli*

Weil die traditionelle chinesische Ordnung vor allem auf den menschlichen sozialen Beziehungen und viel weniger auf dem Rechtssystem basierte, kam *qingli* eine hohe Bedeutung zu. Die Bezeichnung *qingli* bedeutet wörtlich etwa *Natur der Sache*. Es ist ein Versuch, die Sache nach der konkreten Situation, nach dem sozialen Status der Betroffenen oder nach dem Verständnis von Allgemeinheit zu beurteilen, zu begründen oder zu erklären. In der chinesischen Rechtspraxis wurde *qingli* oft wie eine Urteilsbegründung (manchmal sogar als Rechtsquelle) angewandt.[61] Der Zweck liegt darin, die Gnadenlosigkeit und Härte der normativen Texte, nämlich des Gesetzes, bei der Rechtsanwendung abzumildern und eine Gerechtigkeit mit so wenigen Gesetzen wie möglich herbeizuführen. Ein bedeutender Vertreter der neo-konfuzianistischen Schule Liang Shuming (梁漱溟) hat dies folgendermaßen beschrieben: In einer Familie werden alle einzelnen Beziehungsverhältnisse: Ältere-Jüngere, Obergeordnete-Untergeordnete, Männer-Frauen, Stärkere-Schwächere, „auf diese Weise natürlich dargestellt". Hier gebe es keine Störung wegen der großen Menschenmenge. Jeder von der Familie trete „nach seiner eigenen Fähigkeit in Funktion". Die feste Lebensbeziehung „lässt sich nicht durch die Konflikte und Streitigkeiten schädigen". Die gegenseitige Abhängigkeit ist „wie Fleisch und Blut, Hände und Füße". Nur „durch die sorgfältige Pflege kann das reibungslose Leben verwirklicht werden". Recht sei in diesem Fall weder notwendig noch möglich.[62]

Demnach war es im traditionellen China nicht das Bestreben der Richter, immer nach den Rechtsnormen im Gesetz zu urteilen. In Fällen, in denen die Rechtsnormen anzuwenden waren, suchten die Richter eher einen Vermittlungspunkt zwischen der Natur der Sache, dem Zweck des Gesetzgebers und dem Gewissen des Menschen. In solchen Momenten entschied sich der Richter gegen die Befolgung der Rechtsnormen im Kodex, obwohl die Sachlage eventuell durch eine gewisse zutreffende Norm hätte geregelt werden können. Nach der Ansicht der chinesischen Richter sei es dem künstlichen Gesetz nicht gegeben, die Komplexität und die Vielfalt des wirklichen Lebens abzubilden.

---

61 Siehe dazu 5. Kap. IV. 2.

62 Liang, Grundsätze der chinesischen Kultur, 1949, Nachdruck, Shanghei, 2005, S. 81.

Dies *qingli* hatte einerseits einen negativen Einfluss auf die Rezeption des westlichen Rechts am Anfang des 20. Jh. zur Folge, aber andererseits hat es dadurch eine Vereinbarkeit mit der westlichen Vorstellung der Billigkeitserwägung gefunden, was wiederum zur Rechtsrezeption beitrug.[63]

b) *Die Funktion des Rechts in der traditionellen Gesellschaft*

Unter der Vorstellung von *hexie* wird die soziale Ordnung vor allem durch das *ren* als innere Kontrolle und das *li* als moralisches Gebot geschützt. Das Gesetz wurde, im Gegensatz dazu, häufig nur als ein künstliches System, ein sekundäres Mittel für Gerechtigkeit oder sogar als ein „notwendiges Übel" betrachtet.[64]

Im *Lun Yu* liest sich dies wie folgt: „Wenn man durch Erlasse leitet und durch Strafen ordnet, so weicht das Volk aus und hat kein Gewissen. Wenn man durch Kraft des Wesens leitet und durch Sitte ordnet, so hat das Volk Gewissen und erreicht (das Gute)." (道之以政，齊之以刑，民免而無耻；道之以德，齊之以禮，有耻且格)[65] Im Tang-Kodex findet sich ein ähnlicher Gedanke: „Tugend und Ritus sind die Grundlagen der staatlichen Lehre; Bestrafung und Züchtigungen sind die Instrumente der staatlichen Lehre. Wie Nacht und Tag, das *yang* des Frühlings und das *yin* des Herbstes, sind sie aufeinander angewiesen, um Vollkommenheit zu erreichen." (德禮爲政教之本，刑罰爲政教之用，猶昏曉陽秋相須而成者也。)[66]

Diese Vorstellung beeinflusste die chinesische Rechtspraxis sehr stark. In der chinesischen klassischen Historiographie *Hou Han Shu* (後漢書, Buch der späteren Han) wurde ein Richter als Vorbild beschrieben: „Wu Hu war der Vizekönig von Jiaodong. Jedes Mal, wenn ihm eine Rechtsstreitigkeit angetragen wurde, musste er sich selbst zuerst im Zimmer einschließen, um sein Gewissen zu beruhigen. Und bei der Verhandlung der Streitfälle erklärte er die Gründe immer vernünftig und ging häufig selbst zu den Klagebeteiligten, um eine harmonische Verhandlung zu führen. Anschließend gab es dort nur wenige Klagen."[67] Der Richter fand, die Rechtsstreitigkeit sei nur ein Zeichen der sozialen Störung, und

---

63 Siehe dazu 5. Kap. IV. 2.

64 Zweigert/Kötz, Einführung in die Rechtsvergleichung: auf dem Gebiete des Privatrechts, Tübingen, 1996, S. 284. Xu, Die Rezeption deutschen Zivilrechts in China am Beispiel des Deliktrechts, 2006, S. 216.

65 Lun Yu (論語), II. Buch (Wei Zheng 為政). 3. Deutsche Übersetzung von Wilhelm, Die Lehren des Konfuzius, Frankfurt, 2008, S. 93.

66 Tang-Kodex (唐律疏議), 1. Kap. Allgemeine Bestimmungen (名例). Englische Übersetzung von Johnson, The T'ang Code, Volume I, Princeton, 1979, S. 54.

67 Hou Han Shu (後漢書), 64. Band: Wu You (吴祐传).

es solle in gewisser Weise persönlich schuldig für das Vorkommen der Rechtsstreitigkeit sein. Er hatte Gewissensbisse darüber, dass es in einem unter seiner Verwaltung stehenden Gebiet Streitigkeiten gab. In einem anderen Fall, in der Song-Dynastie, hat ein Richter bei einem Urteil so geschrieben, dass die Klagebeteiligten „nur für einige Kleinigkeiten wie Geld, Getreide, Grundstück und Wohneigentum miteinander widerstreiten, sogar sich zum Feind werden. Die Freundlichkeit der Nachbarn wird geschädigt; Gewissen und Ehrgefühl werden vergessen; Blutsverwandtschaft ist verletzt; Respekt und Anstand werden abgelegt." Der Richter seufzte viel über die Rechtsstreitigkeiten zwischen den Klagebeteiligten.

Diese negative Neigung zum gerichtlichen Verfahren wurde nicht nur von den Beamten und konfuzianistischen Gelehrten vertreten, sondern auch von der Allgemeinheit akzeptiert. Im weiteren Verlauf entwickelte sich als eine chinesische sozialpsychische Charakteristik ein Phänomen, das als „Müdigkeit von Klagen" (*yansong* 厭訟) oder „Entfernung von Klagen" (*xisong* 息訟)[68] bezeichnet wird. Diese Charakteristik beeinflusste die Bildung der juristischen Vorstellung der Chinesen in der Neuzeit.[69]

Weggel hat die moralische Neigung des chinesischen Rechts im Sinne des Verhältnisses zwischen Moral und Recht ausgiebig kommentiert. Obwohl die Moral und das Recht beständig miteinander verbunden sind, wurde je nach den Umständen einer Seite mehr Gewicht zugesprochen. Im Vergleich zur westlichen Rechtskultur, die rechtliche Priorität gewährleistet, stellt die chinesische Rechtskultur offensichtlich vorzugsweise Moralität dar. Er ist der Ansicht, dass der Grund bei unterschiedlichen sozialen Prämissen liegt: Während der letzte sich vor allem an der Bewahrung der aktuellen sozialen Ordnung (*Status quo*) orientiert, bietet die erstere die Möglichkeit für soziale Änderungen.[70]

---

68 Diese bekannte Bezeichnung stammt vermutlich von der konfuzianistischen Lehre bzw. aus *Lun Yu*: „Der Meister sprach: ‚Im Anhören von Klagesachen bin ich nicht besser als irgend ein anderer. Woran mir aber alles liegt, das ist, zu bewirken, daß gar keine Klagesachen entstehen.'" Lun Yu (論語), XII. Buch (Yan Yuan 顏淵). 13. Deutsche Übersetzung von Wilhelm, Die Lehren des Konfuzius, Frankfurt, 2008, S. 369.

69 Mehr dazu siehe bei Feng, Die historische Analyse der Psyche „Müdigkeit von Klagen" der Chinesen, Wuhan, 2002-2, S. 129-131. Der tatsächliche Einfluss dieser Vorstellung auf die chinesische Rechtsgeschichte ist aber bisher noch umstritten. Manche Historiker fanden viele Fälle in den alten Rechtsprechungsquellen, die nicht „Müdigkeit von Klagen", sondern hingegen „Enthusiasmus von Klagen" repräsentieren. Siehe You, Die Tatsache des „Enthusiasmus von Klagen" hinter dem Trugbild der „Müdigkeit von Klagen"? Beijing, 2012-4, S. 815 ff.

70 Weggel, Chinesische Rechtsgeschichte, S. 231.

Infolge der sich aus der Vorrangigkeit der *li* resultierenden Vagheit hatte die chinesische Rechtspraxis eine starke pan-moralische Tendenz. Diese Tendenz blieb bis zur Rechtsrezeption am Anfang des 20. Jh. unverändert.[71]

c) Die Ordnung im privaten Leben

Eines der für den westlichen Leser äußerst fremdartigen Merkmale des traditionellen chinesischen Rechts ist, dass sich kein separates Zivilrecht entwickelte. In den traditionellen chinesischen Gesetzen wurde das private Leben sehr eingeschränkt bestimmt. Die Logik dahinter ist, dass diese Angelegenheiten für den feudalistischen Staat nicht im öffentlichen Interesse standen, sondern es sich nur um „Kleinigkeiten" (*xigu* 細故) handelte, deswegen sei es nicht nötig, die zivilrechtlichen Gesetzgebung zu erlassen.[72]

In der konfuzianistischen Vorstellung war die menschliche Beziehung wesentlich wichtiger als das Vermögen. Nur das private Leben, das in Zusammenhang mit den menschlichen Beziehungen stand, wurde im Gesetz aufgenommen. Alle anderen Bereiche des privaten Lebens wurden jedoch aus dem Gesetz ausgeschlossen.[73] In der Rechtsprechung waren fast alle privatrechtlichen Streitigkeiten über Geld, Grundstücke, Wohneigentum und eheliche Beziehung (錢田戶婚) von der ersten Instanz des Gerichtshofs (*yamen*) zu entscheiden, gleichgültig, wie hoch der Streitwert war. Darüber hinaus wurde versucht, viele Konflikte zunächst mit außerjuristischen Schlichtungsmechanismen, zum Beispiel der Vermittlung vom Familienoberhaupt oder von den Angesehenen der Sippe, zu lösen.

Daraus ergibt sich eine weitere Frage: Welche Rechtsquellen standen den Richtern für die privatrechtlichen Streitigkeiten über Geld, Grundstücke und Wohneigentum zur Verfügung? In erster Linie waren dies die Gewohnheitsrechte, insbesondere in den Rechtsbereichen von Familienrecht und Bodenrecht.[74] *Li*-Vorschriften bildeten daneben eine weitere wichtige Quelle. Wenn weder ein Gewohnheitsrecht noch die *li*-Vorschrift zutrafen, dann beriefen sich die Richter auf *qingli* oder ihr Gewissen.

---

71 Siehe dazu unten, 4. Kap. II. 1.

72 Yang, Die Entwicklungsgeschichte des chinesischen Rechts, Nachdruck, Beijing, 2009, S. 4; Weggel, Chinesische Rechtsgeschichte, S. 172.

73 Liang, Die Suche nach der Harmonie in der natürlichen Ordnung, Beijing, 1997, S. 96.

74 Yang, Die Entwicklungsgeschichte des chinesischen Rechts, Nachdruck, Beijing, 2009, S. 4; Weggel, Chinesische Rechtsgeschichte, S. 170 ff.

II. Die traditionellen Rechtsordnungen vor der Reform

Der berühmte chinesische Historiker Chen Yinke (陳寅恪) vertritt folgende Meinung: Der Bereich, der vom Konfuzianismus am stärksten beeinflusst ist, sei die Rechtsordnung für das öffentliche und private Leben.[75] Auch wenn das Gesetz im Vergleich zum *li* lediglich als sekundäres normatives System diente, entstand in der chinesischen Rechtsgeschichte dennoch eine Reihe von bedeutenden und einflussreichen Gesetzbüchern. Wie hat man sich einen auf den dargelegten konfuzianischen Vorstellungen basierenden Gesetzestext vorzustellen? Inwiefern ist der letzte vor den Reformen entstandene Gesetzestext (Qing-Kodex) ein konfuzianischer Text? Es lohnt sich, zuerst einen Blick auf die traditionelle Rechtsordnung zu richten.

1. Kodizes

In der chinesischen Rechtsordnung nahmen die Kodizes eine bedeutende Rolle ein, weil sie als Verkörperung der konfuzianistischen Ideologie betrachtet wurden. Es entsprach der Tradition, dass mit einer neuen Dynastie ein eigenes Gesetzbuch verkündet wurde, das jedoch inhaltlich und formell nicht wesentlich von dem der vorhergehenden Dynastie abwich.[76] Die Stabilität bestand nicht nur in der Unveränderlichkeit der gesellschaftlichen Struktur, sondern auch in der konservativen Neigung des Konfuzianismus.

a) Frühe Geschichte (11. Jh. v. Chr.-7. Jh.)

Die Gesetzbücher vor der Tang-Dynastie sind meistens verloren gegangen. Nach der herrschenden Meinung wurde zumindest seit dem Han-Kodex ein einheitlicher Gedankengang festgestellt. Die Technik der Gesetzgebung entwickelte sich nachfolgend, aber fortlaufend, erreichte bis zum Tang-Kodex ihren Höhepunkt und setzte sich bis zum Qing-Kodex fort.[77]

---

75 Feng, Die chinesische Philosophiegeschichte, Beijing, 1984, Einführung von Chen Yinke.

76 Foo, Einleitung zur engl. Übersetzung des chin. BGB S, 1930, S. ix; Heuser, Einführung in die chinesische Rechtskultur, 2002, S. 123 f; Weggel, Chinesische Rechtsgeschichte, S. 131; Bünger, Zivil- und Handelsgesetzbuch sowie Wechsel- und Scheckgesetz von China, S. 13.

77 Weggel, Chinesische Rechtsgeschichte, S. 131.

b) Tang-Kodex

Der Tang-Kodex (*tanglü* 唐律, oder *yonghuilü* 永徽律)[78] aus dem 7. Jh. v. Chr. war ein Strafgesetzbuch, das während der Tang-Dynastie nach China gebracht und dort genutzt wurde. In diesem Gesetzbuch vermischten sich *li* und *fa* nach jahrhundertelangen Auseinandersetzungen schließlich, wodurch die konfuzianistischen Gedanken auf dem Gebiet des Rechts im traditionellen China verwirklicht wurden. Die Struktur des Tang-Kodex entspricht den westlichen Gesetzbüchern in keiner Weise. Es gibt keinen Unterschied zwischen dem öffentlichen Recht und dem Privatrecht, zwischen dem Strafrecht und dem zivilrechtlichen Deliktsrecht. Im Tang-Kodex wurde fast nur das Straf- und Verwaltungsrecht geregelt.[79] Der Tang-Kodex gliedert sich nach Themen in 12 Kapitel, nämlich:

1) Allgemeine Bestimmungen (名例律)
2) Palastwachen und Pässe (衛禁律)
3) Beamtenwesen (職制律)
4) Familie und Ehe (戶婚律)
5) Magazine und Pferdehaltung (厩庫律)
6) Mobilisierung von Truppen (擅興律)
7) Gewalttaten und Diebstahl (賊盜律)
8) Streit und falsche Anklage (鬥訟律)
9) Fälschung und Betrug (詐僞律)
10) Vermischte Bestimmungen (雜律)
11) Ergreifung flüchtiger Verbrecher (捕亡律)
12) Gerichtsverfahren (斷獄律)[80]

Dieser Kodex ist das wichtigste Gesetzbuch in der chinesischen Rechtsgeschichte. Die formale Struktur und die wesentlichen Grundsätze der traditionellen chinesischen Kodifikation wurden in der Tang-Dynastie festgelegt. Infolge des politischen und kulturellen Einflusses der Tang-Dynastie in Ostasien hatte der Tang-Kodex nicht nur für China, sondern auch für alle anderen ostasiatischen Länder eine Bedeutung, beispielsweise Korea, Japan, Vietnam.

---

78 Samt den eher wichtigeren Auslegungen zum Tang-Kodex, nämlich „Kommentar zum Tang-Kodex" (*tanglü shuyi* 唐律疏議, 654 n. Chr.).

79 Zweigert/Kötz, Einführung in die Rechtsvergleichung, Tübingen 1996, S. 284.

80 Die deutsche Übersetzung ist übernommen von Bünger, Quellen zur Rechtsgeschichte der T'ang-Zeit, Peiping, 1946, S. 85.

c) Qing-Kodex

Nach dem Tang-Kodex dominierten noch der Song-Kodex (宋刑統 *song xing-tong*), der Yuan-Kodex (元典章 *yuan dianzhang*) und der Ming-Kodex (大明律 *daming lü*) mit kleinen Modifikationen in ihren jeweiligen Dynastien. Das Gesetzbuch der letzten Dynastie, der Qing-Kodex (大清律例 *daqing lüli*), ist das letzte traditionelle chinesische Gesetzbuch vor der modernen Rechtsreform zu Beginn des 20. Jahrhunderts. Er hat sowohl die Blüte als auch den Verfall der letzten Dynastie und damit gar der chinesischen Kaiserzeit erlebt und bezeugt.[81]

In der Nachfolge des Tang-Kodex wurde der Inhalt des klassischen chinesischen Rechts gemäß der Tradition nicht deutlich geändert. Ein formaler Unterschied zum Tang-Kodex besteht aber darin, dass der Qing-Kodex nicht mehr nach sachlichen Themen, sondern wie die Struktur des Ming-Kodex nach den Verwaltungsabteilungen der Regierung, nämlich der „sechs Ministerien" (六部 *liu-bu*) aufgeteilt ist.[82] Die Untertitel des Gesetzbuches sind wie folgt:

1. Abteilung (§§ 1-46): Allgemeiner Teil
2. Abteilung (§§ 47-74): Ministerium für den öffentlichen Dienst (吏部 *li-bu*)
3. Abteilung (§§ 75-156): Ministerium für zivile Angelegenheiten (户部 *hu-bu*, wörtlich „Haustor"-Ministerium)
4. Abteilung (§§ 157-187): Ministerium für Riten (禮部*li-bu*)
5. Abteilung (§§ 188-253): Ministerium für militärische Angelegenheiten (兵部 *bing-bu*)
6. Abteilung (§§ 254-423): Ministerium für Strafrechtsangelegenheiten (刑部 *xing-bu*)
7. Abteilung (§§ 424-436): Ministerium für öffentliche Arbeiten (工部 *gong-bu*)[83]

2. Die deliktischen Rechtsordnungen

Die deliktische Rechtsordnung blickt in China auf eine lange Geschichte zurück. Die früheste deliktische Ordnung mit Charakteristik des *ius talionis* hatte China schon in der Westlichen Zhou-Dynastie (11. Jh. v. Chr.-771 v. Chr.). In der Qing-Dynastie (221 v. Chr.-207 v. Chr.) hatte sich China gänzlich von der nomadenhaften Gesellschaft zu einer sesshaften Gesellschaft gewandelt. Damit

---

81 Weggel, Chinesische Rechtsgeschichte, S. 118 ff; Foo, Einleitung zur engl. Übersetzung des chin. BGB S, 1930, S. ix f.

82 Näheres hierzu siehe Weggel, Chinesische Rechtsgeschichte, S. 121 f.

83 Die deutsche Übersetzung ist übernommen von Weggel, Chinesische Rechtsgeschichte, S. 122.

nahm die Bedeutung von Grundeigentum stark zu. Deliktische Taten gegen das Grundeigentum wurden hart geahndet. Bis zur Han-Dynastie dominierte die konfuzianistische Lehre als offizielle Ideologie und beeinflusste die Rechtskultur tiefgehend. Infolge der moralischen Bewertung verschärfte sich die Bestrafung gegen deliktische Taten mit Vorsatz (wie z. B. vorsätzliches Tötungsdelikt und Diebstahl) in extremer Weise. Die deliktische Ordnung präsentierte sich bis in die Tiefe als strafrechtlich. Bis in den Tang-Kodex wurde in China eine Reihe der ausgereiften deliktischen Ordnungen entwickelt, die bis zur Rechtsreform am Ende der Qing-Dynastie gültig blieben.[84]

Nach einer langen Entwicklung kannte China somit ein eigenständiges deliktrechtliches System. Es wies sowohl Ähnlichkeiten als auch Unterschiede zum modernen westlichen Recht auf. Als charakteristische Merkmale des traditionellen chinesischen deliktischen Rechts können folgende angeführt werden:

a) Der erste und größte Unterschied zum modernen zivilrechtlichen Deliktsrecht ist der Rechtszweck. Die chinesische deliktische Ordnung orientierte sich vor allem an Sanktion. Diese Sanktion war nicht durch die tatsächliche Beeinträchtigung bedingt und demonstrierte deswegen nicht die Assoziativität zwischen der Verletzung und der deliktischen Handlung. Die meisten deliktischen Ordnungen sind strafrechtlich. Obwohl die privatrechtlichen Bestimmungen immer noch in Kraft waren, wurden sie mit dem Strafrecht verwoben.[85]
b) Geschützte Interessen umfassten Vermögen, Leib und Leben, Persönlichkeit, sozialen und familiären Status etc. Zwischen öffentlichem Interesse und privatem Interesse wurde differenziert.
c) Fahrlässigkeit und Vorsatz werden separat behandelt.[86] Die Rechtsfolge unterscheidet nach der Rolle in einem Delikt, nämlich zwischen dem Haupttäter und dem Beteiligten.[87]
d) Es gab keine allgemeinen Generalklauseln oder Abstrahierung wie in der *Lex Aquilia*, sondern nur Bestimmungen für alle Einzelfälle. Im Tang-Kodex wurden bereits die Sondertatbestände, zum Beispiel die Haftung bei Amtspflichtverletzung, die Haftung des Aufsichtspflichtigen, des Treuhänders und des Tierhalters geregelt.

---

84 Näheres zur Entwicklungsgeschichte der traditionellen deliktischen Rechte in China siehe Zhang, Die Rechtsinstitutionen des alten China, Beijing, 1992, S. 155, S. 209 f., S. 266 f.

85 Bünger, Zivil- und Handelsgesetzbuch sowie Wechsel- und Scheckgesetz von China, S. 13.

86 Näheres hierzu siehe weiter unten, 5. Kap, III.

87 Näheres hierzu siehe weiter unten, 5. Kap, III, 2.

Neben diesen Merkmalen sind noch einige andere charakteristische Bestimmungen im alten chinesischen Recht zu nennen:

a) Sühnegeldbuße

Im chinesischen Recht wurde die sogenannte „Sühnegeldbuße" (*shuxing* 贖刑) fixiert. Im Tang-Kodex wurde dazu Folgendes festgelegt: „Das Geld als Buße für Sühne (金作贖刑)" mit der Auslegung: „das Geld zu zahlen, um die Strafe für Fahrlässigkeit zu ersetzen (誤而入罪，出金以贖之)".[88]

Die Sühnegeldbuße ist eigentlich eine Form der Geldstrafe, hat aber nur eine äußerliche Ähnlichkeit mit dem Schadensersatz im zivilrechtlichen Sinne. Bei der Anwendung der Sühnegeldbuße gab es jedoch viele Beschränkungen: Die Sühnegeldbuße greift ausschließlich für die besonderen Subjekte wie Menschen im Greisenalter, Kinder, Beamte (und ihre nächsten Verwandten) usw.; für die schwersten Delikte ist die Sühnegeldbuße nicht anwendbar (z. B. Zehn Übel); außerdem ist die Summe des Sühnegelds vom Gesetz festgeschrieben.[89] Deswegen entsprechen Sühnegeldbußen nur einer Art strafrechtlicher Sonderregeln und sind nicht mit dem Schadensrecht zu vergleichen.

b) „Verbrennungs- und Beerdigungsgeld"

Das „Verbrennungs- und Beerdigungsgeld" (*shaomai yin* 燒埋銀) erfüllt neben seiner eigentlichen Funktion auch die eines pekuniären Ersatzes im Sinne einer Strafe. Im Tang-Kodex ist bestimmt, dass der Täter dem Opfer oder seinem Verwandten bei einem Tötungs- und Körperdelikt aus Fahrlässigkeit ein Sühnegeld zahlen darf, um die Strafe zu mindern. Bis zur Yuan-Dynastie wurde diese Regelung als „Verbrennungs- und Beerdigungsgeld" entwickelt: Hat jemand einen anderen getötet, ist er den Hinterbliebenen zur Zahlung von Unterhaltsgeld und Verbrennungs- und Beerdigungsgeld verpflichtet. Wenn diese Tötung nicht aus Vorsatz geschehen ist, kann der Täter nach der Geldzahlung dem Strafvollzug entgehen. Das Verbrennungs- und Beerdigungsgeld sollte den Hinterbliebenen unmittelbar gezahlt werden, deswegen ist es kein Strafgeld. Im Ming- und Qing-Kodex wurde diese Regelung übernommen: Bei einem Tötungsdelikt muss der Täter den Verwandten des Getöteten sein gesamtes Vermögen übereignen, bei einer Körperverletzung mit Todesfolge ist der Täter nachträglich zur Zahlung von Verbrennungs- und Beerdigungsgeld verpflichtet, bei einer

---

88 Tang-Kodex (唐律疏議), 1. Kap. Allgemeine Bestimmungen (名例). Englische Übersetzung von Johnson, The T'ang Code, Volume I, Princeton, 1979, S. 61.

89 Dazu vgl. Weggel, Chinesische Rechtsgeschichte, S. 137 f.

schweren Körperverletzung muss der Täter dem Opfer die Hälfte seines Vermögens übereignen.[90]

Weil dieser Betrag dem Opfer direkt gezahlt wird, ist das Verbrennungs- und Beerdigungsgeld sehr unterschiedlich zur Sühnegeldbuße. Aber es handelt sich dabei eigentlich doch auch um einen strafrechtlichen Ersatz: Erstens wird die Summe des Verbrennungs- und Beerdigungsgeldes nicht nach der tatsächlichen Beeinträchtigung, sondern nach dem Gesetz bestimmt. Zweitens kann das Verbrennungs- und Beerdigungsgeld nicht aus dem Anspruch des Opfers, sondern nur nach der Erwägung des Richters erhoben werden.

c) „Acht Privilegien"

Die „Acht Privilegien" (chinesisch 八議) gelten im traditionellen chinesischen Gesetzbuch seit dem „Neu-Kodex" (新律, 229) in der Wei-Dynastie (220-265) als eine Regel: Das privilegierte Subjekt, das ein Delikt begeht, darf nicht durch das normale Verfahren, sondern nur mit der Genehmigung des Kaisers, der nach dem Status des Privilegierten und den konkreten Umständen entscheidet, festgesetzt und bestraft werden. Die Gruppen der Privilegierten umfassen jeweils: (1) Verwandte des Kaisers, 親 (2) alte Diener des Kaisers, 故 (3) tugendhafte Männer, 賢 (4) Befähigte, 能 (5) Verdiente, 功 (6) Edle, 貴 (7) Pflichtbewusste, 勤 (8) Staatsgäste, 賓.[91] Gleich wie die Beschränkung bei der Sühnegeldbuße findet die Regelung der „Acht Privilegien" in den schwersten Fällen, wie bei denen der Zehn Übel, keine Anwendung. Das System der Acht Privilegien basierte auf dem konfuzianistischen *li*-Gedanken: Die rechtliche Haftung sei nach Hierarchie, Status und sozialer Rolle der Täter zu unterscheiden.

d) „Bestrafung nach wu-fu*"*

Die „Bestrafung nach *wu-fu*" ist eine Regelung, nach dem das verhaftete Subjekt wegen der unterschiedlichen familiären Rollen abweichend bestraft wird. *Wu-fu* (五服, fünf Trauerkleidungen), auch als *fu*-System bezeichnet, ist ein Sittensystem in der chinesischen Tradition, über das sich der Verwandtschaftsgrad

---

90 Vgl. Zhang, „Verbrennungs- und Beerdigungsgeld" und das chinesische Schadensrecht bei Tötungsdelikten, in: Chinesische und Westliche Rechtstradition, Beijing, 2004, Band VI, S. 291 ff.

91 Münzel, Strafrecht im alten China nach den Strafrechtskapiteln in den Ming-Annalen, Wiesbaden, 1968, S. 91; Weggel, Chinesische Rechtsgeschichte, S. 138; Johnson, The T'ang Code, Volume I, Princeton, 1979, S. 83-87; Bünger, Quellen zur Rechtsgeschichte der T'ang-Zeit, Peiping, 1946, S. 86.

und die genauen Verwandtschaftsbeziehungen stufen lassen.[92] Im Taishi-Kodex (*taishi lü* 泰始律) der Westlichen Jin-Dynastie wurde *wu-fu* erstmals als ein Maßstab für die Bestrafung geregelt, d. h. „Bestrafung nach *wu-fu*". Je näher die Verwandtschaft ist, desto härter ist die Bestrafung für ein Delikt eines jüngeren Verwandten gegenüber einem Älteren, aber leichter für ein Delikt eines Älteren gegenüber einem Jüngeren. Umgekehrt: Je ferner die Verwandtschaft ist, desto leichter ist die Bestrafung für ein Delikt eines jüngeren Verwandten gegen einen Älteren, aber härter für ein Delikt eines Älteren gegen einen Jüngeren. Bis zur Rechtsreform am Ende der Qing-Dynastie ist Bestrafung nach *wu-fu* immer eine wichtige Komponente des traditionellen chinesischen strafrechtlichen Systems.

Zusammenfassend ist am Ende dieses Kapitels zu betonen, dass die chinesische Rechtstradition viele Besonderheiten in sich birgt, die sie von der westlichen Rechtstradition unterscheiden. Das Thema, die traditionelle chinesische mit der westlichen Rechtskultur zu vergleichen, wird schon seit langem von heftigen Diskussionen begleitet. In der vorliegenden Arbeit werden nur jene Elemente, die eine Rolle auf der Bühne der chinesischen Rechtsrezeption gespielt haben, berücksichtigt. Es ist sinnvoll, den Vergleich aus weiterführenden Monografien im Detail zu erfahren, z. B. aus Weggels grafischer Gegenüberstellung in den Bereichen Zweck, Geltungsgrund, Kategorien und juristische Technik des Rechts etc.[93]

Dazu hat Wang Boqi die Besonderheiten des westlichen Rechts von Form bis Inhalt in zwei Punkten zusammengefasst.[94]

I. Logisches System und wissenschaftliche Methode
II. Individualismus und eigenständige Persönlichkeit als Zentralbegriffe

In Analogie dazu könnten die Besonderheiten des chinesischen Rechts wie folgt formuliert werden:

I. Moralisches System und pragmatische Methode
II. Soziale Orientiertheit und sozialisierte Persönlichkeit.

Alle diese tief greifenden Unterschiede verschärfen die Komplexität der folgenden Rechtsrezeption seit dem 19. Jh.

---

92 *Wu-fu*, wörtlich als „fünf Trauerkleidungen" bedeutet ursprünglich fünf Trauerkleidungen, die bei Trauersitten je nach Verwandtschaftsgrad getragen werden. Daher kann *wu-fu* den Verwandtschaftsgrad, nämlich Nähe und Ferne, Unter- und Überordnung der Verwandtschaft signalisieren.

93 Weggel, Chinesische Rechtsgeschichte, S. 224, S. 225, S. 227, S. 229.

94 Wang, Modernes Rechtsdenken und alte chinesische Kultur, Taipeh, 1956; Nachdr. Beijing, 2005, S. 7.

Kapitel 3: Historische Darstellung der Rechtsrezeption

Die Geschichte des traditionellen chinesischen Rechts endete mit dem Niedergang der Qing-Dynastie und des Kaisertums am Ende des 19. Jahrhunderts. Damit begann die chinesische Rechtsrezeptionsgeschichte. 1911 wurde der erste Entwurf eines zivilrechtlichen Gesetzbuches veröffentlicht. 1925 folgte die Veröffentlichung eines zweiten Entwurfs. Das zivilrechtliche Gesetzbuch für China trat schrittweise in den Jahren 1929-31 in Kraft. Diese drei Gesetzgebungsversuche sind eben jene Meilensteine, die für die drei Phasen der zivilrechtlichen Rezeptionsgeschichte in China bestimmend sind.

I. Die Rechtsreform am Ende der Qing-Dynastie (1904-1911)

1. Hintergrund der Rezeption fremden Rechts in China

Im 19. Jahrhundert hatten die Chinesen erstmals Erfahrung mit Kriegsschiffen und der Industrie aus der westlichen Welt gemacht. Kurz darauf wurde das bis dahin abgeschottete China Teil der Weltgeschichte, der industriellen Revolution und der Kolonisation. Für diese einschneidenden Änderungen erwies sich das traditionelle chinesische Recht als unzureichend.[95] Unter einer Reihe von militärischen und politischen Gewalten begann der langsame und umständliche Prozess der Rechtsform in China.[96]

Der erste Opium-Krieg (*yapian-zhanzheng* 鸦片战争) im Jahr 1840 zwischen Großbritannien und China wurde allgemein als Beginn der Neuzeit in der chinesischen Geschichte anerkannt. Die Niederlage von China in diesem Krieg beendete die isolationistische Politik seit der Ming-Dynastie und offenbarte den Verfall des chinesischen Kaisertums. Die chinesische Kultur musste mit den

95 Bünger, Zivil- und Handelsgesetzbuch sowie Wechsel- und Scheckgesetz von China, S. 13.

96 Zur allgemeinen chinesischen Geschichte der Neuzeit seit 1840 als Hintergrund der Rechtsreform siehe Zhang, Die Chinesische Rechtsgeschichte Band 9, Beijing, 1999, S. 1-9; Pan, Die chinesische Zivilrechtsgeschichte, Taipeh, 1982, S. 72-83; Zhang, Von der Kodifizierung im neuzeitlichen China 1901-1949, S. 36-39; Xu, Die Rezeption deutschen Zivilrechts in China am Beispiel des Deliktsrechts, 2006, S. 210 f; Mi, Die rechtsgeschichtlichen Wurzeln Chinas - insbesondere des Zivilrechts, in: Wolff, Kultur- und rechtshistorische Wurzeln Europas, Godesberg, 2006. S. 480.

modernen westlichen Kulturen aufeinandertreffen und einen zunehmend engeren kulturellen Austausch führen. Im Zuge dessen wurde China (Qing-Dynastie) dazu gezwungen bzw. gedrängt, mit den westlichen Ländern eine Reihe von den sogenannten „ungleichen Verträgen" abzuschließen. Der erste ungleiche Vertrag war der „Vertrag von Nanking" (南京條約) aus dem Jahr 1842. Mit dem Vertrag hatte Großbritannien die Konsulargerichtsbarkeit in China durchgesetzt, sodass sämtliche Prozesse gegen englische Staatsbürger ausschließlich in die Zuständigkeit des britischen Konsulats fielen. Hiermit wurde die chinesische staatliche Souveränität und folglich die Würde des chinesischen Rechtssystems stark beeinträchtigt.[97]

Wie in vielen anderen Kolonialgebieten der Neuzeit waren die Verantwortlichen Chinas darum bemüht, dem Weg der westlichen „Mächte" zu folgen, um das Land vor der Gefahr einer totalen Kolonisierung zu bewahren. Zu Beginn wurde lediglich der westlichen modernen Technik Beachtung geschenkt; man war der Überzeugung, dass China sein ihm eigenes politisches und juristisches System beibehalten könne.[98] Diese Bewegung von 1861 bis 1895 wurde in der chinesischen Geschichte als „Selbststärkungsbewegung" (*yangwu yundong* 洋務運動) bezeichnet.

Allerdings erwies sich dieser Plan bald als unrealistisch und fruchtlos. Obwohl China eine moderne militärische Konstruktion und eine technische Reform des Kaiserreichs dreißig Jahre lang aufrechterhalten hatte, wurde es im Ersten Japanisch-Chinesischen Krieg (*zhong-ri jiawu zhanzheng* 中日甲午戰爭) von 1894/1895 eindeutig besiegt. Diese Niederlage empfanden die Chinesen als eine viel tiefere Demütigung als jene im Opiumkrieg 1840, weil China in seiner reichen und sich weit erstreckenden Geschichte in vielen Bereichen stets das Vorbild für Japan darstellte. Erst mit diesem Moment erkannte man in China deutlich die Schwächen des Landes und versuchte, aus der historischen Erfahrung von seinen eigenen Erfahrungen und denen mit der gegnerischen Seite die Ursachen für die Niederschlagung zu ermitteln. Im Gegensatz zu der Vorstellung vor dem Krieg vertraten mehr Leute die Ansicht, dass für eine Modernisierung nicht nur die technische und militärische Stärkung, sondern auch der Aufbau

---

97 Vgl. Xu, Die Rezeption deutschen Zivilrechts in China am Beispiel des Deliktsrechts, 2006, S. 210; Wood, The Treaty of Nanking: Form and the Foreign Office, 1842-1843, in: Journal of Imperial and Commonwealth History, London, 1996-5, Vol. 24 (2), S. 181-196.

98 Vgl. Weggel, Chinesische Rechtsgeschichte, S. 241.

einer modernen gesellschaftlichen Ordnungsstruktur bezüglich des politischen Systems und des Rechtssystems einer Aneignung wert war.[99]

Vor diesem Hintergrund wurden seit der „*Wu-Xu* Reform" (戊戌變法) von 1898 und der Reform „Neue Politik" (*xinzheng* 新政) von 1900 immer mehr soziale und kulturelle Vorschläge eingeführt. In diesen Reformen „von oben nach unten" blieb der Konfuzianismus als der zentrale Gedanke des chinesischen politischen Systems nach wie vor von einer grundlegenden Kritik verschont, jedoch versuchten die Reformer, ihn neu zu interpretieren, um ihn der modernen Zeit anzupassen. Die traditionellen chinesischen Gesetze und Institutionen, die auf eine über tausend Jahre alte Geschichte zurückgehen, wurden erstmals seit Beginn der Kaiserzeit überprüft und reformiert.[100]

Nicht zuletzt war das Streben nach einer Reform darin begründet, dass die alte Rechtsordnung gegenüber der veränderten Wirtschaftsstruktur (mehr Industrie, weniger Agrarwirtschaft) veraltet und damit ineffizient erschien.

Vor diesem Hintergrund war die Rechtsreform als ein Teil der politischen Reform am Ende der Qing-Dynastie (1904-1911) unausweichlich.

2. Muster und Vermittlung der Rechtsrezeption

a) Die Auswahl des Musters

Für die Rechtsreform der Qing-Dynastie gab es keinen offensichtlichen Zwang von außen, wie in den Fällen der Rechtsrezeption des englischen Rechts in Indien oder die des niederländischen Rechts in Südafrika. Die Auswahl der Leitbilder für die Rechtsreform geschah hauptsächlich nach eigenem Willen. Hinzu kommt, dass die politische Berücksichtigung bei der Entscheidung keine oder nur eine geringe Rolle gespielt hatte.[101]

Tatsache war, dass wegen der sorgfältigen Abwägung der Vor- und Nachteile aller möglichen Angebote und aus einigen historischen Zufällen das deutsche Recht den größten Einfluss für den gesamten Rechtsrezeptionsvorgang hatte. Hierfür liegen mehrere Gründe vor:

aa) Das *Common Law* ist stark durch das Fallrecht geprägt, das aus zahlreichen einzelnen Vorentscheidungen gebildet wird. Im Vergleich dazu ist das auf einen Blick deutlich klarere kodifizierte Recht im kontinentaleuropäischen

---

99 Weggel, Chinesische Rechtsgeschichte, S. 241; Xu, Die Rezeption deutschen Zivilrechts in China am Beispiel des Deliktsrechts, S. 210 f.

100 Weggel, Chinesische Rechtsgeschichte, S. 241.

101 Manthe, Bürgerliches Recht und Bürgerliches Gesetzbuch in der VR China, 1987, S. 14.

Rechtskreis einfacher zu verstehen und anzuwenden, was sich für eine Rezeption in fremden Ländern als vorteilhaft erweist.[102]

bb) Im Gegensatz zu der Ansicht der Japaner zur Meiji-Zeit sah man in China den *Code civil* bis zum Ende des 19. Jh. nicht mehr als das modernste Muster des Zivilrechts. Das zeitlich viel später erarbeitete deutsche Recht wurde hingegen von dem chinesischen Rechtegeber als das Neuartigere und Aktuellere betrachtet.[103]

cc) Das deutsche BGB wurde besonders aufgrund seiner aus Pandektenwissenschaft entwickelten Kodifikationstechnik und Terminologien für das beste zivilrechtliche Gesetzbuch der Zeit erachtet.[104] Nach Bünger wurde das deutsche Recht in China rezipiert, „weil man es für qualitativ gut, technisch am weitesten durchgebildet und für leicht rezeptabel hielt".[105] Diese selbstständig getroffene Auswahl wurde bereits bei der Kodifikation des ersten Entwurfs vorgenommen.

Darüber hinaus bestand bei der Auswahl des Musters für die Rechtsrezeption außer der Berücksichtigung der technischen Vorteile noch ein weiterer wichtiger Grund, nämlich die Vermittlung der deutschen Rechtsinstitutionen und des deutschen juristischen Denkens über Japan.[106]

b) Der Einfluss von Japan

Die Vermittlung Japans wird an zwei Aspekten deutlich.

aa) Wie schon erwähnt, schockierte China die Niederlage gegenüber dem Nachbarn zutiefst. Japan war ein Land, das in der Geschichte China immer nachfolgte, das vor bis dahin nicht allzu langer Zeit von China noch geringgeschätzt wurde.[107] Darüber hinaus hat Japan auch die Gefahr der Kolonisierung im 19.

---

102 Shao, Die Rezeption des deutschen Zivilrechts im alten China, in: JZ, Band 54, 1999, H. 2, S. 82 f; Wang, Die Aufnahme des europäischen Rechts in China, in: AcP, Bd. 166, Tübingen, 1966, S. 346.

103 Schulze, Der Einfluss des BGB in China, 2005, S. 47.

104 Shao, Die Rezeption des deutschen Zivilrechts im alten China, in: JZ, Band 54, 1999, H. 2, S. 84; Mi, Zu einigen Problemen bei der gegenwärtigen Reform des chinesischen Zivilrechts, 2003, S. 4; Schulze, Der Einfluss des BGB in China, 2005, S. 47.

105 Bünger, Die Rezeption des europäischen Rechts in China, Tübingen, 1950, S. 178.

106 Ham, Zur Rezeption des Deutschen Bürgerlichen Gesetzbuches in China, S. 187; Schulze, Der Einfluss des BGB in China, 2005, S. 47; Bünger, Zivil- und Handelsgesetzbuch sowie Wechsel- und Scheckgesetz von China, S. 16.

107 Xu, Die Rezeption deutschen Zivilrechts in China am Beispiel des Deliktsrechts, S. 211.

Jh. erlebt, konnte aber durch eine Reform bald gestärkt daraus hervorgehen. Das demütigende Ereignis der Niederlage hat China zum Denken angeregt. Man bemerkte sofort, dass Japan eine Modernisierung erfuhr, nicht nur durch die Übernahme der westlichen Technik und Waffen, sondern auch eine des Politik- und Rechtssystems. Der militärische Erfolg Japans gegen China und Russland (im Russisch-Japanischen Krieg 1904/1905) war der offenbare Beleg dafür, dass die Modernisierung seit der Meiji-Restauration der richtige Weg war.

bb) China und Japan haben eine gemeinsame kulturelle Grundlage, sodass China die Erfahrungen der Rechtsrezeption aus Japan seit der Meiji-Reform möglichst zügig analysieren kann.[108] Man findet den Beweis dafür in einem Thronbericht (奏摺) des bedeutenden Reformers am Ende der Qing-Dynastie Kang Youwei (康有為): „Etwa acht Zehntel der Literatur aus Japan wird mit unseren Zeichen geschrieben. Die Übersetzung der japanischen Literatur ist effektiv und zeitsparend." (譯日本之書，爲我文字者十之八，其成事至少，其費日無多也。)[109]

Deswegen hatte China bei der juristischen Modernisierung zu Beginn des 20. Jahrhunderts viel von Japan profitiert. Dies begründet den japanischen Einfluss auf fast alle Aspekte der Rechtsreform, inklusive der Übersetzung der westlichen Schriften, des Aufbaus des juristischen Systems, der juristischen Ausbildung und der Reform der Justizorgane. Der umfangreiche Austausch zwischen den beiden Ländern, sowohl in den akademisch wissenschaftlichen als auch im amtlichen und praktischen Bereich, initiierte den ersten Anlauf in der chinesischen Rechtsrezeptionsgeschichte.[110] Die japanischen Rechtswissenschaftler, die an der Verfassung des ersten Entwurfs beteiligt waren, hatten trotz der politischen Spannung zwischen Japan und China mit ihrem Wissen und Engagement viel zur chinesischen Rechtsentwicklung beigetragen.[111]

---

108 Bünger, Zivil- und Handelsgesetzbuch sowie Wechsel- und Scheckgesetz von China, S. 16.

109 Kang, Thronbericht zur Übersetzung der japanischen Literatur und zur Verschickung der Studenten (請廣譯日本書派游學摺), in: Verband der chinesischen Historiker (中國史學會, Hrsg.): Wu Xu Reform (戊戌變法), Band II, Shanghai, 1961, S. 223.

110 Li, Biographie von Shen Jiaben, Beijing, 2000, S. 265 ff; Bünger, Zivil- und Handelsgesetzbuch sowie Wechsel- und Scheckgesetz von China, S. 16; Foo, Einleitung zur engl. Übersetzung des chin. BGB S, 1930, S. xi f.

111 Sun, Die Rezeption der westlichen Zivilrechtswissenschaft und ihre Auswirkung im modernen China, S. 645.

3. Der erste Entwurf des Zivilgesetzbuches

a) *Allgemein*

Im Jahr 1907 wurde mit der Kodifikationsarbeit des zivilrechtlichen Gesetzbuches begonnen. Unter der Leitung des Vorsitzenden der ersten Kodifikationskommission,[112] *Shen Jiahen* (沈家本),[113] und dem japanischen Berater *Matsuoka Yoshimasa* (松岡義正) wurde *der erste Entwurf zum chinesischen ZGB* im Jahr 1911 veröffentlicht, nämlich *der Entwurf zum Zivilgesetzbuch der Großen Qing* (大清民律草案, verkürzt als *Entwurf von 1911*).[114]

Der erste Entwurf zum chinesischen ZGB wurde wie das deutsche BGB in 5 Bücher unterteilt. Während die ersten drei Bücher (Allgemeiner Teil, Obligationsrecht und Sachenrecht) inhaltlich nach den westlichen Vorbildern verfasst wurden, verblieben Familien- und Erbrecht wegen der Ablehnung seitens der konservativen Fraktion in der chinesischen traditionellen Rechtsordnung.[115]

b) *Deliktsrechtliche Regelungen im ersten Entwurf*

aa) Zum Vergleich des ersten Entwurfs zum chinesischen ZGB mit dem deutschen BGB werden hier beispielhaft die deliktischen Regelungen (Buch 2, Abschnitt 8 „unerlaubte Handlungen“) betrachtet. In diesem Abschnitt gibt es insgesamt 33 Artikel, die in vier Teile gegliedert werden können.[116]

---

112 Näheres zur ersten Kommission für Kodifikation siehe Foo, Einleitung zur engl. Übersetzung des chin. BGB, Shanghai, 1930, S. xi.

113 Shen wird als der wichtigste Vorläufer und Begründer der modernen Rechtswissenschaft in China betrachtet. Er hat eine Reihe der westlichen juristischen Werke in China übersetzt und eingeführt und zugleich die traditionellen chinesischen juristischen Quellen in Ordnung gebracht und revidiert. Mit diesen Vorarbeiten hat er die erste Rechtsreform in China eingeleitet. Näheres dazu siehe Li, Biografie von Shen Jiaben, Beijing, 2000.

114 Näheres zur Kodifikationsgeschichte siehe Xu, Die Rezeption deutschen Zivilrechts in China am Beispiel des Deliktsrechts, S. 211; Zhang, Die Chinesische Rechtsgeschichte Band 9, Beijing, 1999, S. 200-234.

115 Die ersten drei Bücher I (Allgemeiner Teil), II (Schuldrecht) und III (Sachenrecht) wurden vom *Amt für die Revision der Gesetze* (修訂法律館) verfasst, während die weiteren Bücher IV (Familienrecht) und V (Erbrecht) vom *Amt für die Li-Lehre* (禮學館) verfasst und veröffentlicht wurden.

116 Vgl. Cai, Text, Rechtsprechung und Rechtslehre: Entwicklung des Deliktsrechts im neuzeitlichen China, in: Tsinghua Law Review, 2013.1. S. 100 f.

Im ersten Teil dieses Abschnitts wurden die allgemeinen deliktischen Bestimmungen geregelt (§ 945-§ 947):

§ 945: „Wer vorsätzlich oder fahrlässig das Recht eines anderen widerrechtlich verletzt hat, ist zum Schadensersatz verpflichtet. Das gilt nicht für Brandfall aus Fahrlässigkeit, sofern er nicht aus grober Fahrlässigkeit verursacht wird." (因故意或過失侵他人之權利而不法者，于因加侵害而生之損害，負賠償之義務。前項規定，於失火事件不適用之。但失火人有重大過失者，不在此限。)

§ 946: „Wer vorsätzlich oder fahrlässig gegen ein den Schutz eines anderen bezweckendes Gesetz verstößt, den trifft die gleiche Verpflichtung." (因故意或過失違背保護他人之法律者，視爲前條之加害人。)

§ 947: „Wer vorsätzlich in einer gegen die guten Sitten verstoßenden Weise einem anderen Schaden zugefügt hat, haftet wie nach § 945." (以背于善良風俗之方法，故意加損害于他人者，視爲第九百四十五條之加害人。)

Im zweiten Teil geht es um sieben sektor- und rollenbezogene Haftungen (§ 948-§ 955), inklusive Haftung bei Amtspflichtverletzung (§ 948-§ 949), Haftung von mehreren (§ 950),[117] Haftung des Aufsichtspflichtigen (§ 951), Haftung für den Verrichtungsgehilfen (§ 952), Haftung des Bestellers mit Verschulden bei Anweisung (§ 953, nach j. BGB 716), Haftung des Tierhalters (§ 954), Haftung des Grundstücks-, des Gebäudebesitzers usw. (§ 955, § 956).

Der dritte Teil nimmt sich der Regelungen über Schadensersatz an (§ 957-§ 975). Die Grundprinzipien lassen sich wie folgt zusammenfassen: 1. Der Anspruch auf Schadensersatz ist nur für den unmittelbar Geschädigten berechtigt (§ 957); 2. für die Körperverletzung ist dem Verletzten ein Anspruch auf Geldrente zu gewähren (§ 958-§ 949); 3. bei der Verletzung des Körpers, der Gesundheit, der Ehre oder der Freiheit kann der Verletzte einen Geldbetrag für den nicht vermögenswerten Schaden verlangen (§ 960-§ 961); 4. bei der Verletzung von Sachen ist dem Verletzten die durch die Beschädigung eingetretene Wertminderung zu ersetzen (§ 962-§ 967); 5. Ersatzansprüche bei Tötung (§ 958-§ 971); 6. Mitverschulden des Verletzten (§ 972-§ 975).

Im vierten Teil wurden die Regelungen über Verjährung bestimmt (§ 976-§ 977).

bb) Für einen näheren Blick auf den ersten Entwurf werden hier die deliktischen Generalklauseln als Beispiel genau betrachtet. Hinzu kommt, dass man

117 Es war derzeit im akademischen chinesischen Bereich noch umstritten, ob die Haftung von mehreren als eine Art sektorbezogene Haftung betrachtet oder als ein Teil der allgemeinen Regelungen geregelt werden sollte.

dadurch einen Vergleich mit dem deutschen BGB und den nachfolgenden Kodifikationen anstellen kann.[118]

Seit der Zeit des französischen *Code civil* von 1804 wurde die umfassende deliktische Generalklausel (Art. 1382 ff.) als einfache und praktische Lösung betrachtet. Wegen der Abstraktheit der Generalklausel fehlt es allerdings an Deutlichkeit. In der Rechtsprechung ist es notwendig, die Tatbestände durch weitere Interpretation und Detaillierung deutlicher zu machen.[119] Die Verfasser des deutschen BGB befürchteten aber, dass es, falls die Richter nicht nach einer vom Gesetz klar festgelegten Norm, sondern nach ihrer eigenen Willkür entscheiden, in der Rechtsprechung „zu ähnlichen Auswüchsen kommen werde, welche zahlreiche Urteile der französischen Gerichte aufweisen".[120] Das BGB hat demnach versucht, drei allgemeine Deliktstatbestände mit § 823 Abs. 1 (fahrlässige rechtswidrige Verletzung) § 823 Abs. 2 (Schutzgesetz) und § 826 (Sittenwidrigkeit) aufzustellen, nämlich ein System von drei „kleinen" Generalklauseln.[121]

Diese drei „kleinen" deliktischen Generalklauseln wurde dann vom ersten Entwurf des chinesischen ZGB übernommen (§ 945-947). Allerdings wurden die in § 823 BGB aufgezählten Rechtsgüter in § 945 bloß als „Recht" formuliert.[122] Es konnte aber schon festgehalten werden, dass mit diesem „Recht" ausschließlich der Schutz „der Persönlichkeit oder des Eigentums" zu verstehen sei.[123] Alle Arten der Rechtsgüter im Sinne des § 823 Abs. 1 BGB hielten die chinesischen Verfasser als zu umfangreich, wenn nicht gar unnötig. Sie hatten noch keine klare Vorstellung von der Bedeutung des „Bürgerlichen Rechts".[124]

cc) Bemerkenswert ist, dass, obwohl die meisten Normen des ersten Entwurfs aus dem deutschen BGB und dem japanischen ZGB übernommen wurden, doch einige andere Vorschriften bestanden, die die einheimischen chinesischen

118 Dazu vgl. Xu, Die Rezeption deutschen Zivilrechts in China am Beispiel des Deliktsrechts, 2006, S. 208-210, S. 213-214.

119 Medicus, Schuldrecht II, Besonderer Teil, München, 2012, Rn. 1232 f.

120 Protokolle II, S. 571. Näheres dazu siehe Zweigert/Kötz, Einführung in die Rechtsvergleichung auf dem Gebiete des Privatrechts, 1996, S. 600; Kötz/Wagner, Deliktsrecht, 2010, Rn. 93.

121 Kötz/Wagner, Deliktsrecht, München, 2010, Rn. 94; Larenz/Canaris, Schuldrecht II/2, München, 1994, § 75 I, S. 355.

122 Näheres zum Problem durch Übersetzung siehe weiter unten, 4. Kap. I.

123 Der Grund dafür, dass der chinesische Gesetzgeber auf die Aufzählung der Rechtsgüter nach dem deutschen Muster verzichtet hat, bleibt unklar. Vgl. Xu, Die Rezeption deutschen Zivilrechts in China am Beispiel des Deliktsrechts, 2006, S. 213.

124 Xu, Die Rezeption deutschen Zivilrechts in China am Beispiel des Deliktsrechts, 2006, S. 213 f.

Elemente berücksichtigten. Ein Beispiel ist die Regelung im § 945 Abs. II: „Das gilt nicht für einen Brandfall aus Fahrlässigkeit, sofern er nicht aus grober Fahrlässigkeit verursacht wird." Der Gesetzgeber war der Meinung, dass es eine gewisse Ähnlichkeit zwischen der rezipierten Ordnung über fahrlässige Delikte und der Haftung für Brandfall im chinesischen Gewohnheitsrecht gebe.[125] Deswegen wurde diese auffällige Brandfall-Regelung in die Generalklauseln integriert, ungeachtet der Tatsache, dass dieser Artikel eigentlich nicht mit dem westlichen dogmatischen System übereinstimmen konnte. Er wurde deswegen im zweiten Entwurf gestrichen.

Ein anderes Beispiel ist die Vorschrift im § 967: „Wer eine fremde Sache widerrechtlich beschädigt, hat dem Verletzten die durch die Beschädigung eingetretene Wertminderung zu ersetzen." Diese Regelung entspricht inhaltlich im Großen und Ganzen den § 249/§ 251 BGB, aber sie wird wörtlich nach der traditionellen chinesischen Regelung, nämlich „Ersatz für die Wertminderung" (*chang suo jian jia* 償所減價), formuliert. Im Tang-Kodex wurde z. B. festgelegt: „Für die Tötung eines Ochsen oder eines Pferdes von übergeordneten Familienangehörigen gilt die Regelung der vorsätzlichen Tötung; für die Tötung anderer Haustiere sei der Täter mit einer Prügelstrafe zu 100 mal strafbar. In jedem Fall hat der Täter die Wertminderung zu ersetzen." (諸殺緦麻以上親馬牛者，與主自殺同；殺餘畜者，坐贓論，罪止杖一百。各償其減價。)[126]

Als letztes Beispiel soll die Regelung im § 968 angeführt werden: „Wer durch eine widerrechtliche Verletzung einer Person deren Tod verursacht, ist auch demjenigen zum Schadensersatz verpflichtet, der die Kosten für die Beerdigung bezahlt hat." Dieser Begriff „Kosten für die Beerdigung (*maizang fei* 埋葬費)" entstammt offenkundig der traditionellen chinesischen Regelung „Verbrennungs- und Beerdigungsgeld" (*shaomai yin* 燒埋銀).

c) Einfluss und Bewertung des ersten Entwurfs

Der bereits fertiggestellte Entwurf trat allerdings wegen des Sturzes der Qing-Dynastie und des chinesischen Kaiserreiches im Jahr 1911 nicht in Kraft.[127]

Nach Meinung einiger Rechtshistoriker sei der erste Entwurf nur ein Gesetz auf dem Papier. Die Begründung dafür ist, dass er zum großen Teil lediglich

125 Cai, Text, Rechtsprechung und Rechtslehre: Entwicklung des Deliktsrechts im neuzeitlichen China, in: Tsinghua Law Review, 2013,1, S. 101.

126 Tang-Kodex, 15. Kap. Magazine und Pferdehaltung (厩庫), 205. Nachdr. Beijing, 1983, S. 284.

127 Schulze, Der Einfluss des BGB in China, 2005, S. 47.

Kopien der westlichen Gesetze enthalte. Dieses Gesetzbuch biete demnach nur eine Reihe an Vorschriften ohne Rechtsleben.[128] Da die Erstellung des Entwurfs in aller Eile erfolgte, war eine Prüfung, ob das rezipierte Gesetzbuch den Grundlagen der traditionellen Kultur und der aktuellen Gesellschaft gerecht werden könne, nicht möglich.[129] Die notwendigen Vorarbeiten der Rechtsrezeption umfassen: ausreichendes Verständnis und Kritik, objektive Betrachtung in den rechtsgeschichtlichen und rechtsvergleichenden Hinsichten der zu rezipierenden Rechte, und sorgfältige Argumentation zur Durchführbarkeit der Lokalisierung. Allerdings hatten die Gesetzgeber der späten Qing-Dynastie alle diese Verfahren unterlassen und blind die fremden Rechtetermini und Rechtsinstitutionen übernommen.

Der Gegenmeinung zufolge hatte eine solche „vorzeitige Gesetzgebung" jedoch ihre eigene Notwendigkeit.[130] Immerhin drangen durch ihre Erarbeitung die modernen Rechtsbegriffe und das entwickelte Rechtssystem ins Bewusstsein. Die darin verkörperte Rechtsvorstellung konnte nur auf dieser Grundlage nachträglich angeeignet werden. In diesem Sinn sollten der erste Entwurf und die erste Reform nicht einfach abgeurteilt werden.

Bedeutender ist die Tatsache, dass der erste zivilrechtliche Entwurf, das aus dem *li* gezogene chinesische Rechtssystem erstmals verworfen und eine neue moderne zivilrechtliche Rechtsinstitution aufgebaut hat. Die im ersten Entwurf verankerten Rechtstermini und die Struktur werden stets als Grundlage der nachfolgenden Gesetzgebungen verwendet. Das macht den ersten Entwurf trotz der Divergenz zu der Gesellschaft zu einer revolutionären Rechtsreform.

---

128 Der Direktor vom *Amt für die Revision der Gesetze* in der Beijing-Regierungszeit, Jiang Yong (江庸, 1878-1960) bemerkte zum ersten Entwurf: „Der Entwurf wird nach den deutschen und japanischen Mustern erstellt, die zum individualistischen Interesse neigen; Jedoch für die moderne Gesellschaft soll die soziale Orientiertheit mehr berücksichtigt werden. (…) Die chinesischen einheimischen Rechtsquellen (…) wurden vom Entwurf kaum gefunden. (…) Der Inhalt bezüglich des Familien- und Erbrechts im Entwurf war besonders schwer in der Praxis anzuwenden, weil es sich von der gesellschaftlichen Lage stark unterscheidet." Siehe Senat der Republik China (Hrsg.), Die Sammlung der Anträge von Senat, Teil 1, Band I: Anträge zum Rechtswesen (甲部一册法制案), Beijing, 1989, S.

129 Xu, Die Rezeption deutschen Zivilrechts in China am Beispiel des Deliktsrechts, 2006, S. 212.

130 Hu, Erklärung für das neue Schuldrecht, in: (Chao Yang) Law Review, Bd. 325, 1930, S. 40 ff.

II. Gesetzgebung und Rechtsprechung in der Beijing-Regierungszeit (1911-1928)

1. Historischer Hintergrund

Die Revolution von 1911 setzte der kaiserlichen Monarchie ein Ende. Damit wurde die Republik China begründet. Allerdings wurden Vereinigung und Frieden bislang noch nicht verwirklicht.[131]

Es ist auch eine Periode, in der sich China auf der kulturellen Ebene verändert, und unterschiedliche Strömungen widerstreiten und koexistieren. In der „Neue-Kultur-Bewegung (新文化運動)" (1910er-1920er Jahre) wurden der Konfuzianismus und weitere traditionelle chinesische Elemente von den Vertretern als der Hauptgrund für den Verfall Chinas und das Hindernis für die Modernisierung betrachtet. Darin verankert sich einer der stärksten Widerstände gegen den Konfuzianismus in der chinesischen Geschichte. Allerdings war dies nicht die einzige kulturelle Strömung dieser Zeit. Nicht wenige Leute vertraten die Meinung, dass der Konfuzianismus nicht verworfen, sondern gemäß den veränderten Verhältnissen neu interpretiert werden könne und solle.[132] Auch Revolutionsleiter wie Sun Yat-sen waren stark vom konfuzianistischen Gedanken beeinflusst.

Mit diesen kulturellen und politischen Unruhen kam die zweite Phase der Rechtsrezeption.

2. Das Chinesische „Case Law"

a) *Die zivilrechtlichen Rechtsquellen in der frühen republikanischen Zeit*

Wegen des Sturzes der Qing-Dynastie und der politisch chaotischen Situation gab es wenige neue zivilrechtliche Rechtsquellen in der frühen republikanischen Zeit. Die Gesetze der Qing-Dynastie wurden in dieser Notlage nicht gänzlich aufgehoben. Unter der neuen Bezeichnung „Zivilrechtlicher Teil des Geltenden Gesetzes" (*Xianxing Xinglü Youxiao Bufen* 現行律民事有效部份) behielten die zivilrechtlichen Vorschriften der Qing-Dynastie weiterhin ihre Kraft.

Die Bezeichnung „Geltende Gesetze" stammte aus dem 1905 revidierten und 1910 verkündeten Gesetzbuch „Geltendes Strafgesetzbuch der Großen Qing"

131 Weggel, Chinesische Rechtsgeschichte, S. 239.

132 Näheres zur „neuen konfuzianistischen Schule" in China zu Beginn des 20. Jahrhunderts siehe Li / Zheng, Selbst-Transformation des modernen Konfuzianismus, Beijing, 2001.

(*Daqing Xianxing Xinglü* 大清現行刑律).[133] Bei der Gesetzesrevision in der späten Qing-Dynastie fanden Shen Jiaben und die anderen, dass die westlichen strafrechtlichen Gesetzbücher im damaligen China schwer anzuwenden sein dürften. Deswegen hatte Shen versucht, zuerst den alten Qing-Kodex gemäß dem westlichen Vorbild zu revidieren, und nahm Abstand davon, in der Übergangszeit eine gänzlich neue Kodifikation zu entwerfen.

Die hauptsächlichen Punkte der Revision umfassen: neue Aufgliederung und Systematisierung des Kodex; Abschaffung der Folter (Prügelstrafe, Körperverstümmelung und Zerstückelungsstrafen); Abschaffung der Bestimmung bezüglich der Ungleichheit der Rechtssubjekte; Abschaffung der strafrechtlichen Analogie; Abschaffung der Straftatbestände, die wegen der Aufhebung des Rechtsverbotes nicht mehr zeitgemäß waren, wie zum Beispiel „tückische Koalition“ (奸黨條) „(illegale) Petition“ (上書陳言條), und die anderen Änderungen, die der Reform der Regierungsorganisation, des Justizsystems usw. entsprachen.[134] Die zivilrechtlichen Vorschriften wurden vom alten Kodex extrahiert. Zivilrecht und Strafrecht wurden erstmals klar getrennt.[135] Der in der Republik China sogenannte „zivilrechtliche Teil“ enthielt vor allem die gesammelten zivilrechtlichen Vorschriften. Solche Vorschriften, samt den ehemaligen Bestimmungen über Familienstammbuch, Grundstück, Steuereintreibung wurden vom Justiz-Yuan (gerichtliche administrative Stelle) zusammengefasst.[136]

b) *Die Gerichtspraxis des* Dali Yuan

Der zivilrechtliche Teil des geltenden Gesetzes war zur Hauptrechtsquelle geworden, obgleich dies weder vom Inhalt noch vom Umfang her für die Rechtsprechung ausreichte. Die Streitfälle, für deren Klärung weder das geltende Gesetzbuch Normen enthielt noch ein Gewohnheitsrecht Hilfe bot, mussten vom Gericht entschieden werden. Um diese Notlage zu lösen, erarbeitete das

133 Das „Geltende Strafgesetzbuch der Großen Qing“ ist nicht mit dem 1911 verkündeten „Strafgesetzbuch der Großen Qing vom Kaiserlichen Befehl (*Qinding Daqing Xinglü* 欽定大清刑律, öfter als„Neues Strafgesetzbuch der Großen Qing“ bezeichnet) zu verwechseln. Letztgenanntes war ein modernes Strafgesetzbuch nach westlichem Vorbild.

134 Zhang, Die Chinesische Rechtsgeschichte, Band 9, Beijing, 1999, S. 272 ff; Weggel, Chinesische Rechtsgeschichte, S. 242.

135 Heuser, Einführung in die chinesische Rechtskultur, 2002, S. 132; Weggel, Chinesische Rechtsgeschichte, S. 242.

136 Zhang, Von der Kodifizierung im neuzeitlichen China 1901-1949, Beijing, 2004, S. 117-119.

Dali Yuan neben den alten Vorschriften viele neue Rechtsregeln. Die meisten dieser Rechtsregeln entstammen in der Tat dem ersten Entwurf und wurden in die „herrschende zivilrechtliche Rechtslehre“ (*minshi tongli* „民事通例“) integriert.[137] Die Anzahl so gearteter Regeln war schnell angestiegen, sodass sie sich innerhalb von nur 4 oder 5 Jahren nach der Gründung der Republik China zu einer der bedeutendsten Rechtsquellen entwickelten.[138]

Unter Berücksichtigung der prekären Lage zu dieser Zeit sind die vom *Dali Yuan* geschaffenen Rechtsregeln hoch einzuschätzen. Die alten Regelungen sukzessive zu verwerfen und die neuen westlichen Rechte aufzunehmen, war bereits zur Realität geworden und stellte die einzige Alternative dar. Aber die Situation für die Richter und die Rechtsanwälte war hart: Ein eigener und professioneller Stand von Juristen war nach wie vor nicht eingerichtet worden; die chinesischen Richter waren meistens von der chinesischen Rechtstradition und der konfuzianischen Lehre geprägt;[139] überdies fehlte es noch an juristischen Lehrbüchern und den anderen juristischen Literaturen; die gerichtlichen Entscheidungen, auf die zurückgegriffen werden konnte, wurden zumeist nicht veröffentlicht.[140] Angesichts dieser Schwierigkeiten hatten die Richter vom *Dali-Yuan* dennoch einen bedeutenden Erfolg zu verzeichnen. Trotz aller Mängel erreichten sie einen Höhepunkt der chinesischen Rezeptionsgeschichte: Auf der einen Seite wurden die traditionellen Quellen in innovativer und kreativer Weise angewendet und neu interpretiert und auf der anderen Seite wurden die westlichen Rechtsbegriffe und Inhalte in der Rechtspraxis erstmals bewusst genutzt. Sowohl westliche Rechtssysteme als auch die lokale Situation fanden Berücksichtigung. Darüber hinaus lassen sich dem Dali Yuan viele andere bedeutende Leistungen zuschreiben, insbesondere die Aufhebung der alten chinesischen Tradition, die Festlegung der Reihenfolge der zivilrechtlichen Quellen, die Gestaltung eines modernen Sprachstils der Gerichtsurteile, die Abtrennung des privatrechtlichen Systems von dem strafrechtlichen System usw. In Kapitel 4 und Kapitel 5 werden diese Themen anhand von Fallstudien weiter vertieft.

---

137 Bünger, Zivil- und Handelsgesetzbuch sowie Wechsel- und Scheckgesetz von China, S. 20.

138 Liu, Entwicklung und Geist des chinesischen Zivilrechts, in: China Law Journal, 1930, Vol. 1, Band 5. S. 35 ff;

139 Wang, Die Aufnahme des europäischen Rechts in China, in: AcP, Bd. 166, Tübingen, 1966, S. 350 f; Betz/Lautenschlager, China, 1929, S. 328 f.

140 Manthe, Bürgerliches Recht und Bürgerliches Gesetzbuch in der VR China, 1987, S. 15.

c) *Die „maßgebenden Entscheidungen" und „Entscheidungsleitprinzipien"*

Das Dali-Yuan ist das Organ der Rechtsprechung als letzte Instanz bzw. das Revisionsgericht, das hauptsächlich für die Berufung der vom nachgeordneten Gericht entschiedenen Fälle zuständig ist. Die Entscheidungen des *Dali Yuan* haben keine gesetzliche allgemein normative Kraft, aber sie hatten in der Tat nicht nur Bindungswirkung für den einzelnen Streitfall, sondern galten auch als normative Muster für zukünftige Fälle. Die bindende Kraft von den Entscheidungen des *Dali Yuan* ist noch stärker als die der Urteile des deutschen Reichsgerichts.[141] Dies wurde von einem damaligen Rechtswissenschaftler folgendermaßen begründet: In China gab es noch kein genügend kodifiziertes Recht, was mit der Lage der angloamerikanischen Länder zu vergleichen war. Dass das *Dali Yuan* als das höchste Gericht seine eigenen Entscheidungen beachtet, sei verständlich. Wenn die Richter von untergeordneten Gerichten keine entsprechenden Rechtsquellen im Gesetz oder im Gewohnheitsrecht finden, trachten sie dann danach, die maßgebenden Entscheidungen des Dali-Yuan anzuwenden. Deswegen seien die maßgebenden Entscheidungen des Dali Yuan die wichtigsten Rechtsquellen.[142] In diesem Sinn sind die Prinzipien aus den Entscheidungen des *Dali Yuan* dem „Case Law" des englischen Rechts ähnlich.[143]

Diese Tradition wurde vom Obersten Gerichtshof in der Nanjing-Regierungszeit (1928-1949) weiter verfolgt. Die Entscheidungen vom Obersten Gerichtshof hatten nach wie vor Bindungskraft, wenn auch das zivilrechtliche Gesetzbuch der Zeit bereits vorhanden war und die Notlage der *Dali Yuan*-Zeit nicht mehr existierte.

Nach der Statistik hat das *Dali-Yuan* im Zeitraum vom 1912 bis 1928 insgesamt über 25.000 Klagen aufgenommen und 1757 maßgebliche Entscheidungen getroffen.[144] Aus Gründen der Praktikabilität wurden die abstrakten Rechtsregeln weiterhin aus den maßgebenden Entscheidungen gezogen und ohne den zugrunde liegenden Tatbestand als „Entscheidungsleitprinzipien" (判例要旨) angewandt. Die Formulierungen der Entscheidungsleitprinzipien wurden oftmals

141 Bünger, Die Familie in der chinesischen Rechtsprechung, S. 23.

142 Zhang, Die gerichtlichen Anwendungsregeln in zivilrechtlichen Fällen, in: (Chao Yang) Law Review, Band 249, 1930, S. 50 ff.

143 Huang, Die Rechtsentwicklung und Rechtsprechung in der frühen republikanischen Zeit 1912-1928, Taipei, 1990, S. 111.

144 Huang, Die Rechtsentwicklung und Rechtsprechung in der frühen republikanischen Zeit 1912-1928, Taipei, 1990, S. 93.

aus den Vorschriften des ersten Entwurfs übernommen. Sie wurden nach der Form des westlichen Gesetzbuches geordnet und an die nachgeordneten Gerichte zur Anwendung weitergeleitet.[145]

Unter dem Titel Deliktsrecht waren insgesamt 54 maßgebende Entscheidungen und 6 Auslegungen im *Dali Yuan* erfasst.

3. Der zweite Entwurf des Zivilgesetzbuches

a) Allgemein

Mit der Erfahrung aus der Rechtspraxis und mit dem ersten Entwurf nahm in der Beijing-Regierungszeit der zweite zivilrechtliche Gesetzgebungsversuch seinen Anfang: der Entwurf zum Zivilgesetzbuch der Republik China (中華民國民法草案), also der zweite Entwurf zum chinesischen ZGB (Entwurf von 1925).

Unter der Leitung von *Wang Chonghui* (王寵惠) wurde nach der Revolution 1911 eine Kommission gebildet. Dazu gehörten der ehemalige französische Berater für die siamesische Regierung, Georges Padoux und der Franzose Jean Escarra. Nach intensiver Arbeit der Kommission wurde dieser Entwurf mit 1522 Paragrafen im Jahre 1925 veröffentlicht.[146]

Für die Erstellung des zweiten Entwurfs richtete man sich zum großen Teil nach dem ersten. Im allgemeinen Teil und beim Sachenrecht wurden nur wenige Änderungen vorgenommen. Der Titel Obligationsrecht (*zhai-quan* 債權) im ersten Entwurf wurde aber zu „Obligationen (*zhai* 債)“ gekürzt.[147] Im Vergleich zum ersten Entwurf, der nach dem deutschen/japanischen Gesetzbuch kodifiziert worden war, flossen in den zweiten Entwurf auch das schweizerische ZGB von 1907 und das Schweizerische Obligationenrecht von 1911 ein.[148]

Vom Umfang her ist der zweite Entwurf im Vergleich zum ersten komprimierter und kompakter. Während der erste Entwurf noch 1569 Paragrafen beinhaltete, umfasste der neue nur noch 1522 Paragrafen. Diese Reduzierung war im später erstellten chinesischen ZGB noch stärker ausgeprägt. Die gestrichenen Stellen waren vor allem detaillierte Interpretationen, Aufzählungen der

---

145 Zhang, Die Modernisierung des Zivilrechts am Anfang der Republik China, Beijing, 2002, S. 123; Bünger, Zivil- und Handelsgesetzbuch sowie Wechsel- und Scheckgesetz von China, S. 20.

146 Foo, Einleitung zur engl. Übersetzung des chin. BGB S, 1930, S. xii; Bünger, Zivil- und Handelsgesetzbuch sowie Wechsel- und Scheckgesetz von China, S. 20.

147 Siehe dazu unten, 4. Kap. III. 3. und Fn. 250.

148 Xu, Die Rezeption deutschen Zivilrechts in China am Beispiel des Deliktsrechts, 2006, S. 215.

einzelnen Tatbestände und die Dispositivvorschriften. Dies wurde vom schweizerischen Recht inspiriert und es wurde bewusst mehr Anwendungsraum für die einheimischen Gewohnheitsrechte reserviert.[149] Man kann sogar eine Gemeinsamkeit zwischen dieser Änderung des zweiten Entwurfs und der konfuzianistischen Weltanschauung sehen: Nach dem Konfuzianismus werden Harmonie und Frieden in der Gesellschaft nicht durch die Vorschriften des Gesetzes, sondern vielmehr durch die Sittlichkeit der Gemeinschaft und die moralischen Dogmen gewährleistet.[150] In dieser „Verwandtschaft" zwischen der konfuzianistischen Neigung und dem schweizerischen Modell liegt gerade die (unbewusste aber starke) Motivation, das schweizerische Recht als Leitbild für eine Rechtsreform zu nutzen.

Die Kodifikationstechnik des zweiten Entwurfs ist im Vergleich zum ersten zivilrechtlichen Entwurf deutlich optimiert worden: Die reduzierte und kompakte Form entsprach mehr der juristischen Vorstellung in China. Der zweite Entwurf ist leider auch nicht in Kraft getreten. Jedoch durften die Vorschriften im Namen der „Rechtslehre" (條理) bei der Rechtsprechung angewendet werden.[151]

b) Die deliktischen Regelungen

Die deliktischen Regelungen befinden sich immer noch im zweiten Buch (債, Obligationen), aber nicht mehr als eigener Abschnitt, sondern integriert in den ersten Abschnitt „Begründung von Schuldverhältnissen". Der wesentliche Inhalt der Bestimmungen wich nicht vom ersten Entwurf ab.[152] Ebenso wurden die Bestimmungen wieder in vier Gliederungspunkte unterteilt:

Teil 1 (umfasst drei Paragrafen). In den ersten zwei Paragrafen wurden die deliktischen Generalklauseln geregelt. Im Vergleich zum ersten Entwurf wurde ein Paragraf gekürzt. Außerdem wurde die Brandfall-Regelung gestrichen. Haftung von mehreren ist nicht mehr als eine Art sektorbezogene Haftung aufgenommen, sondern als ein Teil der allgemeinen Regelungen.

---

149 Weggel, Chinesische Rechtsgeschichte, S. 245; Xu, Die Rezeption deutschen Zivilrechts in China am Beispiel des Deliktsrechts, 2006, S. 216.

150 Xu, Die Rezeption deutschen Zivilrechts in China am Beispiel des Deliktsrechts, 2006, S. 216.

151 Das Archiv der Rechtsgeschichte in der Republik China, Taipei, 1994, S. 4; Shao, Die Rezeption des deutschen Zivilrechts im alten China, in: JZ, Band 54, 1999, H. 2, S. 81.

152 Zu den Generalklauseln siehe Xu, Die Rezeption deutschen Zivilrechts in China am Beispiel des Deliktsrechts, 2006, S. 216.

Teil 2. Sektor- und rollenbezogene Haftungen. Haftung bei Amtspflichtverletzung, Haftung des Aufsichtspflichtigen, Haftung für den Verrichtungsgehilfen, Haftung des Bestellers mit Verschulden bei Anweisung, Haftung des Tierhalters, Haftung des Grundstücks-, des Gebäudebesitzers usw.

Teil 3. Schadensrecht. Die Regelungen des Schadensrechts entsprechen zum großen Teil dem ersten Entwurf.

Teil 4. Verjährung.

Abschließend ist zu bemerken, dass der zweite Entwurf im Vergleich zum ersten einen präziseren Sprachstil aufweist, die Struktur ist schlüssiger, der Ausdruck klarer. Dadurch wurde eine Grundlage für das spätere chinesische Zivilgesetzbuch geschaffen.

III. Das chinesische ZGB in der Nanjing-Regierungszeit (1928-1949)

1. Historischer Hintergrund

Im Jahr 1928 wurde die chinesische Nationalregierung vom rechten KMT-Flügel durch eine Revolution dominiert. Dieses Ereignis ist als die zweite Periode der Republik China (1928-1949) in die Geschichte eingegangen. Wegen der Verlegung der Hauptstadt von Beijing nach Nanjing wird diese Phase oft auch mit Nanjing-Regierungszeit benannt, im Unterschied zur Nationalregierung von 1911-1928, die als Beijing-Regierung bezeichnet wurde.

Um das vom Qing-Regime übernommene Problem der Exterritorialität und Konsulargerichtsbarkeit nachhaltig zu lösen und um eine neue moderne außenpolitische Figur darzustellen, wurde das schon begonnene Gesetzgebungsprogramm beschleunigt und dann innerhalb kurzer Zeit fertiggestellt.[153]

2. Das Zivilgesetzbuch der Republik China

Die Kommission für die Kodifikation des Zivilrechts (民法起草委員會) im Legislativ-Yuan (立法院 *Lifa Yuan*) der Nationalregierung wurde im Jahr 1928 begründet. Der Vorsitzende der Kommission war *Foo Ping-sheung* (傅秉常). Weitere Mitglieder waren *Shi Shangkuan* (史尚寬), *Jiao Yitang* (焦易堂), *Lin Bin* (林彬) und *Zhang Yuxiu* (鄭毓秀). Darüber hinaus haben noch zwei Berater bei der Erstellung des Zivilgesetzbuches der Republik China assistiert: *Wang Chonghui* und Georges Padoux, die der Erstellung des zweiten Entwurfs vorgestanden hatten. Nach einer nochmaligen Überarbeitung des zweiten Entwurfs

153 Vgl. Weggel, Chinesische Rechtsgeschichte, S. 240.

von 1925 von der Kommission wurden die chinesischen Zivilgesetzbücher schrittweise zwischen 1929 bis 1931 verkündet und in Kraft gesetzt.[154]

Das chinesische ZGB bildete den bedeutendsten Punkt der chinesischen Rechtsreform und Rechtsrezeption. Im Vergleich zum zweiten Entwurf von 1925 zeigte das chinesische ZGB die offenkundigen Abweichungen: Eine formale Abweichung ist die Eingliederung des Handelsrechts.

Wesentlicher ist bei der Nutzung der westlichen Erfahrungen ein noch weiteres Spektrum der weltweiten zivilrechtlichen Muster.[155] Der damalige bekannte chinesische Rechtswissenschaftler Mei Zhongxie (梅仲协, 1900-1971) hat dazu angemerkt: „Das geltende Zivilrecht übernimmt zu sechs oder sieben Zehntel deutsche Gesetze, zu drei oder vier Zehntel die schweizerischen Gesetze, und zu einem oder zwei die französischen/japanischen/sowjetischen Gesetze."[156]

Außerdem wurde es wie der zweite Entwurf im Umfang noch weiter reduziert: Es enthält nur 1225 Paragrafen statt der 1522 im zweiten Entwurf, obwohl das Handelsrecht darin eingliedert wurde.[157] Die Redaktoren hatten sich für diese Ausarbeitung ausdrücklich dem Ziel der Verkürzung verschrieben, mit der Intention, dem örtlichen Gewohnheitsrecht mehr Raum zu lassen.[158] Foo Pingsheung, der Vorsitzende der Kommission für die Kodifikation des Zivilrechts, hatte sich in der Einleitung zur offiziellen englischen Übersetzung des chinesischen BGB wie folgt geäußert:

> *First of all, it was thought that in such a vast country as China, extending over the major part of inhabited Asia, and whose population exceeds four hundred millions, it was impossible to impose uniform minute rules on every sort of human activities. Room was to be left for the application of local customs. (...) Most of these provisions have been left out, the diversity of local practices showing sufficiently that no uniform given formula could fulfil everywhere the requisite aims, and that the "style clauses" differ in China from place to place. On many other points, the application of local customs differing from the Code provisions was expressly reserved: this is particularly noticeable in the Third Book on Rights over things which deals with the various forms of tenure of land. It was the wish of the Commission that many traditional agricultural customs, which had grown out of the*

154 Foo, Einleitung zur engl. Übersetzung des chin. BGB S, 1930, S. xiv f; Bünger, Zivil- und Handelsgesetzbuch sowie Wechsel- und Scheckgesetz von China, S. 21.

155 Foo, Einleitung zur engl. Übersetzung des chin. BGB S, 1930, S. xix f.

156 Mei, Prinzipien des Zivilrechts, Taipeh, 1944, Nachdr. Beijing, 1994, Einleitung der ersten Auflage, S. 1.

157 Bünger, Zivil- und Handelsgesetzbuch sowie Wechsel- und Scheckgesetz von China, S. 21.

158 Weggel, Chinesische Rechtsgeschichte, S. 245.

geographical or economic conditions of particular districts should be preserved so long as they were not contrary to public order or good morals.[159]

Dazu hatte der Präsident des Legislativ-Yuan Hu Hanmin im Vorwort der gleichen Übersetzung des Zivilgesetzbuchs erklärt:

The new civil code follows in its theoretical portions the principles which the modern juridical science is spreading steadily all over the world and which are tending to constitute a sort of universal common law (...), thus facilitating the development of international relations (...)

On the other hand, in order to meet the geographical, economic and demographic needs of a country with so many diversified regions as China, a number of old customs must be maintained in the present code, principally in the matter of real rights. Many of its characteristics are therefore essentially Chinese.[160]

Darüber hinaus ist zu beachten, dass neben der Kodifikationsarbeit der Republik die Regierung mit großer Mühe das Projekt verfolgte, die lokalen Rechtsgewohnheiten im gesamten Land zusammenzutragen,[161] und im Jahr 1930 die amtlichen Berichte „Sammlung Chinesischer Rechtsgewohnheiten“ (民商事習慣調查報告錄) veröffentlichte.[162] Das Ziel dieses Projekts war es, die zahlreichen und verwickelten lokalen Rechtsgewohnheiten normativ und deutlich zu machen, damit sie in der Rechtsgesetzgebung als Referenz und in der Rechtsprechung der Lückenfüllung dienen.

Von dem Gedanken der Kodifikation ausgehend, passte sich das chinesische ZGB dem Trend der Zeit an, nämlich der Sozialisierung des Privatrechts. Das Zivilrecht wurde nicht mehr nur als Schutzeinrichtung für allerlei Rechte des Individuums, sondern immer mehr als Träger der sozialen Aufgabe bezeichnet. In diesen Punkten haben die konfuzianistische soziale Vorstellung und das moderne westliche Recht eine Gemeinsamkeit. Der Gesetzgeber des chinesischen ZGB hatte rechtzeitig die neue Tendenz im Gesetz eingeführt, was es dem idealen und technischen Niveau der aktuellen westlichen Zivilrechte näher brachte. Das ist der wichtigste Grund dafür, dass das westliche Recht in China harmonisch weiterexistieren kann.[163]

---

159 Foo, Einleitung zur engl. Übersetzung des chin. BGB, Shanghai 1930, S. xvi.

160 Hu, Vorrede zur engl. Übersetzung des chin. BGB, Shanghai, 1930, S. V.

161 Weggel, Chinesische Rechtsgeschichte, S. 171, 247.

162 Sammlung Chinesischer Rechtsgewohnheiten (民商事習慣調查報告錄), Herausgeber: Justizministerium, Nanjing, 1930, ins Deutsche übersetzt von Kroker, Eduard J. M.: Sammlung Chinesischer Rechtsgewohnheiten, Frankfurt a/M. 1965.

163 Ham, Zur Rezeption des Deutschen Bürgerlichen Gesetzbuches in China, 2006, S. 195 ff. Näheres hierzu siehe weiter unten, 4. Kap. III und 5. Kap.

3. Deliktsrechtsordnungen

a) Allgemein

Der Aufbau der Struktur des chinesischen ZGB orientiert sich größtenteils an der Struktur des zweiten Entwurfs. Es wurden lediglich die deliktischen Regelungen von Buch 2 (Obligation) Abschnitt 1 (Allgemeine Bestimmungen) Titel 1 (Entstehen der Obligationen) Teil 2 in Teil 5 verschoben. Die Formulierung des chinesischen ZGB war im Vergleich zum Entwurf viel kürzer und kompakter. Viele Regelungen im Entwurf wurden im chinesischen ZGB zusammengezogen oder gestrichen. Aber die deliktischen Ordnungen waren immer noch in vier Teile untergliedert.

Teil 1. Allgemeine Bestimmungen. § 184:

Die drei deliktischen Generalklauseln nach dem deutschen Modell wurden schließlich in einen Paragrafen zusammengeführt:[164]

§ 184 (1) „Wer vorsätzlich oder fahrlässig das Recht eines anderen widerrechtlich verletzt, ist zum Schadensersatz verpflichtet. Das Gleiche gilt, wenn jemand vorsätzlich in einer gegen die guten Sitten verstoßenden Weise einem anderen Schaden zufügt.“ (因故意或過失, 不法侵害他人之權利者, 負損害賠償責任; 故意以背於善良風俗之方法, 加損害於他人者亦同。)

(2) „Bei demjenigen, der gegen ein zum Schutze eines anderen bestehenden Gesetzes verstößt, wird Verschulden vermutet.“ (違反保護他人之法律者, 推定其有過失。)

Die Regelung über die Haftung von mehreren (§ 195) wurde nicht geändert.

Teil 2. Sektor- und rollenbezogene Haftungen: Haftung bei Amtspflichtverletzung (§ 186), Haftung des Aufsichtspflichtigen (§ 187), Haftung für den Verrichtungsgehilfen (§ 188), Haftung des Bestellers mit Verschulden bei Anweisung (§ 189, nach j. BGB 716), Haftung des Tierhalters (§ 190), Haftung des Grundstücks-, des Gebäudebesitzers usw. (§ 191) Diese in den vorherigen Entwürfen jeweils in mehreren Artikeln aufgeteilten Vorschriften wurden somit jeweils in individuelle Artikel verdichtet.

Teil 3. Schadensrecht. Die Regelungen vom Schadensrecht im chinesischen ZGB entsprechen fast gänzlich dem zweiten Entwurf.

Teil 4. Verjährung

---

164 Übersetzung nach Bünger, Zivil- und Handelsgesetzbuch sowie Wechsel- und Scheckgesetz von China, S. 128.

b) Deliktische Generalklausel

Abgesehen von der weiter gekürzten Formulierung erfuhr die deliktische Generalklausel des chinesischen ZGB keine große formale Änderung im Vergleich zu früheren Fassungen. Aber inhaltlich gab es eine Ausweitung hinsichtlich der geschützten Rechtsgüter. Anstatt dem Modell des deutschen BGB zu folgen, nämlich die Rechtsgüter aufzulisten, wurde der geschützte Gegenstand weiterhin abstrakt als „Recht“ im Wortlaut bezeichnet. Allerdings war der Umfang dieses „Rechts“ schon durch die gerichtliche Anwendung und wissenschaftliche Auslegung erheblich ausgedehnt worden. Die vom § 823 BGB aufgelisteten und die nachträglich von der deutschen Rechtsprechung geschaffenen Rechtsgüter waren zum großen Teil im Schutzbereich im Sinne von § 184 Abs. 1 S. 1 ZGB erfasst.[165] Die geschützten Rechtsgüter umfassten: Leben, Körper, Gesundheit, Freiheit, Name, Ruf, Ehre, sexuelle Selbstbestimmung, Kreditwürdigkeit, Status, dingliche und obligatorische Rechte, das Recht am geistigen Eigentum, das Recht am Gewerbebetrieb und das reine Vermögensschäden betreffende Recht.[166]

Xu hat dazu hingewiesen, dass die Ausdehnung des Umfangs des „Rechts“ die Eigenschaft der Rechtsrezeption reflektiert: und zwar vom „groben Rechtsverständnis“ in der Anfangsphase bis hin zum „inhaltlich komplizierten Detail“.[167]

4. Auswirkung und Zukunft des chinesischen ZGB

Allerdings wirkte das neue chinesische ZGB zu Zeiten politischer Unruhe. Auf der einen Seite häuften sich die Auseinandersetzungen zwischen der im Jahr 1923 begründeten KPC (Kommunistische Partei Chinas) mit der KMT-Regierung immer wieder. Auf der anderen Seite verschärfte sich der Konflikt zwischen China und Japan seit 1931 rasant: 1937 kulminierte der Konflikt schließlich in einem umfassenden Krieg, nämlich dem achtjährigen „Zweiten Japanisch-Chinesischen Krieg“ (抗日戰爭, 1937-1945). Nach dem Krieg konnte China zwar einige Erfolge verzeichnen: Ende der Exterritorialität, Verbesserung des internationalen Status, Rückgewinnung der besetzten Gebiete. Allerdings wurden die gesunde Rechtsentwicklung sowie der Rechtsrezeptionsvorgang stark behindert. Kurz darauf musste sich die KMT im wieder aufflammenden

165 Xu, Die Rezeption deutschen Zivilrechts in China am Beispiel des Deliktsrechts, 2006, S. 218.

166 Wang, Deliktsrecht, Band 1, Beijing, 2002, S. 72 f; Xu, Die Rezeption deutschen Zivilrechts in China am Beispiel des Deliktsrechts, 2006, S. 218.

167 Xu, Die Rezeption deutschen Zivilrechts in China am Beispiel des Deliktsrechts, 2006, S. 218.

Bürgerkrieg zwischen KPC und KMT (1946-1949) geschlagen geben. Die zahlenmäßig stark eingeschränkte KMT und die Regierung der Republik China sahen sich gezwungen, ihren Wirkungsbereich auf die Insel Taiwan zu verlegen.[168]

Nach dem Sieg der KPC wurde am 1.10.1949 die Volksrepublik China gegründet. Gemäß der am 29.09.1949 verkündeten neuen provisorischen Verfassung „Allgemeinen Richtlinien der Politischen Konsultativrates des chinesischen Volkes" (中國人民政治協商會議共同綱領) waren „Sämtliche Gesetze und Verordnungen sowie das Justizsystem der reaktionären Kuomintang-Regierung, die das Volk unterdrücken", aufgehoben. (Art 17).[169] Dazu zählte auch das chinesische ZGB von 1929/1931.[170]

Das ZGB von 1929/1931 konnte danach nur noch auf der Insel Taiwan bewahrt werden. Der Vorteil ist aber, dass das rezipierte chinesische Zivilrecht sich den ideologischen Rechtskatastrophen auf dem Festland China entziehen und sich in einer friedlichen Umgebung zügig weiterentwickeln konnte. Der bekannte taiwanesische Rechtswissenschaftler *Wang Zejian,* der einen Teil seiner Ausbildung in Deutschland absolvierte, äußerte sich noch im Jahr 1960 skeptisch darüber, inwieweit das westliche Recht tatsächlich im chinesischen Rechtsleben zu integrieren war. Allerdings vertrat er auf der anderen Seite nicht ohne Selbsttröstung die Meinung, dass das westliche Zivilrecht in Taiwan eine bessere Anpassbarkeit und Durchführbarkeit erfahren würde, weil die kulturelle Umgebung und der historische Hintergrund Taiwans sich vom Festland China unterschieden. Nach dem Ersten Japanisch-Chinesischen Krieg von 1894/1895 wurde die gesamte Insel Taiwan von Japan besetzt. Bis 1945 hatte das japanische Recht ununterbrochen Geltung. Deswegen war die Rechtsvorstellung von der westlichen Welt in der Gesellschaft schon mehr oder weniger gefestigt.[171]

Bis zum Jahr 1979, also 20 Jahre später, als er erneut die Geschichte der Rechtsrezeption in Taiwan zusammenfasste, konnte Wang eine deutlich positivere Bewertung abgeben. Nach seinem Dafürhalten war das rezipierte Recht, insbesondere das Rechtssystem und die Fachbegriffe, nach der fünfzigjährigen rechtspraktischen und wissenschaftlichen Entwicklung ein Teil des Rechtslebens in Taiwan geworden. Die Vorschriften und die Ideen des westlichen Zivilrechts

---

168 Weggel, Chinesische Rechtsgeschichte, S. 240.

169 Die deutsche Übersetzung ist übernommen von den Verfassungstexten der Chinesischen Volksrepublik von 1949, in: Zeitschrift für ausländisches öffentliches Recht und Völkerrecht, Band 13, 1951, S. 851. http://www.verfassungen.net/rc/verf49-3.htm

170 Weggel, Chinesische Rechtsgeschichte, S. 249 f.

171 Wang, Die Aufnahme des europäischen Rechts in China, in: AcP, Bd. 166, Tübingen, 1966, S. 351.

würden nicht nur von den chinesisch-taiwanesischen Juristen gut verstanden, sondern auch entsprechend dem sozialen Wandel kritisiert und reformiert.[172]

Im Übrigen war, wenn auch die Rechtsrezeption in der Volksrepublik China für lange Zeit gestört war, der Rezeptionsprozess doch nicht komplett unterbrochen. Nach diesen einschneidenden Umbrüchen arbeitet man in China wieder daran, ein modernes chinesisches Zivilrecht zu entwickeln.

Erst in den 1980ern wurde ein größeres Gewicht auf das sowjetische Zivilrecht als Vorbild gelegt, allerdings wurde seit den 1990ern die historische Erfahrung der kontinentaleuropäischen Kodifikationen, des deutschen BGB und des chinesischen ZGB der Republik China, wieder intensiver berücksichtigt.[173] Es bleibt noch abzuwarten, wie das heutige China an die wertvollen historischen Erfahrungen anknüpfen und was es daraus lernen kann.

---

172 Wang, Entwicklungslinien und Reform des chinesisch-taiwanesischen Schuldrechts, in: AcP, Bd. 186, Tübingen, 1986, S. 239. Vgl. auch Wang, Fünfzig Jahre Zivilgesetzbuch, in: Furen Faxue, Bd. 6, Taipeh, 1987, S. 1 ff.

173 Zur zivilrechtlichen Rezeption in der Volksrepublik China seit den 1980er Jahren siehe Schulze, Der Einfluss des BGB in China, 2005, S. 49-54; Sun, Die Rezeption der westlichen Zivilrechtswissenschaft und ihre Auswirkung im modernen China, S. 654 ff. Ham, Zur Rezeption des Deutschen Bürgerlichen Gesetzbuches in China, 2006, S. 200 ff; Bu, Die Rezeption des ausländischen Rechts in China, 2012, S. 9; Mi, Die rechtsgeschichtlichen Wurzeln Chinas - insbesondere des Zivilrechts, in: Wolff, Kultur- und rechtshistorische Wurzeln Europas, Godesberg, 2006. S. 487-490.

Kapitel 4: Konkrete Analyse der Rezeption I: rechtskulturelle Ebene

Im 4. und 5. Kapitel werden die Interaktion zwischen dem rezipierten europäischen Recht und den heimatlichen chinesischen Elementen thematisiert und analysiert. Im vorliegenden Kapitel finden zuerst die Themen auf den rechtskulturellen Ebenen Berücksichtigung. Im 5. Kapitel wird dann nach der rechtsdogmatischen Struktur vorgegangen. Während Ersteres als eine horizontale Betrachtung verstanden werden kann, ist Letzteres eine vertikale Betrachtung. Diese zwei Aspekte ergänzen sich zu einem vollständigen Bild der Rechtsrezeptionsforschung.

Die unterschiedlichen Rechtselemente weisen ihrer Natur nach unterschiedliche Strukturen auf und befinden sich demnach in unterschiedlichen „Schichten" einer Rechtskultur. Die Elemente aus der oberen Schicht präsentieren sich mit mehr Instabilität und Variabilität und die Elemente aus der tiefen Schicht zeichnen sich demgegenüber durch mehr Stabilität und Erkennbarkeit aus. Zum Beispiel befinden sich Rechtssprache und Fachbegriffe auf der obersten Schicht, während die Erscheinungsform inklusive der Rechtsfindung, Rechtsdenkweise, Kodifikation und technischen Methode auf einer tieferen Schicht angesiedelt sind. Auf der tiefsten Schicht der Rechtskultur befinden sich die ethischen und moralischen Elemente hinter den Rechtsnormen.[174] Diese Unterscheidung gilt auch für die Rechtsrezeptionsforschung.

Im vorliegenden Kapitel werden die rezipierten Rechtselemente auf drei Ebenen dargestellt, geordnet in einer Reihenfolge vom äußeren bis zum inneren Aspekt der Rechtskultur, nämlich Rechtsterminologie, Erscheinungsform und Ethik. Es wird im Verlauf erkennbar, dass die Wirkung der Rechtsrezeption stark von der jeweiligen Schicht der Rechtskultur abhängt.

I. Übersetzung der Rechtsterminologie

Nach der oben gegebenen Schilderung der Rechtsrezeptionsgeschichte wird deutlich, dass die zumeist juristischen Fachbegriffe vom europäischen (und zwar vor allem vom deutschen Recht) übernommen wurden. In gewissem Sinne ist

174 Die Inspiration des Konzepts der Multi-Schichten der Rechtskultur stammt aus Kaarlo Tuoris „Multi-geschichtete Natur der Rechtsgeschichte" (*multi-layed natur of legal history*), dazu siehe Tuori, Critical Legal Positivism, Ashgate, 2002, 6. Kap.

die Einführung der Fachbegriffe eine notwendige Vorbereitung und die erste Phase der Rechtsrezeption. Eine wichtige Frage ist daher, wie diese Fachbegriffe ins Chinesische übertragen wurden. Teilweise kamen alte chinesische Rechtstermini zupass, beispielsweise *„guocuo“* (過錯) für Fahrlässigkeit, *„gu“* (故) für Vorsatz, *„zhai“* (債) für Schuld.[175] Allerdings sind die ursprünglichen Bedeutungen dieser Wörter mit den neuen nicht völlig deckungsgleich. Missverständnisse und Fehler lassen sich daher nicht gänzlich ausschließen. Darüber hinaus stellt die Tatsache, dass es in der traditionellen chinesischen Sprache gar keine entsprechende Formulierung für einige Sachverhalte und Vorstellungen gab, eine weitere Schwierigkeit für die Übersetzung dar. Demzufolge muss der Gesetzgeber in den meisten Fällen auf Neuschöpfungen zurückgreifen.

Nach der modernen Sprachwissenschaft basiert die Komplexität der Sprachen vor allem auf sozialen Erfahrungen. Die Menschen können durch Kommunikation eine Gesellschaft bilden und aufrechterhalten, aber im strengsten Sinne gibt es keine zwei Menschen, die dem gleichen Wort eine völlig identische Bedeutung zuordnen. Die Verständigung miteinander mittels Sprache ist dennoch gewährleistet, weil der zu besprechende Inhalt einer gemeinsamen sozialen Herkunft entspringt und die Sprecher eine gemeinsame Erfahrung teilen.[176] Gadamer ist der Meinung: „Das Wort ist nicht nur Zeichen.“ „In irgendeinem schwer zu erfassenden Sinne ist es doch auch fast so etwas wie ein Abbild.“[177] „Jede Übersetzung ist daher schon Auslegung“, „(...) sie ist immer die Vollendung der Auslegung, die der Übersetzer dem ihm vorgegebenen Wort hat angedeihen lassen.“[178]

Logischerweise ist der Grad der Schwierigkeit von Übersetzungen je nach Ausmaß der kulturellen Ähnlichkeit sehr unterschiedlich. Die Erklärung/Übersetzung eines Textes innerhalb homogener Kulturen ist viel eindeutiger als bei heterogenen Kulturen, die sich in Ideologie und Geschichte voneinander unterscheiden. Ein berühmter Übersetzer und Gelehrter Chinas, Yan Fu (嚴復, 1853-1921), wies darauf hin, dass schon das Wort „Recht“ im Chinesischen jeweils

---

175 Heuser, Einführung in die chinesische Rechtskultur, 2002, S. 198.

176 Chin, Rechtsrezeption und Austausch in den ostasiatischen Ländern, in: Liu, Integration der chinesischen Zeichen für juristische Fachsprache in den ostasiatischen Ländern, Taipeh, 2007, S. 219.

177 Gadamer, Wahrheit und Methode – Grundzüge einer philosophischen Hermeneutik, Neuauflage, Tübingen, 1986, S. 420.

178 Gadamer, Wahrheit und Methode – Grundzüge einer philosophischen Hermeneutik, Neuauflage, Tübingen, 1986, S. 388.

mit *li* (理), *li* (禮), *fa* (法), *zhi* (制) wiedergegeben werden könne.[179] Neben einem unterschiedlichen Wortschatz weisen die heterogenen Sprachen auch eine sehr unterschiedliche Grammatik und Struktur auf, was mehr Ungewissheit in die Übersetzung bringt.[180] Einige Sprachwissenschaftler haben den Austausch zwischen heterogenen Kulturen als „trans-linguale Praxis" (*translingual practice*) bezeichnet.[181]

Auch wenn China das deutsche BGB übernahm, blieb den Gelehrten des Landes doch die Aufgabe, die fremde juristische Sprache richtig auszulegen und ein neues chinesisches Fachbegriff-System zu schaffen.

1. Japanisch als Mittler der interlingualen Rezeption

Wie im 3. Kapitel erwähnt, wurden die meisten in China rezipierten westlichen Rechtsbegriffe von der japanischen Übersetzung übernommen. Dabei ist zu beachten, dass fast alle japanischen Fachwörter in dieser Zeit mittels chinesischer Schriftzeichen gebildet wurden. Zahlreiche zivilrechtliche Begriffe werden sogar bis heute im ostasiatischen Gebiet angewendet: *„yisi biaoshi"* (意思表示, Willenserklärung), *„falü xingwei"* (法律行为, Rechtsgeschäft), *„danbao"* (担保, Gewährleistung), *„wu"* (物, Sache), *„gong xu liang su"* (公序良俗, öffentliche Ordnung und gute Sitten) etc.[182] Hinzu kommt, dass sich die Problematik als Vorläufer der Rechtsrezeption, der die Übersetzer gegenüberstanden, an der japanischen Erfahrung deutlicher zeigen lässt. Es lohnt sich, zuerst einen Blick auf die Rezeptionsgeschichte der europäischen juristischen Termini in Japan zu werfen.

Der Konfuzianismus und die Sinologie beeinflussten die japanische Kultur über einen langen Zeitraum. Etwa im 4. und 5. Jahrhundert fand der Konfuzianismus in die japanische Gesellschaft Eingang, bis zum 17. Jahrhundert war er zu einem wichtigen Teil der japanischen Kultur geworden.[183] Mitte des 19. Jahrhunderts begann die Modernisierungsreform nach westlichen Vorbildern,

179 Yan, Fa Yi (法意, „Vom Geist der Gesetze"), Chinesische Übersetzung zu Montesquieu, De l'esprit des lois, Beijing, 1909, Nachdr. 2014, Einführung, S. 1.

180 Für die Beispiele siehe Bünger, Zivil- und Handelsgesetzbuch sowie Wechsel- und Scheckgesetz von China, S. 23.

181 Liu, Translingual Practice: Literature, National Culture, and Translated Modernity-China, 1900-1937, Stanford, 1995. S. xv, 27 f.

182 Beispiele und Entstehungsgeschichte für japanische Begriffsbildungen bietet Furuta, Übersetzung und die japanische juristische Terminologie: Untersuchung zum Hintergrund der originalen Texte und zur europäischen Weltanschauung, Tokyo, 2004, Nachdr. 2008, S. iii ff.

183 Nishihara, Strafrecht, Konfuzianismus und Frieden in Asien, Jinan, 2008, S. 212.

obschon die japanische Allgemeinheit der westlichen Kultur auch skeptisch gegenüberstand. Um den „japanischen Geist" zu schützen, versuchten manche japanischen Intellektuellen sogar, durch die Lehre des bekannten Konfuzianers Zhu Xi (朱熹, (1130 – 1200) die umfangreiche Reform nach westlichem Vorbild zu legitimieren. Diese kulturelle Mentalität führte dazu, dass Japan chinesische Schriftzeichen bewusst als Übersetzungsmedium wählte, oder anders gesagt, die juristische Terminologie wurde nicht mit der japanischen Silbenschrift *Kana* (仮名), sondern mit chinesischen Schriftzeichen, *Kanji* (漢字), übersetzt. Diese neu geschaffenen Wörter gelten im Japanischen als „in Japan geschaffenes Chinesisch" (和製漢語).[184] Der Grund für diese Notlösung ist noch nicht geklärt. Eine Forschungsrichtung besagt, Kanji könnte im Vergleich zu Kana für damalige Japaner eine ausgefeiltere ideographische Funktion geboten haben, weil vielfältigere kulturelle und ethische Bedeutungen verfügbar waren, was schließlich der Präzision und Wissenschaftlichkeit der juristischen Fachbegriffe zugutekommen könne.[185]

Zu erwähnen ist an dieser Stelle, dass die Lage, einem relativ neuen Forschungsergebnis zufolge, noch komplizierter ist, als die zuvor aufgestellte These glauben macht. Etwa ein Viertel der bis dahin als japanische Lehnwörter betrachteten Fachbegriffe im modernen Chinesisch stammt eigentlich aus dem Wortschatz der im 19. Jahrhundert von westlichen Missionaren und ihren chinesischen Gehilfen angefertigten Übersetzung von christlichen Texten. Dieses Phänomen wird daher als „Re-Import" bezeichnet. Die Übernahme des tatsächlich in Japan geschaffenen Chinesisch begann erst am Ende des 19. Jahrhunderts.[186]

Doch gleich, wo der Ursprung nun auch zu finden sei, bedeutender ist die Tatsache, dass die chinesischen Schriftzeichen in beiden Fällen bewusst als Notlösung verwendet und auf diese Weise innerhalb kurzer Zeit zahlreiche neue Wörter geschaffen wurden. Weil vielen Neuschöpfungen der Zusammenhang mit der Tradition und dem kulturellen Hintergrund fehlte, war es hochwahrscheinlich, dass sich Fehlinterpretationen oder Missverständnisse einschlichen. Die Kritiker dieser Art der Kulturaufnahme waren schon im damaligen Japan zahlreich, dessen ungeachtet war dies jedoch eine effektive Methode. Das

---

184 Zhu, Die strukturelle und semantische Analyse zum „in Japan geschaffenen Chinesisch", in: *Nihongo No Gakushu To Kenkyu*, 1999-4, S. 112 ff.; Wei, Die Quelle des „in Japan geschaffenen Chinesisch" in *wanguo gongfa*, in: Journal of Yanshan University, 2008-9, S. 68 ff.

185 Hozumi, Evolutionstheorie des Rechts, ins Chinesische übersetzt von Huang, 2007, S. 270.

186 Liu, Translingual Practice, Stanford, 1995, S. 18, 33 f.

Phänomen der rasch anwachsenden Neuschöpfungen der fachlichen Begriffe wurde von damaligen japanischen Rechtshistorikern sogar als „Kassetten-Effekt" (*cassette-effect*) (カセット効果) bezeichnet. Das bedeutet, selbst wenn die durch chinesische Zeichen geschaffenen Begriffe, wie z. B. „権利" (subjektives Recht), „社会" (Gesellschaft), „個人" (Individuum), „自由" (Freiheit), vage und der Umgangssprache stets unbekannt sind, ist der Sinn des neuen Wortes mithilfe von Vorstellungskraft ungefähr zu erschließen.[187] Dies ist zu vergleichen mit einem Schmuckkasten oder einer Kassette, dessen/deren man ansichtig wird: Auch wenn man nicht genau weiß, was das Behältnis enthält, erweckt es doch eine gewisse Erwartung und Vorstellung. Diese Bezeichnung verbildlicht die Suggestivkraft der neu geschaffenen Wörter. Über diesen Weg hat sich Japan schnell das westliche Recht angeeignet. Der damalige japanische Justizminister (司法卿) *Etō Shimpei* (江藤新平, 1834-1874) wies den Übersetzer an: „Hab keine Angst vor Fehlern, übersetze den französischen Code civil mit aller Bemühung!"[188] „Kurzum: Zuerst übernehmen, und dann nach und nach verstehen."[189]

Bei der Integration der japanischen Rechtsbegriffe in China wurde der „Kassetten-Effekt" übernommen, was die Rechtsrezeption für eine lange Zeit beeinflusste. Shen Jiaben äußerte, obwohl Japan schon bei der Übersetzung einige Anpassungen unternommen hatte, seien diese Termini „weder mit den alten Bedeutungen deckungsgleich, noch mit den heutigen Bedeutungen übereinstimmend"; die „Rechtstermini sollen zwar nicht starr am Altertum festhalten, aber können sich auch nicht nach der Gegenwart richten".[190]

2. *Quan li* (subjektives Recht)

Die Vorstellung von dem Begriff „subjektives Recht" spielt fortdauernd eine zentrale Rolle in der westlichen privatrechtlichen Rechtstradition. In China ist der

---

187 Yanabu, Die Geschichte der Übersetzung des Fachausdrucks, Tokyo, 1982, S. 36 f.

188 Damals war das deutsche BGB noch nicht verkündet, und der französische Code civil wurde als das beste Vorbild betrachtet. Takeshita, Die chinesischen Zeichen im modernen juristischen Fachausdruck und die Rechtsrezeption von den anderen Kulturen, chinesisch übersetzt von Du, in: Liu (Hrsg.), Integration der chinesischen Zeichen für juristische Fachsprache in den ostasiatischen Ländern, Taipeh, 2007, S. 82.

189 Takeshita, Die chinesischen Zeichen im modernen juristischen Fachausdruck und die Rechtsrezeption von den anderen Kulturen, Taipeh, chinesisch übersetzt von Du, in: Liu (Hrsg.), Integration der chinesischen Zeichen für juristische Fachsprache in den ostasiatischen Ländern, Taipeh, 2007, 2007, S. 92.

190 Shen, Gesammelte Werke von Jiyi, Band 4, in: Die postumen Werke von Herrn Shen I, Beijing, 1990, S. 929.

Begriff allerdings weitgehend unbekannt. In der chinesischen Rechtsgeschichte gab es bis zur Rezeption des westlichen Rechts keine Regelungen für den Schutz der Privatheit oder vor Rechtsverletzung. Der Begriff des „subjektiven Rechts" wird im Chinesischen mit dem Wort „*quan li* (權利)" wiedergegeben. Das ist ein typischer neu geschaffener Fachausdruck.

Für Neuschöpfungen wurden häufig zwei oder mehr bereits vorhandene chinesische Zeichen miteinander kombiniert, die zwar ihre eigenen Bedeutungen und Quellen haben, aber in Kombination auf die Bedeutung des neuen Begriffs schließen lassen.[191] Ein gutes Beispiel hierfür ist die Neuschöpfung des Begriffs *quan li*. *Quan* bedeutet im Chinesischen Macht, Gewalt oder Autorität, *li* Interesse, Gewinn oder Vorteil. Die zwei Schriftzeichen waren separat mehr als tausend Jahre im Gebrauch, die Kombination aber ist erst ab Ende des 19. Jahrhunderts üblich.[192]

Der genaue Ursprung dieses Wortes ist bis heute nicht geklärt. Eine Auffassung ist, dass dieses Wort ursprünglich von den Japanern während der Rechtsrezeption des westlichen Rechts mithilfe der zwei chinesischen Schriftzeichen *ken* (権) und *ri* (利) geschaffen wurde. Das Wort entstamme demnach dem sogenannten „in Japan geschaffenen Chinesisch". Danach hatte China es aus dem Japanischen übernommen.[193] Bis 1940 und 1950 wurde diese Auffassung auch von vielen chinesischen Rechtshistorikern vertreten.[194]

Die andere Auffassung ist, dass das Wort *quanli* von dem amerikanischen Missionar, Sinologen und Direktor einer Fremdsprachenschule,[195] William A. P. Martin, im Jahr 1864 bei der chinesischen Übersetzung der von Henry Wheaton geschriebenen Monografie „*Elements of International Law*" (chin. als *wanguo gongfa* 萬國公法) erstmals verwendet wurde.[196] Die verwandten Begriffe „*quan*" (權, Macht), „*zizhu zhi quan* (自主之權, Souveränität), „*gongquan*" (公權,

191 Bünger, Zivil- und Handelsgesetzbuch sowie Wechsel- und Scheckgesetz von China, S. 23.

192 Vgl. Xu, Die Rezeption deutschen Zivilrechts in China am Beispiel des Deliktsrechts, in: FS Norbert Horn, 2006, S. 214.

193 Näheres hierzu siehe Heuser, Einführung in die chinesische Rechtskultur, 2002, S. 133.

194 Vgl. He (Hrsg.), Der Ursprung der juristischen Termini, Beijing, 2009, S. 220 und Fn. 2.

195 Die Fremdsprachenschule (同文館*Tongwen Guan*) war eine am Ende des 19. Jahrhunderts von der Qing-Regierung begründete und unterstützte Schule für Fremdsprachen. Sie war auch das früheste moderne Ausbildungsinstitut in der chinesischen Geschichte.

196 Takeshita, Die chinesischen Zeichen im modernen juristischen Fachausdruck und die Rechtsrezeption von den anderen Kulturen, chinesisch übersetzt von Du, in: Integration der chinesischen Zeichen für juristische Fachsprache in den ostasiatischen

öffentliches Recht)" und „*siquan*" (私權, Privatrecht) wurden auch von ihm geschaffen. Danach wurden diese Wörter ins Japanische eingeführt und später wieder nach China „re-importiert".[197] Diese Auffassung wird hauptsächlich von den jüngeren Rechtshistorikern vertreten.[198]

Unabhängig von der Auffassung wurde dieses neue Wort ins Chinesische übertragen und findet bis heute Verwendung. Auf der einen Seite bietet diese Vorgehensweise die Möglichkeit, eine bis dahin unbekannte Vorstellung auszudrücken, aber auf der anderen Seite erschwert sie das Verständnis oder führt zu Missverständnissen. Erstens wird dieser neu kombinierte Terminus nicht wie die normale natürliche Sprache historisch und diachron entwickelt, sondern vom Gesetzgeber unmittelbar festgesetzt. Damit wird anscheinend angedeutet, dass die Rechte den Bürgern nicht natürlich gehören, sondern vom Staat gewährt werden sollten.[199] Zweitens weisen diese zwei Schriftzeichen im Chinesischen fast ausschließlich negative Bedeutungen auf, während das „Recht" in der deutschen Sprache immer mit einer positiven Konnotation verbunden ist. Als das Gegenteil von *yi* (義, Gerechtigkeit) bedeutet *li* (利) Interesse oder Gewinn, das vom Konfuzianismus streng kritisiert wird.[200] Bei *Lun Yu* findet sich eine wohlbekannte Auffassung: „Der Edle (*junzi*) ist bewandert im *yi*, der Gemeine (*xiao ren*) ist bewandert im *li*." (君子喻於義，小人喻於利).[201] *Quan* und *li*, in den alten chinesischen Schriften zusammengestellt, drückten eine besondere negative Bedeutung aus:[202] „*ren* und *yi* bedeuten hochgeschätzt sein, während *quan* und *li* geächtet bedeutet." (或上仁義，或務權利)"[203], „Die Mächtigen missbrauchen ihre Stellung, um *quan* und *li* zu erreichen." (陂池田園，宗族賓客爲

Ländern, Taipeh, 2007, 89 ff. Wheaton, Elements of International Law, 1836. Chinesische Übersetzung von Martin: *wanguo gongfa*, Beijing, 1864.

197 Svarverud, The Notions of 'Power' and 'rights' in Chinese Political Discourse, in: New terms for new ideas: western knowledge and lexical change in late imperial China, Leiden; Boston; Köln, 2001, S. 125-143.

198 Liu, Translingual Practice, Stanford, 1995, S. 34, 265, 279; Wei, Die Quelle des „in Japan geschaffenen Chinesisch" in *wanguo gongfa*, in: Journal of Yanshan University, 2008-9, S. 68 ff.

199 Xu, Die Rezeption deutschen Zivilrechts in China am Beispiel des Deliktsrechts, in: FS Norbert Horn, 2006, S. 214.

200 Heuser, Einführung in die chinesische Rechtskultur, 2002, S. 134.

201 Lun Yu (論語), VI. Buch (*li ren* 里仁). 16. Deutsche Übersetzung von Wilhelm, Die Lehren des Konfuzius, Frankfurt, 2008, S. 157.

202 Mei, Prinzipien des Zivilrechts, Taipeh, 1944, Nachdr. Beijing, 1994, S. 32.

203 Heng, Yan Tie Lun (鹽鐵論), Kapitel 60: Vermischte Diskurse (雜論). http://ctext.org/yan-tie-lun/za-lun/zh

權利，橫于潁川).[204] Diese negative Bedeutung erschwert das Verständnis der Übersetzung noch. Darüber hinaus ist die innere Beziehung zwischen Recht und Gerechtigkeit nicht mehr nachvollziehbar. All dies führt kurz gefasst dazu, dass die originale positive ethische Bedeutung des deutschen Begriffs „Recht" verloren gegangen ist.

Martin hatte einmal das chinesische Wort „*fen*" (分, ungefähr „Anteil") gewählt, um das Recht im westlichen Sinne zu interpretieren. „Das Wort *quan* bezeichnet nicht nur die Macht der öffentlichen Gewalt, sondern auch das *fen* des einzelnen Bürgers" (即如一權字, 書內不獨指有司所操之權, 亦指凡人理所應得之分).[205] Im Chinesischen wird *fen* oft verwendet, um die „Zugehörigkeit" oder den „Verdienst" eines Menschen im positiven oder neutralen Sinne zu beschreiben. *Fen* hat auch die Bedeutung, die Beziehung zwischen sich selbst und den anderen in adäquater Weise zu pflegen. Im Vergleich zum „*quanli*" entspricht das Wort „*fen*" der chinesischen Vorstellung viel besser.[206]

In einem Wort, der Übersetzung vom subjektiven Recht fehlt eine sorgfältige Aufarbeitung des kulturellen chinesischen Hintergrunds, was dazu führte, dass es für die Allgemeinheit zeit- und energieaufwendig war, das Recht zu verstehen und zu akzeptieren.

3. *Qinquan xingwei* (Rechtsverletzungshandlung)

Ein anderes Beispiel ist die Übersetzung des Terminus unerlaubte Handlung als „*qinquan xingwei*" (侵權行為, wörtlich „Rechtsverletzungshandlung"). Während dieser Terminus im japanischen ZGB direkt mit „unerlaubte Handlung (不法行為)" übersetzt wurde, ist dies im ersten Entwurf der Qing-Dynastie nicht geschehen.

Nach der offiziellen Auslegung unterscheidet sich der Terminus „Rechtsverletzungshandlung" im ersten Entwurf inhaltlich nicht von dem Begriff „unerlaubte

---

204 Shi Ji (史記), 107. Biographie von Fürst Weiqi und Fürst Wuan (魏其武安侯列傳) http://ctext.org/shiji/wei-qi-wu-an-hou-lie-zhuan/zh

205 Bluntschli, Das moderne Völkerrecht der Civilisirten Staaten als Rechtsbuch dargestellt, 1869. Chinesische Übersetzung von Martin: *gongfa huitong* (公法會通), Beijing: *Tongwen Guan*, 1880, Leseanleitung.

206 Zu dieser Auffassung siehe He, Der Ursprung der juristischen Termini, Beijing, 2009, S. 217; Lai, Vom juristischen Fachausdruck in den ostasiatischen Ländern zur Reflektion der Jurisprudenz, in: Liu (Hrsg.), Integration der chinesischen Zeichen für juristische Fachsprache in den ostasiatischen Ländern, Taipeh, 2007, S. 120 ff.

Handlungen“ im deutschen Recht.[207] Der Zweck wäre, durch eine Betonung von „Recht“ die zivilrechtliche Haftung von dem strafrechtlichen Delikt möglichst unmissverständlich zu unterscheiden: Eine Rechtsverletzungshandlung ist nicht nur eine „unerlaubte Handlung“, sondern auch eindeutig eine „das Recht verletzende unerlaubte Handlung“.

Allerdings setzt nach dem deutschen Recht eine unerlaubte Handlung nicht die Verletzung des **Rechts** voraus. Umgekehrt kann nicht für jede Rechtsverletzung ein Anspruch gestellt werden. Aus diesem Grund hat der japanische Rechtswissenschaftler Wagatsuma Sakae die Übersetzung des chinesischen ZGB kritisiert. Er hat darauf hingewiesen, dass diese Bezeichnung nicht passend sei, auch wenn es nur eine Frage der Bequemlichkeit in der Gesetzgebung ist.[208] Nach Ansicht des chinesischen Rechtswissenschaftlers Mei Zhongxie kann die Bezeichnung Rechtsverletzungshandlung mit dem Begriff „Verletzungshandlung“ exakter übersetzt werden.[209]

Das durch die Übersetzung verursachte Problem wirkt bis in die Gegenwart nach. Infolge des sich unterscheidenden Verständnisses und der variierenden Auslegungen des Terminus „Rechtsverletzungshandlung“ wird das Schadensrecht mit anderen Rechtsgebieten in Struktur und Funktion vermischt. Zudem wird der Sinn der zivilrechtlichen Haftung weit gedehnt. Aufgrund dieser Merkmale ist das chinesische Rechtsverletzungshandlungsgesetz weder mit dem angloamerikanischen noch mit dem kontinentalen Recht vergleichbar. Manche dadurch verursachten Probleme sind bis heute ungelöst.[210] Natürlich kann die juristische Übersetzung nicht selbst für alle diese Probleme verantwortlich gemacht werden. Aber der Begriff als Ausgangspunkt des Verständnisses ist auch häufig der Ausgangspunkt des Problems. Nicht selten werden falsche oder unpassende Übersetzungen auch von der Rechtskultur aufgenommen, was über lange Zeit nachwirkt.

Das Problem des Begriffs „*quanli*“ ist, dass die original positive Bedeutung des deutschen Wortes „Recht“ wegen der durch den kulturellen Hintergrund bedingten negativen Konnotation stark abgeschwächt wird. Das Problem von „*qinquan xingwei*“ ist, dass damit eine schwammige Übersetzung bzw. ein ungenauer juristischer

---

207 „Rechtsverletzungshandlung ist eine unerlaubte Handlung, die eine rechtswidrige Rechtsverletzung voraussetzt.“ Siehe Justizministerium (Hrsg.): Materialien zur Entstehungsgeschichte des Chinesischen Zivilgesetzbuchs, Taipeh, 1976, S. 653.

208 Wagatsuma, Allgemeiner Teil des chinesischen Schuldrechts, Shanghai, 1936. Nachdr. Beijing, 2003, S. 51.

209 Mei, Prinzipien des Zivilrechts, Taipeh, 1944, Nachdr. Beijing, 1994, S. 186.

210 Zheng, Deliktische Haftung, Schadensersatz und Schutz des Geistiges Eigentums, in: Global Law Review, Beijing, 2003-W, S. 126 ff.

Terminus mangels einer sorgfältigen Untersuchung des Original-Begriffs geschaffen wurde. Diese Art von Übersetzungsproblemen lässt sich auch im Zivilrecht finden. Ein Beispiel ist der Begriff „Rechtsgeschäft", der von einem japanischen Juristen mit „*falü xingwei*" (法律行為, wörtlich „Rechtshandlung") übersetzt wurde. Aber die deutsche Rechtslehre kennt den Begriff „Rechtshandlung" bereits als Oberbegriff des Rechtsgeschäfts. Diese Übersetzung stiftet eine derart große Verwirrung in China, dass selbst heute noch viele Juristen unsicher sind.[211]

Sprachwissenschaftler haben schon längst darauf hingewiesen, dass jegliche Übersetzung schwierig und eine perfekte Übersetzung normalerweise nur ein Traum sei. Allerdings sei eine Übersetzung praktisch immer möglich: Unabhängig davon, wie schwierig der originale Text ist, gebe es dennoch eine Übersetzung. Die Sprachen seien zwar sehr unterschiedlich, aber eine Kommunikation sei immer möglich.[212] Eine Übersetzung ist nicht nur die Reflektion des Original-Texts, sondern bringt auch eine neue Bedeutung mit sich, was in der Rechtsrezeptionsforschung nicht zu vernachlässigen ist.

II. Erscheinungsform des Rechts

Die Erscheinungsform des Rechts betrifft in der vorliegenden Arbeit vor allem die technischen Aspekte in der Rechtskultur, z. B. Fachausdruck, Entscheidungsstil, Rechtsdenkweise und Kodifikation etc. Im Vergleich zur Rechtsterminologie hat die Erscheinungsform eine stärkere Abhängigkeit von Geschichte und Kultur, aber unter Berücksichtigung des ethischen Gedankens hinter den Rechtsnormen steht die Erscheinungsform noch auf einer oberflächlicheren Schicht.

Die Erscheinungsform des chinesischen Privatrechts hat am Anfang des 20. Jahrhunderts eine gründliche Reform erfahren.

1. Umwandlung des juristischen Fachausdrucks

Unklarheit der Rechtsnormen ist ein auf der chinesischen Philosophie basierender Charakter des Gesetzes.[213] Beispielhaft soll der Qing-Kodex angeführt

---

211 Hirai, Die Entwicklung der Lehre von Rechtsgeschäft in Japan, in: Journal of Comparative Law, Beijing, 2004-2, S. 147 ff.; Mi, Von dem Rechtsgeschäft, in: China Legal Science, Beijing, 2004-02, S. 42 ff.; Zhu, Rechtsgeschäft als ein Fachbegriff, in: Peking University Law Review, Beijing, 2008-3, S. 123.

212 Lecah, Ourselves and Others, in: Times Literary Supplement, London, July 6, 1973, S. 772.

213 Hao, Kulturelle Tradition und die besondere Gestalt der modernen chinesischen Gesetzgebung, in: China Legal Science, Beijing, 1994-5, S. 53.

werden. Im § 386 des Qing-Kodex wurde geregelt, dass „schamloses Betragen“ mit bis zu 40 Hieben bestraft werden solle, allerdings nur wenn es „dem Geist der Gesetze“ entgegenstehe. Dies wurde jedoch weder mit einem weiteren spezifischen Straftatbestand noch mit Rechtsprechungsbeispielen erklärt.[214]

Im Übrigen war das alte Gesetz in China kein Recht für den professionellen Juristenstand, sondern ein moralisches Bewertungs- und Erkennungsmittel für die Gesellschaft. Die Terminologie im Gesetzestext war nicht etwa juristisch exakt, sondern eine adäquate und verständliche Begründung dessen, was für die Allgemeinheit handlungsmaßgebend ist. Der fachliche Ausdruck ist tendenziell nicht zu abstrahieren, sondern im Gegenteil zu konkretisieren. Demnach ist der gesetzliche Ausdruck, nach Weggel, häufig sehr „plastisch“ und der Gedankengang überlappt sich mit der konkreten typischen Sache:

> *Es ist nicht die Rede von „Sachen“ und „Vermögen-“-Gegenständen, sondern von Maulheerblättern und Erdnüssen. Verpfändete Felder müssen der „aufgeregten Insekten“ eingelöst werden. „Wandert auch das Feld, so wandert noch nicht die Gesellschaft“ (d.h., die öffentlichen Abgaben an die Gemeinde müssen auch dann weiter bezahlt werden, wenn ein Feld aus dem Dorf A an einen Einwohner des Dorfes B verkauft worden ist). Ein „Dokument mit einem großen Kopf“ ist ein Schriftstück, in dem ein höherer Preis angegeben ist als der, den man in Wirklichkeit erhält.*[215]

Der Rechtsrezeptionsprozess sorgte dafür, dass diese alte Ausdrucksweise im Gesetz bald eliminiert wurde. Die Rechtsreform in China führte zu einer gründlichen Erneuerung der juristischen Sprache. Die neuen Gesetzgeber bemühten sich um einen „technisierten, bürokratisierten, von der Umgangssprache entfernten“ Sprachstil, mit dem die chinesischen Juristen die europäische Rechtsdogmatik verstehen und mitdenken konnten.[216]

Doch der chinesische Gesetzgeber modifizierte die fremde Sprache auch gemäß der jeweiligen lokalen Situation. Dadurch war die Formulierung der Normen im chinesischen ZGB dem Verständnis der Allgemeinheit oft entgegenkommender, während der Sprachgebrauch des deutschen BGB sich fast ausschließlich an die Juristen richtet.[217]

---

214 Weggel, Chinesische Rechtsgeschichte, S. 143.

215 Weggel, Chinesische Rechtsgeschichte, S. 174.

216 Heuser, Einführung in die chinesische Rechtskultur, 2002, S. 200.

217 Dazu wird auch der Einfluss vom schweizerischen Zivilrecht berücksichtigt. Siehe oben 3. Kap. II. 3; Sun, Die Rezeption der westlichen Zivilrechtswissenschaft und ihre Auswirkung im modernen China, S. 648.

Nach der Gründung der Volksrepublik China wurde die Übernahme der republikanischen Gesetze jedoch abgelehnt. Eine Begründung hierfür war die „Volksferne“ der Sprache. Die Volksrepublik China versuchte, das Gesetz noch mehr dem umgangssprachlichen Ausdruck anzugleichen, um die Verständlichkeit der Gesetzestexte zu erleichtern. Ein Vergleich der Formulierung der Artikel „Rechtsverletzung“ (unerlaubte Handlung) jeweils aus dem chinesischen ZGB und der *Zivilrechtsgrundsätze der VR China* (民法通则 ZRG, 1986) machen den Unterschied deutlich:[218]

§ 184 I chin. ZGB von 1930: „Wer vorsätzlich oder fahrlässig das Recht eines anderen widerrechtlich verletzt, ist zum Schadensersatz verpflichtet.“

§ 106 II ZRG 1986: „Wenn Bürger oder juristische Personen schuldhaft staatliche oder kollektive Vermögensgüter verletzen oder Vermögensgüter oder den Körper anderer Personen verletzen, müssen sie die zivile Haftung übernehmen.“[219]

2. Neuer Sprachstil in der Rechtsprechung

Wie oben erwähnt, zeichnet sich das traditionelle chinesische Recht wegen des konfuzianistischen Einflusses durch eine starke pan-moralische Tendenz aus.[220] Diese Tendenz hat die Erscheinungsform der Rechtspraxis entscheidend beeinflusst. Die Merkmale der Rechtsprechung im alten China können wie folgt zusammengefasst werden:

a) Bei der Urteilsbegründung wurde häufig nur der Grundsatz, jedoch nicht die bezogenen detaillierten Regeln vom Richter zitiert.
b) Das Kernstück der Urteilsbegründung sind oft nicht die zitierten Normen und die rechtsdogmatische Erklärung, sondern die Erklärung von Moral, *li*, und Tradition.
c) Zusätzlich zu dem Gesetz gab es auch noch andere Rechtsquellen, wie z. B. *qingli*, *li*-Vorschriften usw., die jedoch inhaltlich sehr vage sind. Zudem stütze sich die Begründung häufig auf umfangreiches Material, wie die konfuzianistischen Klassiker und sogar alte Geschichte. Nicht selten war der

218 Heuser, Einführung in die chinesische Rechtskultur, 2002, S. 199-201.

219 Die Übersetzung des ZRG ist übernommen von Münzel (Hrsg.), Kommentierte Übersetzungen aus dem Recht der Volksrepublik China, 2009, http://www.chinas-recht.de/zivilrecht.htm

220 Siehe dazu oben 2. Kap. I. 3. b).

> Richterspruch durchsetzt von einer großen Menge an Belehrung, Entrüstung, Seufzen oder Anherrschen.[221]

Hierzu ein Rechtsstreit in der Qing-Dynastie als Beispiel: Der Beklagte (Wang Jieliu) und der Kläger (Zheng Mingshan) waren anfangs Freunde, zerstritten sich aber später heftig wegen eines Darlehens. Wang brach in die Wohnung von Zheng ein, prügelte sich mit ihm, um ihn zur Rückzahlung zu drängen. Zheng war infolge des Kampfes schwer verletzt, und meldete die Streitigkeit dem Kreis-*Yamen*. Der *Zhixian* (知縣, Beamter und Richter im *Yamen*) hatte im Richterspruch geschrieben:[222]

… …古稱一貴一賤，主交乃見。今則一富一貧，交情立變。世風如此，良堪浩嘆。王皆六，市儈小人原不足怪，所可恨者，既忘平昔之交，複敢逼人太甚，串告無賴，擾害市廛 ……	*(…) Der alte Spruch lautet: „einer reich, ein anderer arm, lässt sich wahre Freundschaft erkennen". Die öffentliche Moral geht Tag für Tag ein bisschen mehr verloren, was einen tief ergriffen seufzen lässt! Wang Jieliu, ein Spießer und Bösewicht, hat die vorherige Freundschaft vergessen, und noch schlimmer den ehemaligen Freund sehr hart zur Rückzahlung gedrängt, und weiterhin die öffentliche Ordnung gestört. (…)*

Der Richter hatte seine persönliche Wut und Verachtung gegenüber dem Täter geäußert, und zudem nutzte er die Gelegenheit, den Rückgang der öffentlichen Moral zu kritisieren.

Das zweite Beispiel betrifft eine Gerichtsentscheidung in der Song-Dynastie. Der Tatbestand war folgender: Die Fichten neben dem Grab einer Familie wurden vom Beklagten (*Shi Bin*) gestohlen und verkauft. Der Kläger (*Pan Ti*) war der Vertreter der Familie, deren Fichten gestohlen wurden. Hier ein Auszug aus dem Richterspruch:[223]

---

221 Liang, Die Suche nach der Harmonie in der natürlichen Ordnung, Beijing, 1997, S. 271.

222 Gerichtsentscheidungen Lujiashu (陆稼书判牍), Shanghai, 1934, S. 65. Das Datum der Entscheidung ist unklar, nach der Amtszeit des Richters zwischen 1675-1690 zu vermuten.

223 Gerichtsentscheidungen mit Gerechtigkeit (名公書判清明集), Zhang (Hrsg.), 1569, Nachdruck: Beijing, 2002, S. 332 ff. Darin gesammelt sind die Entscheidungen aus der Song-Dynastie (960-1279). Das genaue Datum der Entscheidungen und der originalen Auflage ist jedoch unklar.

許孜，古之賢士也，植松子墓之側，有鹿把其松栽，孜泣，嘆曰：鹿獨不念我乎！明日，其鹿死子松下，若有殺而致之者。獸犯不韙，幽而鬼神，猶將聲其冤而誅殛之，蚓靈而爲人者，豈三尺所能容哉！師彬背本忘義，曾禽獸之不若。群小志于趨利，助之爲虐，此猶可諉者。潘提舉語其先世，皆名門先達也，維桑與梓，必恭敬止，今其松木連雲，旁起臨淵之羨，斤斧相尋，旦旦不置，鄉曲主義掃地不遺，此豈平時服習禮義之家所應爲乎！事至有司，儆之以法，是蓋挽回頹俗之一端也。施彬决脊杖十七，配千里州軍牢城收管。……

Xu Zi war ein Weiser in alten Zeiten. Auf seinem Grab wurden einige Fichten gepflanzt. Eines Tages wurde eine Fichte von einem Reh umgestoßen. Xu Zi weinte: weshalb bekümmert das Reh mein Ansehen nicht?! Am nächsten Tag war das Reh tot, geradewegs unter den Fichten. Anscheinend war das Reh getötet und zum Grab gebracht worden. Sogar ein Tier wird bei einem Fehler vom Geist oder von Gott bestraft, ganz zu schweigen von einem Menschen als intelligente Kreatur. Shi Bin legt nicht die geringste Reue an den Tag, und steht damit moralisch noch tiefer als ein Tier. Er verbrachte die Zeit sinnlos mit Nichtstun, verletzte die anderen Leute nur aus Eigennutz. Pan Ti stammt aus einer beachtenswerten Familie. Mit Respekt hatte seine ganze Familie die Fichten und den Maulbeerbaum gepflanzt und immer sorgfältig gepflegt, und bis heute sind die Bäume so hoch gewachsen, als ob sie die Wolken berühren könnten. Der Beklagte sah die Bäume begehrlich an und holzte mit der Axt die Bäume ab. Die Ordnung und Harmonie im Heimatdorf wurde komplett zerstört! Der Täter kommt unerwartet aus einer Familie, die das li jeden Tag befolgt! Der Täter muss vom Gesetz bestraft werden, um die dekadenten Gewohnheiten auszutreiben. Shi Bin wird demnach zu 17 Hieben und einem Exil von 1000 Chinesischen Meilen verurteilt. (…)

Der Richter verfasste dieses Urteil wie einen Essay: zuerst zitierte er einen Mythos, machte dann Bemerkungen zur sozialen Moral und erst dann kam er zum eigentlichen Streitfall. Der Diebstahl wurde hier vor allem als ein schwerwiegender Verstoß gegenüber dem *li* und der sozialen Ordnung betrachtet. Die Sanktion wurde nur ausgesprochen, „um die dekadenten Gewohnheiten auszutreiben".

Zusammenfassend ist zu konstatieren, dass Ausdruck und Entscheidungsstil der Rechtspraxis im traditionellen China sehr moralisiert und subjektiv waren. Die nachteiligen Auswirkungen daraus sind:

a) Im chinesischen Recht wurden keine präzisen Normen und ferner keine systematische Rechtsdogmatik entwickelt;
b) im Prozessrecht gab es keine rationale Beweisführung und Untersuchung der Tatbestände;
c) der Beurteilungsspielraum war häufig so groß, dass der Richter willkürliche Entscheidungen fällen konnte.

Zu Beginn des 20 Jahrhunderts wurde dieser alte Stil in der Rechtsprechung rasant geändert. Allerdings bevorzugten die chinesischen Richter in den frühzeitigen Entscheidungen noch Worte mit starker emotionaler Attitüde und moralischer Tendenz. Ein Auszug der Gerichtsentscheidung vom *Dali-Yuan* aus dem Jahr 1914 als Beispiel:[224]

……至上告人毀損麥禾賠償之爭點，自當以被上告人占種地畝是否出于**强霸**以爲先决問題，如果實系**霸種**，則上告人爲排除不法之侵害起見，毀損其麥禾，于法無賠償之可言；否則擅毀他人財物，自應負侵權行爲之責任。……	*(…) Dem Streitpunkt im Falle, ob der Beklagte den Weizen widerrechtlich geschädigt hatte, steht der Tatbestand entgegen, dass der Kläger das Grundstück* ***mit Gewalt besetzt*** *hat. Falls der Kläger das Grundstück wirklich mit Gewalt besetzt hat, dann gilt die Handlung des Beklagten als Beseitigung einer rechtswidrigen Verletzung, und stellt demnach keine Verpflichtung zum Schadensersatz dar; andernfalls müsste der Beklagte die deliktische Haftung für die Verletzung des Vermögens leisten. (…)*

Hier hatte der Richter über die Anerkennung eines Tatbestands der Selbsthilfe zu richten. Auffällig ist die Bezeichnung „mit Gewalt besetzen", Chinesisch als „*qiangba* (强霸)". Anders als „mit Gewalt besetzen" ist *qiangba* im Chinesischen keineswegs ein neutraler Fachbegriff, sondern vielmehr ein umgangssprachliches Wort mit einer starken moralischen Dimension, was auf eine sehr negative Bewertung hindeutet.

Diese Formulierung mit starker moralischer Tendenz ist in den Gerichtsentscheidungen der Zeit nicht selten zu sehen.[225] Zwar wurde das *li*-Gebot nicht

---

224 Entscheidungssammlung des Dali Yuan in Zivilsachen, 1914 (3). B. 1025. (大理院三年上字第一零二五號判例).
Erklärung zur Zitierweise der Gerichtsentscheidungen des Dali Yuan und des OGH in der vorliegenden Arbeit:
Muster-Zitat: Entscheidungssammlung des *XXX* in Zivilsachen, *AAAA* (*B*). *C*. *DDDD*.
A: Jahr nach dem Gregorianischen Kalender
B: Jahr nach dem Minguo-Kalender. 1912 = 1. Jahr der Republik.
C. Typen der Entscheidungen oder Auslegungen: „B" Abkürzung für „Berufung" (上訴, „上" *shang*); „BA" Abkürzung für „Berufung im Adhäsionsverfahren" (附帶私訴, „私訴" *si-su*); „V" Abkürzung für „vereinheitliche Gesetzesauslegung" (統一解釋法律, „統" *tong*)
D. Entscheidungsnummer

225 Infolge der Schwierigkeiten bei der Übersetzung wird hier kein Beispiel im Detail angegeben. Zu weiteren Beispielen siehe die Gerichtsentscheidungen im Zeitraum 1912-1915.

mehr als Rechtsquelle zitiert, aber häufig noch als moralische Ermahnung hinzugezogen, z. B. „(der Beklagte) solle sich dem Kompromiss beugen, um die Kinder-Pietät zu befolgen."[226] Allgemein gesagt, die Sachverhalte Verletzung, Verschulden und Vorsatz wurden nach wie vor mit emotional negativen Wörtern beschrieben, während für Themen wie Treue und Sitten Ausdrücke mit einer positiven Konnotation gewählt wurden. All diese emotionellen Bewertungen haben immer auch einen Ursprung im konfuzianistischen Wertesystem.

Im Verlauf wurde immer deutlicher, dass diese Art Sprachstil dem modernen privatrechtlichen Leben nicht mehr entsprach. Der Sprachstil als Rechtserscheinungsform ist kein rein technischer Aspekt, sondern stellt den Versuch der Beschränkung der pan-moralischen Bewertung dar und zielt auf ein neutrales und wissenschaftlich logisches System.

In der späten Rezeptionsphase wurde der Sprachstil in den Entscheidungen allmählich verändert. Die Richter versuchten, eine deskriptive Sprache anstelle der wertenden Sprache zu nutzen, die eigenen persönlichen Emotionen zurückzunehmen und schließlich einen neutralen Stil zu präsentieren. Diese Tendenz war am deutlichsten bei den hochrangigen Gerichten erkennbar. In den Entscheidungen vom *Dali Yuan* bis 1920 ist der alte chinesische Stil kaum noch zu finden.

3. Neue Denkweise und neue Technik

Abgesehen von der Rechtsprechung und dem Entscheidungsstil wurden die Rechtserscheinungen durch die Rechtsrezeption in vielen weiteren Aspekten gründlich reformiert, dazu zählt vor allem die neue Rechtstechnik.

Wang Boqi hat die Besonderheiten des westlichen Rechts zusammengefasst (siehe 2. Kap.), am augenscheinlichsten sind das logische System und die wissenschaftliche Methode. Anhand der in Kapitel 3 geschilderten Entstehungsgeschichte des Gesetzbuches wurde bereits verdeutlicht, wie die Systematisierung und Verwissenschaftlichung durch die Gesetzesrezeption umgesetzt werden konnte. Allgemein gesagt ist auf der technischen Ebene der von der westlichen Rechtskultur zutiefst beeinflusste Aspekt des chinesischen Zivilrechts, das Pandektensystem des deutschen Zivilrechts. Pandektenwissenschaft ist ein über einen langen Zeitraum und viele Bemühungen gebildetes System und eine Lehre, was von der präzisen Terminologie, der folgerichtigen Logik und dem vollständigen System charakterisiert wird. Die chinesische Kodifikation kann bei der

226 Entscheidungssammlung des Dali Yuan in Zivilsachen, 1916 (5). B. 1011. (大理院五年上字第一零一一號判例).

Rechtsrezeption sehr davon profitieren. Im Prozess der Rezeption des Systems wurden zugleich die darin verkörperten zivilrechtlichen Grundsätze und Lehre des deutschen Rechts übernommen.[227]

Trotz einiger Modifikationen kann allgemein gesagt werden, dass Erscheinungsform und verwendete Technik des chinesischen Rechts nach der Rechtsrezeption fast vollständig „verwestlicht" waren. Die unterschiedlichen Bereiche von Zivil-, Straf- und öffentlichem Recht wurde streng getrennt, das neue Prozessrecht wurde aufgebaut, eine institutionelle Gewaltenteilung wurde verwirklicht. Auf dieser Basis wurde das Recht in China erstmals als ein spezialisierter Bereich und ein wissenschaftliches Fachgebiet betrachtet.

III. Rechtsethik: Soziale Orientiertheit

Wie oben schon erwähnt, bestand im Bereich des westlichen Privatrechts seit der zweiten Hälfte des 19. Jahrhunderts eine neue Tendenz, nämlich die die sozialen Aspekte zu beachten und den sozialen Anspruch zu befriedigen. Unter Berücksichtigung der tiefen Schicht der Rechtskultur kann festgehalten werden, dass China letztlich die Rechtswerte aus dem westlichen Recht rezipierte, weil diese Tendenz mit der chinesischen konfuzianistischen Vorstellung gewissermaßen in Einklang gebracht wurde.

1. „Die soziale Aufgabe"

a) In Deutschland

Erst nachdem der erste Entwurf des deutschen BGB im Jahr 1887 vorgelegt worden war, wurde sofort weitgehende und anhaltende Kritik dagegen geäußert. Die bekanntesten Kritiken kamen vor allem von Otto Gierke und Anton Menger.[228] Menger, basierend auf der sozialistischen Ideologie, ging von der Perspektive aus, die ärmste Klasse der Gesellschaft sei durch das Privatrecht zu schützen, und forderte ferner die neue Orientierung des privatrechtlichen Schutzes ein.[229] Gierke

227 Im Vergleich dazu ist die Rezeption des pandektischen Systems vom japanischen Zivilrecht „unvollständig". Dazu siehe Sun, Die Rezeption der westlichen Zivilrechtswissenschaft und ihre Auswirkung im modernen China, S. 646; Manthe, Bürgerliches Recht und Bürgerliches Gesetzbuch in der VR China, 1987, S. 15.

228 Knieper, Gesetz und Geschichte, 1996, S. 27, 30; Wieacker, Privatrechtsgeschichte der Neuzeit, Göttingen, 1967, Nachdr. 1996, S. 469.

229 Knieper, Gesetz und Geschichte, 1996, S. 30 f.; Wieacker, Privatrechtsgeschichte der Neuzeit, Göttingen, 1967, Nachdr. 1996, S. 457, 470.

legte den Ausgangspunkt seines Gedankens auf die germanische Rechtstradition und schrieb das Scheitern des Entwurfs des BGB unmittelbar der Grundlage des römischen Individualismus zu.[230] Seine Schlagwörter „ein Tropfen sozialistischen Oeles“[231] und „die soziale Aufgabe des Privatrechts“[232] werden bis heute wiederholt zitiert. Die Ansätze und Grundlagen dieser kritischen Äußerungen unterschieden sich klar voneinander, jedoch verbanden sich die Gedankenlinien gewissermaßen und trafen sich in einem Punkt, nämlich beim sozialen Aspekt des modernen Privatrechts.

Allerdings sei nach der neueren Forschung von Tilmen Repgen die Kritik der herrschenden Meinung nicht zutreffend. Eigentlich wurde die soziale Dimension nicht nur von dem Gesetzgeber des BGB, sondern auch von den Normen des BGB selbst stark berücksichtigt.[233]

Doch gleich, ob das BGB in ausreichender Weise sozial sei, bedeutender ist die Tatsache, dass eine vom gesellschaftlichen Strukturwandel ausgelöste soziale Forderung im privatrechtlichen Bereich stattfand. Man kann feststellen: Seit dem 19. Jahrhundert wurde das soziale Interesse immer mehr vom Privatrecht der Welt beachtet. Das klassische privatrechtliche Regelungssystem wurde stets den aktuellen Anforderungen der Gesellschaft angepasst, was makroskopisch eine Tendenz der Sozialisierung des Privatrechts darstellt. Die am häufigsten erwähnten Beispiele umfassen: die Beschränkung der Absolutheit des Eigentumsrechts, die Relativierung der Vertragsfreiheit und die Variierung der Haftung bei eigenem Verschulden. Deutlich ist, dass die zweite Kommission von 1890 bereits bewusst eine Reihe von Änderungen hinsichtlich der sozialen Fragestellungen durchgeführt hatte, inklusive der Fürsorgepflichten der Dienstherrn (§ 617, § 618 BGB), der deliktischen Billigkeitshaftung (§ 829 BGB) und der Einführung der im Verkehr erforderlichen Sorgfalt (§ 276 BGB).[234]

---

230 Knieper, Gesetz und Geschichte, 1996, S. 32-34. Wieacker, Privatrechtsgeschichte der Neuzeit, Göttingen, 1967, Nachdr. 1996, S. 454. Repgen, Bürgerliches Gesetzbuch, in: (HRG), Band I, S. 755, www.hrgdigital.de/hrg.buergerliches_gesetzbuch.

231 Gierke, Die soziale Aufgabe des Privatrechts, Berlin, 1889, S. 13.

232 Gierke, Die soziale Aufgabe des Privatrechts, Berlin, 1889, S. 4.

233 Repgen, Die soziale Aufgabe des Privatrechts, 2001, S. 491 ff; Repgen, Bürgerliches Gesetzbuch, in: (HRG), Band I, S. 755, 758 f. www.hrgdigital.de/hrg.buergerliches_gesetzbuch.

234 Knieper, Gesetz und Geschichte, 1996, S. 35 und die Fußnoten. Weiterführend zu den Änderungen im Bereich des Deliktsrechts sei dem 19 Jahrhundert siehe Brüggemeier, Deliktsrecht, 1986, S. 69 ff; Coing, Europäisches Privatrecht, II, 1989, S. 513.

b) In der traditionellen chinesischen Rechtskultur

Diese Tendenz führte in China dazu, eine Annäherung an die traditionelle chinesische soziale Idee zu wagen. Der Kern der konfuzianischen Ethik ist Bewertung und Einordnung der Rolle des Einzelnen in der Gesellschaft, wie oben dargestellt. Der Mensch erlangt seine Identität nicht durch seine eigene Persönlichkeit, sondern vielmehr durch seine sozialen Umstände. Deswegen spielt der individuelle Assimilationsprozess in der Gesellschaft und der Gemeinschaft (Sozialisation) eine bedeutende Rolle. Die zentrale Aufgabe eines Edlen (*junzi*, 君子) sei nach der konfuzianischen Lehre, „zuerst seine Persönlichkeit zu bilden, dann das Haus zu regeln, den Staat zu ordnen und schließlich die Welt in Frieden zu bringen."[235] Das bedeutet, jeder moralische und rationale Mensch muss die Sozialisation erfolgreich durchlaufen, um seine Persönlichkeit zu verwirklichen. Die im chinesischen Recht, sowohl in den Kodifikationen als auch in den Gewohnheitsrechten, dominierenden Gedanken Familie, Gemeinschaft und Mitverantwortung können in diesem Sinne als unterschiedliche Formen einer „sozialen Aufgabe" verstanden werden.

c) Die soziale Orientiertheit durch Rechtsrezeption

In diesem Sinn hat es von der traditionellen chinesischen gemeinschaftlichen Ethik einer (formalen) ähnlichen Vorstellung, etwa wie die westliche Sozialisationsidee, als Voraussetzung bedurft.[236] In der Zeit der Rechtsrezeption wurden die frühen rezipierten individuumsorientierten Elemente und die lokalen traditionellen gemeinschaftsorientierten Elemente miteinander vermischt, was schließlich die chinesische soziale Orientiertheit erzeugte.[237] Dies ist nicht nur eine vermutete Hypothese, sondern eine historische Tatsache. Im „Protokoll zum Entwurf des Allgemeinen Teils des ZGB" (民法總則起草說明書) vom *Lifa-Yuan* wurde ausdrücklich „die Berücksichtigung des sozialen Interesses (社會公益之注重)" als eine Grundlage der Kodifikation aufgestellt:

> *Die Strömungen des Liberalismus und der Emanzipation der individuellen Freiheit fließen so schnell, (...) dass sie schon aufgeweicht sind und nicht mehr werden greifen können. Die Person ist egoistisch geworden, das soziale Interesse wird ignoriert. Die Nachteile sind offensichtlich. Darüber hinaus hat unser Volk bereits zu viel Freiheit erhalten, ist*

---

235 Siehe Fn. 57.

236 Dazu Zhang, Die Modernisierung des Zivilrechts am Anfang der Republik China, S. 159.

237 Huang, Code, Custom, and Legal Practice in China: The Qing and the Republic Compared, Stanford, 2001, S. 210; Zhang, Chinesische Rechtsgeschichte, Bd. 9, 1999, S. 642 f.

> *undiszipliniert und unorganisiert. Es muss daher so früh wie möglich Aufmerksamkeit aufgebracht werden, um die Krise zu überwinden.*[238]

In der offiziellen Aufklärung zur englischen Übersetzung des chin. ZGB wurde so argumentiert:

> *The new Chinese legislation (...) will have a deliberate social character (...) The Kuomintang doctrine does not consider men as self-contained entities, but in relation to the society which they form. It assigns to them rights and duties only in so far as the exercise of such rights and duties tends to the pacific and orderly progress of the community. (...)*[239]
>
> *(...) by embodying in it the principles of the Kuomintang the Code is given a decidedly social turn. The personal activity of the citizen is directed by the Code so that it may be most advantageous for the community to which the individual belongs. This particular feature distinguishes the new Code from the individualistic legislations of Europe and America as well as from the former Chinese legislation of the old familial type.*[240]

Zu bemerken ist, dass die Formulierung, „Die soziale Aufgabe des Privatrechts", ein Thema mit Variationen, das sowohl den Gemeinschaftsgedanken (Gierke), den Schutz des Schwächeren sowie die soziale Freiheit und den sozialpolitischen Ausgleich u. a. umfasst.[241] Die von China aufgenommene soziale Orientiertheit betrifft vor allem die Ideen, die den **Gemeinschaftsgedanken**, die **Mitverantwortung für das soziale Problem**, den **Schutz der Schwächeren** und die **Billigkeitserwägung** umfassen. Alle derartigen sozialen Ideen verkörperten sich in den rezipierten Rechtsnormen und der nachträglichen Rechtspraxis. Dies lässt sich durch zahlreiche Beispiele veranschaulichen: die Beschränkung der Rechtsausübung, davon vor allem die Ausübung des Eigentumsrechts,[242] die Objektivierung des individuellen Verschuldens,[243] die soziale billige Erwägung[244] usw. Allein durch die Untersuchung der Gerichtsentscheidungen des *Dali Yuan* und zum Inhalt des chinesischen ZGB ist zu erkennen, wie die konfuzianistische Rechtsvorstellung mit der neuen westlichen Sozialisierungstendenz im

238 Justizministerium (Hrsg.): Materialien zur Entstehungsgeschichte des Chinesischen Zivilgesetzbuchs, Band II, Taipeh, 1976, S. 382.

239 Foo, Einleitung zur engl. Übersetzung des chin. BGB S, 1930, S. xx f.

240 Hu, Vorrede zur engl. Übersetzung des chin. BGB, Shanghai, 1930, S. vi.

241 Repgen, Die soziale Aufgabe des Privatrechts, Tübingen, 2001, S. 50-123.

242 Zum chinesischen *Dian* siehe 5. Kap. I. 3. a); Huang, Code, Custom, and Legal Practice in China: The Qing and the Republic Compared, Stanford, 2001, S. 71 ff.

243 Siehe dazu unten 5. Kap. III. 1.

244 Siehe dazu unten 5. Kap. IV. 2.

Deliktsrecht in Einklang gebracht wurde. Anschließend werden zuerst einige Beispiele im chinesischen ZGB genannt.[245] Die Darstellung der weiteren Beispiele wird dann im Kapitel 5 fortsetzt.

2. Beschränkung der Rechtsausübung

Das Eigentum und die anderen subjektiven Rechte wurden vom chinesischen ZGB durch die Regelungen von jeder Perspektive aus geschützt. Allerdings hatte das ZGB, um den Missbrauch der Rechtsausübung auszuschließen, daneben auch die Bestimmungen als Beschränkung geregelt.[246]

Nach dem Vorbild der Vorschrift des § 138 a.F. BGB wurde eine Regelung zum Wucherverbot in § 74 chin. ZGB eingebracht:[247] „Das Gericht kann ein Rechtsgeschäft durch das unter der Ausbeutung der Notlage, des Leichtsinns oder der Unerfahrenheit eines anderen eine vermögenswerte Leistung bewirkt oder vereinbart wird, die nach der Sachlage zu der betreffenden Zeit offenbar unbillig ist, auf Antrag eines Interessierten aufheben oder die betreffende Leistung herabsetzen."

§ 148 chin. ZGB entsprach dem § 226 BGB (Schikaneverbot): „Die Ausübung eines Rechtes mit dem wesentlichen Zweck, einem anderen zu schaden, ist unzulässig."

§ 219 chin. ZGB: „Die Geltendmachung der Forderung und die Erfüllung der Schuld hat nach Treu und Glauben zu erfolgen."

Darüber hinaus hatte das ZGB insbesondere die Ausübung des Eigentumsrechts geregelt. § 765 chin. ZGB entsprach dem § 903 a.F. BGB: „Der Eigentümer kann innerhalb der vom Gesetz bestimmten Grenzen nach Belieben seine Sache gebrauchen, nutzen, über sie verfügen und die Einwirkungen anderer Personen ausschließen." Andere Paragrafen wie § 773 und §774 sind daneben auch gute Beispiele für Rechtsbeschränkung zum Eigentum.[248]

245 Dazu siehe Ham, Zur Rezeption des Deutschen Bürgerlichen Gesetzbuches in China, 2006 S. 181-203; Zhang, Die Chinesische Rechtsgeschichte Band 9, Beijing, 1999, S. 641-644. Der folgende Überblick (Punkte 2~3) ist vor allem dazu referenziert.

246 Vgl. Ham, Zur Rezeption des Deutschen Bürgerlichen Gesetzbuches in China, 2006, S. 195; Zhang, Chinesische Rechtsgeschichte, Bd. 9, 1999, S. 644.

247 Foo, Einleitung zur engl. Übersetzung des chin. BGB S, 1930, S. xxii.

248 Zhang, Chinesische Rechtsgeschichte, Bd. 9, 1999, S. 642 f.

3. Schutz der Schwächeren

In der konfuzianistischen Lehre gibt es einen wichtigen Spruch: „sich um die Armen zu kümmern, den Schwächeren zu helfen" (扶貧濟弱 *fupin jiruo*)". Nach dem Konfuzianismus ist das „Gefühl des Mitleids" (*ceyin zhixin*, 惻隱之心),[249] eine der wichtigsten *ren*-Tugenden. Davon ausgehend soll ein Mensch sich um den anderen, besonders den Schwächeren kümmern. Das wird in der traditionellen chinesischen Politikwissenschaft als ein entbehrlicher Teil des „Königswegs" (*wangdao* 王道) betrachtet. Diese von den Chinesen hochgeschätzte Vorstellung stellt sich der westlichen Sozialpsyche aber nicht entgegen. In der Ethik kann diese *ceyin zhixin* Ähnlichkeit mit der „Nächstenliebe" in der christlichen Kultur finden, was eine gewisse allgemeingültige Charakteristik widerspiegelt. In diesem Zusammenhang ist ein Einklang zwischen der Vorstellung und dem modernen zivilrechtlichen Trend zu vermuten.

Angesichts des in China am Anfang des 20 Jahrhunderts üblichen Wirtschaftslebens waren die wirtschaftlich Schwächeren in erster Linie die Schuldner. Im Japanischen ZGB wurde „Obligationsrecht" (*zhai-quan* 債權) als der Titel für das zweite Buch gewählt, was im ersten Entwurf nachgeahmt wurde. Im zweiten Entwurf wurde dies zu „Obligationen" gekürzt, weil der Gesetzgeber der Meinung war, dass die Bezeichnung von „Obligationsrecht" zu viel Interesse auf die Gläubiger lege. Mit dem Titel „Obligationen" hingegen werde angedeutet, dass das Recht nicht nur das Interesse des Gläubigers, sondern auch des Schuldners schützt.[250] Darüber hinaus wurde im chinesischen ZGB eine Reihe von den Normen geregelt, die besonders schuldnerfreundlich sind. Hierzu seien drei Beispiele im Schuldrecht genannt:

a) Berücksichtigung für den Lebensunterhalt des Schadensersatzpflichtigen

Im § 218 chin. ZGB wurde geregelt: „Das Gericht kann den Betrag des Schadensersatzes herabsetzen, wenn der Schaden weder vorsätzlich noch durch grobe Fahrlässigkeit verursacht ist und die Ersatzleistung den Lebensunterhalt des Schadensersatzpflichtigen schwer beeinträchtigen würde". Demzufolge muss der Richter bei der Festlegung der Rechtsfolgen nicht nur das Ausmaß des

---

249 „Das Gefühl des Mitleids ist allen Menschen eigen" (惻隱之心, 人皆有之) in: Mengzi (孟子), Buch VI: Gaozi (告子), Abschnitt A. 6. Deutsche Übersetzung von Wilhelm, Die Lehren des Konfuzius, Frankfurt, 2008, S. 986 f.

250 Siehe Pan, Die chinesische Zivilrechtsgeschichte, 1982 Taipei, S. 4 f.; Hu, Allgemeiner Teil des chinesischen ZGB, Nachdr. Beijing, 1997, S. 21.

Verschuldens im Streitfall, sondern auch die wirtschaftliche Lage des Schuldners, nämlich die Elemente außerhalb des Streitfalls erwägen.[251]

b) Haftung je nach Umständen

§ 220 chin. ZGB: „(1) Der Schuldner haftet für vorsätzliche und fahrlässige Handlungen. (2) Die Haftung für Verschulden ist je nach den Umständen des Falles leicht oder schwer; wenn in einem Falle der Schuldner keinen Vorteil hat, so tritt die leichte Haftung ein." Im Vergleich zum deutschen Recht (§ 276 BGB) wurde die Haftung des Schuldners gemäß § 220 chin. ZGB stärker von dem einzelnen Umstand des Falles bestimmt.[252] Hinzu kommt, dass ein Schuldner ohne Gewinn sogar vermindert in Haftung genommen werden kann. Im Vergleich zum deutschen BGB gewährt diese Regelung dem Schuldner offensichtlich mehr Schutz vor den Forderungen des Gläubigers.[253]

c) Teilleistung

§ 318 chin. ZGB: „ (1) Der Schuldner ist zur Teilerfüllung nicht berechtigt. Das Gericht kann aber dem Schuldner unter Berücksichtigung seiner Lage Teilleistungen oder Erfüllungsaufschub für eine angemessene Frist gewähren, durch die der Gläubiger nicht übermäßig benachteiligt wird. (2) Ist die Leistung unteilbar, so kann das Gericht gemäß der Ausnahmevorschrift des vorhergehenden Absatzes Erfüllungsaufschub gewähren." Diese Regelung erlaubte offensichtlich einen viel größeren Spielraum zugunsten des Schuldners als das deutsche Vorbild (§ 266 BGB). Der Schuldner war dadurch sogar berechtigt, sich einem pünktlichen Nachkommen der Leistung zu entziehen.[254]

Zusätzlich zu den hier erwähnten Beispielen gibt es noch mehr Bestimmungen im chinesischen ZGB, die die Idee, den Schwächeren zu schützen, enthalten, z. B. das *dian* im Sachenrecht und das Mitverschulden des Beschädigten im Deliktsrecht, die beide im folgenden Kapitel der vorliegenden Arbeit ausführlich zu erläutern sind. In diesem Sinne war das im chinesischen ZGB regulierte *dian*-Recht (§§ 911 ff.) nicht nur eine Regelung zur Beschränkung der Macht des

---

251 Ham, Zur Rezeption des Deutschen Bürgerlichen Gesetzbuches in China, 2006, S. 196; Zhang, Chinesische Rechtsgeschichte, Bd. 9, 1999, S. 644.

252 Ham, Zur Rezeption des Deutschen Bürgerlichen Gesetzbuches in China, 2006, S. 195 f; Zhang, Chinesische Rechtsgeschichte, Bd. 9, 1999, S. 644.

253 Ham, Zur Rezeption des Deutschen Bürgerlichen Gesetzbuches in China, 2006, S. 196.

254 Ham, Zur Rezeption des Deutschen Bürgerlichen Gesetzbuches in China, 2006, S. 196 f; Zhang, Chinesische Rechtsgeschichte, Bd. 9, 1999, S. 644.

Eigentums, sondern auch des Schutzes der Schwächeren und Armen.[255] In den Regelungen über Mitverschulden wurde der wirtschaftlichen Lage des Schädigers viel Aufmerksamkeit beigemessen, was auch eine Erweiterung im Vergleich zum BGB war.[256]

Durch diesen Einklang konnten die westlichen Rechtswerte in China integriert, die traditionellen chinesischen Werte in neuer Form bewahrt werden und die beiden weiterhin friedlich koexistierten.

255 Näheres hierzu siehe weiter unten, 5. Kap. I. 3. A.

256 Näheres hierzu siehe weiter unten, 5. Kap. III. 3.

Kapitel 5: Konkrete Analyse der Rezeption II: Normative Ebene

I. Subjektives Recht

1. Vom Gemeinwohl zum Schutz der subjektiven Rechte

Es ist deutlich, dass der Begriff „Recht" eine grundlegende Funktion in der westlichen Kultur erfüllt, allerdings ist zu beachten, dass „Recht" keine Tatsache im soziologischen oder geschichtlichen Sinne ist, sondern eher eine Wertanschauung, die auf einem gewissen kulturellen Standpunkt basiert. Ein Beweis hierfür sei: In China war der Begriff sogar bis Ende des 19. Jahrhunderts noch fremd.

Vor der Rechtsreform in China war zwar der Begriff *fa* (法) seit langem in Gebrauch - er stand später im Chinesischen für den westlichen Terminus Recht -, dennoch hatte *fa* keine Bedeutung in Bezug auf „Rechtsverletzung" oder „Rechtsschutz", sondern wies lediglich auf die Handlung der „Rechtswidrigkeit" hin. *Fa* entspricht in diesem Sinn nur den strafrechtlichen und verwaltungsrechtlichen Ordnungen. Aus der konfuzianistischen Vorstellung ist die Funktion der staatlichen Rechtsverordnungen hauptsächlich als Vorbeugung, Strafe und sogar Abschreckung, und somit nicht als Schutzmittel der individuellen Privatrechte zu verstehen. Das Rechtssystem ist dementsprechend sehr stark von der Einwirkung auf die Gesellschaft und der Bewertung seitens der Gesellschaft abhängig. Der Norm entsprechen nur die Fälle, die mit vergleichsweise starker sozialer Einwirkung oder bedeutenden sozialen Erkenntnissen einhergehen, sie sollten durch die normativen Ordnungen, also *fa*, reguliert werden. Demnach liegen die oftmals als geringfügig betrachteten zivilrechtlichen Fälle nicht im Anwendungsbereich der *fa*, sondern können allein durch das gute Gewissen und die Erfahrung des Richters gelöst werden.[257] Diese Vorstellung hat die Verhaltens- und Denkweise des chinesischen Richters so grundlegend beeinflusst, dass sie sogar bis zur Rechtsrezeption noch ihren Zweck erfüllte.

Eine Betrachtung des folgenden Beispiels aus dem Jahr 1914 verdeutlicht diese These.[258] Der Sachverhalt: Bei einem Schiffbruch wurde mit dem Gepäck eines Passagiers infolge eines Fehlurteils des Kapitäns unsachgemäß umgegangen,

---

257 Liang, Die Suche nach der Harmonie in der natürlichen Ordnung, Beijing, 1997, S. 248.

258 Entscheidungssammlung des Dali Yuan in Zivilsachen, 1914 (3). B. 733. (大理院三年上字第七三三号判例).

was eine Eigentumsverletzung verursachte. Der damaligen sittlichen Ordnung zufolge musste der Kapitän trotz Vorsatz oder grober Fahrlässigkeit nicht für den Schaden aufkommen. Die Richter wollten bei dieser Gelegenheit durch ein neues Urteil diese veraltete sittliche Ordnung ändern, um damit ein neues Risikoverteilungssystem zu fundieren. Auffällig war die Begründung des Urteils:

衡諸近代民法‘過失原理’，有損害之過失及損害結果，侵權行爲人就應負損害賠償責任。	*Nach dem Prinzip des Verschuldens ist der Schädiger wegen seiner Fahrlässigkeit und der Verletzung zum Schadensersatz verpflichtet.*
……舊習慣對于運送人過于保障，而輕忽乘客或受托人的權利，此舉無异鼓勵船長貪利而爲過重之積載或過量拖帶……	*(…) Die sittliche Ordnung ist zu stark zugunsten der Transportunternehmen angelegt, was nicht mit der modernen Tendenz zusammenpasst. Wenn die Transportunternehmen derart geschützt würden, wäre die Gefahr zu groß, dass der Kapitän vorsätzlich rechtswidrig zu viel transportiert, um mehr Profit zu erzielen (…).*

In dieser Entscheidung ist die Begründung der Anspruchsgrundlage sehr abstrakt, kurz und formal gehalten, das verletzte Recht wurde kaum erwähnt. Obwohl der Geschädigte den Schadensersatz schließlich von dem Schädiger erhalten hat, wurde sein betroffenes Recht tatsächlich nicht ernsthaft berücksichtigt, sondern eher als Nebensache betrachtet. Die Richter konzentrierten sich vielmehr auf die folgende Argumentation über einen möglichen Nachteil und die Ausrichtung an einer politischen Strategie. Entsprechend wurde, ungeachtet der Anwendung des Verschuldensprinzips, die zugrunde liegende Vorstellung der persönlichen Haftung nicht in ihrem ganzen Ausmaß verstanden. Das Prinzip der Verschuldung diente hier nur als formaler Anlass für die weitere Argumentation.

Der Mitgründer des Entwurfs des chinesischen ZGB, Jean Escarra, hat bereits darauf hingewiesen, dass sich privates Recht im westlichen Sinn in China bis ins 19. Jh. nicht entwickelte; es gab keine subjektiven Rechte, sondern nur eine Reihe von Pflichten und strafrechtlichen Sanktionen.[259]

Wie schon erwähnt, ist das subjektive Recht in China nur mühsam nachzuvollziehen, weil die moralische Funktion des subjektiven Privatrechts von den anderen Elementen analogisch ersetzt wurde. Die Bedeutsamkeit des subjektiven Privatrechts verbindet sich im abendländischen Kontext in erster Linie mit der persönlichen Entwicklung und freien Entfaltung, die mit der Aufklärung und

259 Escarra, Chinese Law, in: Seligman/Johnson (Hrsg.), Encyclopedia of the Social Sciences, 1930, London, Vol. 9, S. 252.

der kantischen Ethik bewusst eingeführt wurden. Im Gegensatz dazu entfaltet sich nach der konfuzianischen Ethik die Person nicht aus ihrer eigenen privaten Freiheit, sondern vielmehr aus ihren sozialen Verhältnissen. Anders gesagt, die ethische Funktion des Konzepts subjektives Recht wird in China von den konfuzianistischen Elementen ersetzt. Der konfuzianistische Gedanke bildete eine derart stabile Ideologie, dass er die Akzeptanz der westlichen Rechtsvorstellung und der Rechtsnormenrezeption verhindert hat.

Infolgedessen konnte die ideelle Aufnahme des subjektiven Rechts, ungeachtet der Verwendung des Begriffs subjektives Recht seit Beginn der Rechtsrezeption, in der Tat bis heute nicht vollständig zum Abschluss kommen.

2. Rechtsmissbrauchsverbot

Die Darstellung der Rezeptionslage über subjektives Recht kann auch über eine Betrachtung der „Kehrseite", nämlich der Ordnung über das Rechtsmissbrauchsverbot, vervollständigt werden.

Die Regelung des Rechtsmissbrauchs hat eine lange Geschichte, ihr Anfang liegt im römischen Recht (*exceptio doli*).[260] Im deutschen BGB reguliert dies neben dem § 242 (Treu und Glauben) der § 226 (Schikaneverbot): „Die Ausübung eines Rechts ist unzulässig, wenn sie nur den Zweck haben kann, einem anderen Schaden zuzufügen." Im heutigen deutschen Recht sind Rechtsmissbrauch und unzulässige Rechtsausübung miteinander verwoben und finden in den § 242 und § 826 nebeneinander ihre Anwendung.[261] Das schweizerische ZGB geht einen Schritt weiter, indem es die beiden Prinzipien (Treu und Glauben und Schikaneverbot) in einem Artikel (Art. 2, Abs. 1 und Abs. 2) zusammenführt.

Auch China hat in der Rezeptionszeit dieses Prinzip aufgenommen.[262] Weil der Ausdruck „Treu" und „Glauben" und die Idee, das individuelle Recht zu beschränken, gut zur traditionellen chinesischen Vorstellung passen, stellte dies von Anfang an sowohl im akademischen als auch im legislativen Bereich einen sehr positiven Zustand dar. Allerdings wurde im Gegensatz zur reich frequentierten Aufnahme in der Gesetzgebungsrezeption dieser Norm im praktischen Bereich erstaunlicherweise deutlich weniger Beachtung geschenkt. Durch die

260 Deutsch/Ahrens, Deliktsrecht, 2014, Rn. 320.

261 Deutsch/Ahrens, Deliktsrecht, 2014, Rn. 320.

262 § 148 chin. ZGB: „Die Ausübung eines Rechtes mit dem wesentlichen Zweck, einem anderen zu schaden, ist unzulässig."

Statistik zu den Entscheidungen im *Dali Yuan* und OGH ergeben sich zwei Ergebnisse:

1. Die Anwendung der Norm Rechtsmissbrauchsverbot war selten zu sehen.[263]
2. Die Kriterien über Rechtsmissbrauch waren oft entweder unklar oder umstritten.[264]

Freilich ist dieses Ergebnis mühelos nachzuvollziehen. Der ursprüngliche Zweck der Prinzipien Rechtsmissbrauchsverbot und Treu und Glauben liegt darin, das Privatrecht zu beschränken. Anders formuliert, diese Ordnungen sollen angewendet werden, wenn das Recht nicht „zu wenig", sondern „zu viel" bemüht wird. Aber in der Zeit der Republik China kann nach der Ansicht von Wang Boqi „nicht einmal jener, der das Recht verletzt, sein eigenes Recht erfassen, wie kann er dann den Rechtsmissbrauch von anderen erkennen?" „Wenn man den Rechtsmissbrauch von anderen nicht erkennt, kann man selbstverständlich auch nicht seinen eigenen Rechtsmissbrauch aufnehmen."[265] Die Anwendungslage der Norm Rechtsmissbrauchsverbot verdeutlicht aus einem anderen Aspekt die Schwierigkeit, subjektives Recht zu rezipieren.

3. Die „Verrechtlichung" der traditionellen Ordnung

Im Großen und Ganzen hat China die Vorstellung des subjektiven Rechts und das darauf aufgebaute System übernommen, allerdings nicht ohne Änderungen. Im Rezeptionsvorgang wurden die traditionellen Rechtselemente auch von dem neuen Rechtssystem ausgewählt, rekonstruiert, ausgesondert, „verrechtlicht" oder „entrechtlicht". Dazu seien die folgenden Beispiele von „*dian*" und „*ye*" genannt.

a) Das als Recht anerkannte „dian" (典)

Das neue chinesische Zivilrecht am Anfang des 20. Jahrhunderts kann beinahe als „Abschied von der Tradition"[266] aufgefasst werden, dennoch konnten sich einige alte Gewohnheitsrechte infolge des wiedergeborenen Selbstbewusstseins

263 Die Statistik umfasst die Entscheidungen im Dali Yuan und OGH von 1927 bis 1951. Vgl. Wang, Modernes Rechtsdenken und alte chinesische Kultur, Taipeh, 1956; Nachdr. Beijing, 2005, S. 57.

264 Yao, Herstellung und Reform der zivilrechtlichen Urteile in der 3. Instanz, S. 69.

265 Wang, Modernes Rechtsdenken und alte chinesische Kultur, Taipeh, 1956; Nachdr. Beijing, S. 57.

266 Weggel, Chinesische Rechtsgeschichte, S. 247.

hinüberretten. Das *dian* (典), ein traditionelles chinesisches Nutzpfand, wurde als Recht in den Vorschriften § 911 – § 927 des chin. ZGB geregelt. Die wichtigsten Tatbestände des Dian finden sich in den § 911 – § 913.

§ 911: „Antichrese[267] [*Dian*] ist das Recht, gegen Zahlung einer Pfandsumme eine fremde unbewegliche Sache in Besitz zu nehmen, sie zu gebrauchen und ihre Erträge zu gewinnen."

§ 913: „Ist eine Dauer von weniger als 15 Jahren für die Antichrese vereinbart, so ist die Abrede unzulässig, dass die verpfändete Sache für den Fall der Nichteinlösung innerhalb der Frist unwiderruflich verkauft ist."

§ 915: „Während der Dauer der Antichrese kann der Gläubiger der Antichrese an der Pfandsache einem anderen eine weitere Antichrese bestellen oder sie vermieten."

Im traditionellen China war das Grundeigentum prinzipiell unveräußerlich. Dieses Verbot räumte der *dian*-Regelung die Funktion als flexiblen Kompromiss oder als Notlösung ein. Der Eigentümer behielt sich neben der Übertragung des Grundstücks immer ein Wiederkaufsrecht vor. Dies erlaubte dem Eigentümer im Notfall eine Veräußerung, während der Gläubiger die Berechtigung auf Besitz, zur Nutzung und sogar zur Weiterübertragung des Grundstücks erhielt.[268]

Dian war eine typische chinesische Besonderheit. Es ist schon seit der Song-Dynastie (10. Jh.) im Kodex festgeschrieben. Die Regulierung im chinesischen ZGB stammt aus dem Qing-Kodex, wurde allerdings reformiert.

Die Hauptfunktion des *dian* im traditionellen chinesischen Recht war der Schutz der Schwachen und Armen, die ihr Grundeigentum zur Sicherung des Lebensunterhalts verkaufen mussten. Nach dem Konfuzianismus ist der Verkauf des Familienvermögens, insbesondere des Grundstücks, unmoralisch. Die dem Konfuzianismus ergebene traditionelle chinesische Gesellschaft hatte kein Interesse an Profit oder Investment, sondern nur an dem Schutz des Vorhandenen, also an der „Verehrung der Ahnen und an der Bewahrung des Familienvermögens„(*jinzu shouye* 敬祖守業). Die Veräußerung des vorhandenen Vermögens sei daher nur ein Zeichen des Familien-Untergangs. Allerdings ergab sich in der Realität immer wieder das Bedürfnis einer Veräußerung infolge eines Notfalls. In dieser Situation entwickelte sich eine kompromissfreundliche Lösung: Der *de facto*-Verkauf des Grundstücks erlaubte stets das Wiederkaufsrecht.

267 *Dian* wird von Bünger mit „Antichrese" übersetzt, siehe Bünger, Zivil- und Handelsgesetzbuch sowie Wechsel- und Scheckgesetz von China, 1934, S. 236.

268 Bünger, Zivil- und Handelsgesetzbuch sowie Wechsel- und Scheckgesetz von China, 1934, S. 72 f.

Der Verkaufende konnte seine vorübergehende Notlage durch Geldbeschaffung mildern und zugleich die ethische Kritik der öffentlichen Meinung ersticken.[269]

Dian hat in der chinesischen Geschichte eine bedeutende wirtschaftliche und ethische Funktion erfüllt. Aber bis zum Ende der Qing-Dynastie vertraten die Rechtsreformer die Auffassung, dass das *dian* dem westlichen Nutzpfandrecht an unbeweglichen Sachen weitgehend entsprechen sollte, und regulierten deswegen nur das Nutzungspfand als Pfandrecht im ersten Entwurf.[270] Das eigentümliche *dian* wurde vom Entwurf ausgenommen.[271] Die Entscheidungen des *Dali Yuan* in den 1920er Jahren interpretieren *dian* ausdrücklich als Nutzpfandrecht an unbeweglichen Sachen.[272] Im zweiten Entwurf wurde das *dian*-Recht neben dem Nutzpfandrecht an unbeweglichen Sachen erstmals separat reguliert, aber die Regulierungsmotive und der dogmatische Unterschied dazwischen wurden nicht erklärt. Es war immerhin schon klar, dass *dian* wegen seiner Sonderfunktion für die chinesische Gesellschaft nicht einfach vom Rechtssystem ignoriert werden konnte. Schließlich hat das chinesische ZGB 1930 einen Abschnitt mit dem Titel „*dian*-Recht" reguliert.

Die erneute Regulierung des *dian*s hat eine immense historische Bedeutung. Der Ursprung und die Entwicklung des *dian*s hängen sehr stark vom besonderen geschichtlichen und kulturellen Hintergrund ab. „*Dian*" an sich ist schon ein rechtskulturelles Phänomen.[273] Die Neuauflage und die Verrechtlichung der traditionellen Regulierungen sind ein Zeichen, dass die chinesische Rechtsrezeption wieder vom nationalen Selbstbewusstsein beeinflusst werde. Das

269 Huang, Code, Custom, and Legal Practice in China, Stanford, 2001, S. 71.

270 Das Nutzpfandrecht an unbeweglichen Sachen wurde nicht vom deutschen BGB, aber im japanischen ZGB (不動産質権, § 356 ~ § 361 des japanischen ZGB) nach dem Vorbild *Code civil* (*l'antichrèse*, Art. 2085~2091 *Code civil*) geregelt. Der erste chinesische Entwurf hat die Regulierung vom japanischen ZGB übernommen.

271 Für den dogmatischen Vergleich zwischen *dian* und Nutzpfandrecht an unbeweglichen Sachen siehe Zhang, Vergleich zwischen dem *dian*-Recht und dem Nutzpfandrecht an unbeweglichen Sachen, in: China Law Journal, Taipeh, Vol. 12-3, 1967, S. 24-31; Mi, Eine vergleichende Forschung über *dian* mit dem deutschen Nutzungspfand und dem italienischen Antichrese, in: Tribune of Political Science and Law, Beijing, Vol. 4. 2001, S. 62 ff; Liu (u.a.), *Dian, Chuanshi* und Nutzpfandrecht an unbeweglichen Sachen und die Notwendigkeit der Regulierung des *dian* im chinesischen Sachenrecht, in: Chinesisches und Japanisches Zivilrecht, Beijing, 2006-4, S. 95 ff.

272 Entscheidungssammlung des Dali Yuan in Zivilsachen, 1915 (4). V. 226. (大理院四年统字第二二六号)

273 Mi, Eine vergleichende Forschung über *dian*, 2001, S. 62 ff.

„*dian*-Recht" und nicht „*dian*" zeigen den Versuch, eine Balance zwischen den allgemeingültigen Werten und den lokalen Werten zu finden.

Im offiziellen Dokument „Prinzipien der Sachenrechtsgesetzgebung" kann folgende Erklärung gefunden werden:

> *In der chinesischen Gewohnheit gibt es kein Nutzpfandrecht an unbeweglichen Sachen, sondern nur dian mit unterschiedlicher Eigenschaft. (…) Im Vergleich zum Nutzpfandrecht an unbeweglichen Sachen ist das dian-Recht offensichtlich vorteilhaft. Die Gründe sind:*
>
> *(1) Der Schuldner des dians (der Grundstückseigentümer) ist normalerweise der wirtschaftlich Schwächere. Wenn der Preis der Pfandsache sinkt, ist der Schuldner berechtigt, auf sein Wiederkaufsrecht zu verzichten, um die Leistung der erhöhten Zahlung des Ergänzungsbetrages zu vermeiden. Das sei mit der moralischen chinesischen Vorstellung „sich um die Armen zu kümmern, den Schwächeren zu helfen" (扶貧濟弱 fupin jiruo) in Übereinstimmung zu bringen.*
>
> *(2) Da das Auktionsverfahren nicht kostengünstig ist und der Gläubiger die antichretische Sache schon seit langem nutzt, ist die Lösung, nach der der Gläubiger der Antichrese gegen Zahlung eines zeitgemäßen Ergänzungsbetrages das Eigentum an der antichretischen Sache erwirbt, am günstigsten.*[274]

Neben dem zweiten Grund (utilitaristisches Argument) ist der erste Grund, also das ethische Argument, besonders bemerkenswert. Die von dem Gesetzgeber betonte Idee, „den Schwächeren zu helfen", ist ein typischer konfuzianistischer Gedankengang, der sich jedoch der westlichen Kultur nicht entgegenstellt. Wie in Kapitel VI, Abschnitt 3 diskutiert, besteht eine Reminiszenz zwischen der chinesischen Vorstellung der Sozialberechtigung und dem modernen westlichen zivilrechtlichen Trend. Durch diesen Anklang kann der alte chinesische positive Wert im rezipierten Rechtssystem bewahrt werden.

Was bedeutender ist, die Rechtsreformer haben hier die „Ahnenverehrung und Bewahrung des Familienvermögens" mit keiner Silbe erwähnt. Die chinesische Agrarwirtschaft und die agrarwirtschaftliche Gesellschaft brachen allmählich zusammen. So bestand die Grundlage der Ethik, „Ahnenverehrung und Bewahrung des Familienvermögens", nicht mehr.[275] (Dieser Trend wird unter dem nächsten Titel „*ye*" verdeutlicht.) Auf der anderen Seite lag der Schwerpunkt der neuen *dian*-Regelungen schon nicht mehr im Wiederkaufsrecht

---

274 Gesetzgebungsgrundsätze zum Sachenrecht (民法物權編立法原則): Nr. 202 Beschluss der zentralen politischen Sitzung KMT (中央政治會議第二百零二次會議議决), Nanjing, 1929.

275 Mi, Eine vergleichende Forschung über *dian* mit dem deutschen Nutzungspfand und dem italienischen Antichrese, 2001, S. 62 ff.

des Schuldners, sondern in der Freiwilligkeit des Schuldners – durch die Entscheidung, Ausübung oder den Verzicht des Rechts, sein eigenes Interesse zu optimieren. Hier war die ökonomische Hypothese nicht mehr das niedrige marktwirtschaftliche Niveau und die stabilen Grundstückspreise, sondern gerade die veränderliche Marktgesellschaft. Die traditionelle Rechtsordnung hat durch die Rechtsrezeption und die bewusste Umstellung ihre neue Funktion in der neuen Zeit gefunden.

b) Das nicht als Recht betrachtete „ye" (業)

Im traditionellen chinesischen Recht gab es keinen Begriff wie Eigentum und das privatrechtliche Vermögensrecht, sondern nur die Vorstellung des Familienvermögens; es gab keine Vorstellung über die Absolutheit des Sachenrechts, sondern nur über die Mitbenutzung der Familiensachen.[276] Das zeigt sich in dem Konzept „*ye*" (業).

Der Begriff *ye* bezeichnet nicht nur das gemeinschaftliche Vermögen, sondern auch „Management" und „Geschäft" im weiteren Sinne. Infolge der positiven Funktion für Familien wurde die Wichtigkeit des *ye* in der konfuzianistischen Kultur hoch gewertet. „Der Edle sorgt dafür, eine Grundlage (*ye*), auf der sich aufbauen läßt, zu schaffen und sie seinen Nachkommen zu hinterlassen." (君子創業垂統，爲可繼也)[277]

Bis zum Ende der Qing-Dynastie umfasste *ye* nicht nur Familiengemeinschaften, sondern auch andere Organisationen wie Geheimbünde. Nach der traditionellen Gewohnheit war die private Gewalt als Selbstverteidigungsmittel für das gemeinschaftliche *ye* (守業) erlaubt. *Ye* betraf insbesondere den wirtschaftlichen Bereich, für den die Selbstvollstreckung und die Selbstjustiz keine Ausnahme, sondern das Hauptmittel darstellten. Schiffer und Hafenarbeiter hatten zum Beispiel ihre eigenen Arbeitsgebiete, die nicht offiziell von der Rechtsvorschrift reguliert wurden, sondern nach Gewohnheit und Selbsthilfe. Die Streitigkeiten wurden dann auch meistens durch außergerichtliche Mediation gelöst. Der Begriff *ye* ist eng mit dem konfuzianistischen Grundgedanken der inneren Kontrolle verbunden.

Allerdings war die auf dem Konzept *ye* basierende Gewohnheit in der Rechtsreformzeit zu einer Bedrohung geworden. In den Gerichtsentscheidungen der

276 Zhang, Die Modernisierung des Zivilrechts am Anfang der Republik China, 2002, S. 130.

277 Mengzi (孟子). Deutsche Übersetzung von Wilhelm, Die Lehren des Konfuzius, Frankfurt, 2008, S. 735.

Republik China ist deutlich eine negative Einstellung gegenüber der alten Gewohnheit zu erkennen. Im Folgenden wird ein Auszug einer Gerichtsentscheidung angeführt[278]:

本件原告所主張對系爭碼頭有水上停泊權，系基于歷代相沿均有獨占使用之事實，查是項相沿習慣，即令存在，是否爲權利關係外之社會他人所認識，已屬可疑，且查是項基于習慣的碼頭獨占權利幷無代表國家之政府所承認，更無根據其現存事實而予以備案或登記，爲兩造不爭之事實，是該項習慣之存在，幷無國家或社會之普認，乃援爲私法上權利之根據，已屬未當，且私法上權利之存在，系向有權利基據或所有爲合法之取得或設定始爲有據，而公法上權利……其有獨占性質之權利應爲國家所許可或給與，始得爲合法行使之根據。查本件系爭碼頭之停泊權，兩造均未于政府主管機關爲權利之登記備案，或受有獨占之許可，爲兩造共認之事實，而河流水面應屬國家所有，人民本于公民身份應均有使用之權，猶之陸地通行權利不受防害亦無獨占之情形相若。……

Der Kläger behauptete, dass er sein exklusives Recht an dem Liegeplatz seit jeher nach Gewohnheit vom tatsächlichen Eigentümer erworben hat. Allerdings ist es fraglich, ob dies Dritten in der Gesellschaft bekannt ist. Der Anspruch des Klägers an dem Liegeplatz kann keine Anerkennung von der Regierung als Vertretung des Staates finden. Ebenso wenig ist der Besitz in die Registrierstelle oder in die Akten eingetragen. Die Gewohnheit ist nicht vom Staat und der Gesellschaft allgemein anerkannt, deswegen kann sie nicht als Grund des Anspruchs gelten. Ein subjektives Recht im Privatrecht setzt einen rechtmäßigen Grund oder einen berechtigten Erwerb voraus; für ein Recht im öffentlichen Recht … ist eine Anerkennung oder eine Gewährung vom Staat erforderlich. Weil der vom Kläger in Anspruch genommene Besitz weder in der offiziellen Stelle eingetragen noch durch eine Anerkennung vom Staat bestätigt wurde, steht der Liegeplatz jedem als Staatseigentum zur Verfügung, wie der Straßenverkehr im öffentlichen Bereich (…).

Aus Sicht des Richters war der Besitz des Liegeplatzes ohne staatliche Berechtigung unrechtmäßig. In die Entscheidungsgründe wurden zuerst das Verhältnis zwischen dem Recht am Liegeplatz und dem Gewohnheitsrecht, und dann der Basis des Rechts im privaten und öffentlichen Recht behandelt. Das entscheidende Argument war der Einsatz des Staates, die sich in den Schlüsselwörtern „Staatseigentum" und „staatliche Berechtigung" verankern. Die Tendenz, die private Konfliktlösung zurückzuhalten und die staatliche Vermittlung hervorzuheben, lässt sich an einem anderen Fall klarer verdeutlichen:[279]

278 Gerichtsentscheidungen in Zivilsachen vom Gericht Hankou, Provinz Wuhan, (湖北汉口地方法院民事判决), 1948.10. LS105-2-22116.

279 Entscheidungssammlung des Dali Yuan in Zivilsachen, 1916 (5). BA. 24. (大理院五年私訴上字第二十四號判例).

查本案上告人在華容縣屬鯉魚市夥開福順雜貨店，于店後瀕河基地圍以竹籬，添修倉屋研房等項，嗣因被上告人族人聲稱該基地爲族中遺産，遂于民國三年陰曆九月間，糾衆將福順店竹籬拆毀，并損壞籬內倉屋研房，……上告人亦在原審提起附帶私訴，請令被上告族衆賠償損害……查現行法例：「因共同侵權行爲加害于他人，而不能知孰加害者，應同負賠償之義務。其幫助或教唆者，應視爲共同侵權行爲。」……姑無論該地基究爲何人所有，縱令確系被上告人族中之遺業，但既由上告人築籬建屋，公然占用，亦應訴諸公力予以排除，豈容遽行糾合族衆擅予拆毀，即被上告人族衆參與此項侵權行爲者，依法不能不負賠償之責。

Der Kläger hatte einen Laden beim Fischmarkt im Huarong-Kreis eröffnet. Er hatte dann hinter dem Laden entlang dem Fluss Zäune und Häuschen aufgebaut. Die Beklagten waren der Meinung, dass das bezogene Grundstück zur Erbschaft ihrer Familien gehören soll. Die Beklagten hatten sich im 3. Jahr der Republik (1914) mit anderen zusammengeschossen, um die Zäune und die Häuschen des Klägers abzubauen. (…) Der Kläger nimmt gegenüber den Beklagten das Recht auf Schadensersatz über eine Straftat in Anspruch. (…) Nach dem geltenden Recht „haben mehrere durch eine gemeinschaftlich begangene unerlaubte Handlung einen Schaden verursacht, so ist jeder für den Gesamtschaden verantwortlich. Das gleiche gilt, wenn nicht festgestellt werden kann, wer von mehreren Tätern einen Schaden verursacht hat. Anstifter und Gehilfen gelten als Mittäter.“ (…) Es ist noch nicht über die Zugehörigkeit des Grundstücks zu disputieren. Auch wenn das Grundstück wirklich das Familienvermögen als ye-Erbe der Beklagten wäre, sollten die Beklagten angesichts der Situation, dass der Kläger schon durch Einrichtungen das Grundstück in Besitz genommen hat, nur durch staatliche Machtmittel ihren Anspruch realisieren. Wie dürfen die Beklagten (Familienmitglieder) eigenmächtig die Einrichtungen deinstallieren? Die Beklagten seien wegen der deliktischen Verletzungshandlung zum Schadensersatz verpflichtet.

Diese bis dahin ungewöhnlichen Rechtsprechungen entsprachen der immer stärker gewordenen etatistischen Tendenz in der Neuzeit; Schaden nahm jedoch die traditionell von den Gewohnheiten und den außergerichtlichen Mediationen garantierte „innere Kontrolle“. Der private Konflikt durfte von da an lediglich über die von der staatlichen Autorität anerkannten Mechanismen gelöst werden. Darin fand das staatliche Gewaltmonopol Anerkennung. Der Untergang von *ye* war ein Zeichen: Es war einerseits das Finale des Zusammenbruchs von der Kollektivwirtschaft und der kleinbäuerlichen Geisteshaltung (wie *jingzu shouye*) und andererseits das Vorspiel der modernen auf der staatlichen Gewalt basierenden wirtschaftlichen und juristischen Ideologie.

II. Status- und rollenbezogene Haftung

Im traditionellen chinesischen Recht war die Rechtsstellung des Rechtssubjekts seit jeher stark von seinem sozialen Status und seiner sozialen Position abhängig.

Nach einer mehrjährigen Rechtsrezeption wurde das alte auf dem persönlichen Status basierende Rechtssystem zum großen Teil abgelehnt. Aber die traditionelle Vorstellung und Moral über Statusdifferenzierung überdauerte noch längere Zeit. Die alte Vorstellung floss mehr oder weniger in die Rechtsrezeption und Rekonstruktion ein. Das Familienrecht ist eines der Bereiche, in denen von der Rechtsrezeption am deutlichsten eingegriffen wurde, weil das Familienrecht jenes Rechtsgebiet ist, das am stärksten vom Status abhängt. Eine umfassende Darstellung der Rechtsrezeption im Familienrecht ist allerdings nicht Gegenstand dieser Abhandlung. Die vorliegende Dissertation wird jedoch anhand von einigen Gerichtsentscheidungen im Bereich Deliktsrecht und Haftungsrecht, die sich auf die alte und neue familienrechtliche Vorstellung beziehen, die mit der Rechtsrezeption einhergehenden Änderungen erklären.

1. Innerfamiliäre Delikte

Bis zum Beginn des 20. Jahrhunderts herrschten in China immer noch die Agrarwirtschaft und das Patriarchat. Das Familienrecht war dementsprechend nach Weggel „patrilinear, patriarchalisch, patrilokal und patronym."[280] Alle chinesischen Dynastien zeichnen sich durch sich ähnelnde Vorschriften aus: Eltern und Großeltern hatten das Recht und die Pflicht, die Kinder und Enkelkinder zu betreuen. Selbst wenn das Kind wegen Ungehorsams oder eines Verstoßes gegen die Familiendisziplin von den Eltern getötet wurde, konnte die Haftung sehr gering sein. Nur bei einer Tötung des Kindes ohne Fehlverhalten lag ein Straftatbestand vor. Umgekehrt wurden alle deliktischen Handlungen von Kindern gegenüber den Eltern im Recht schwer geahndet. Nach dem allgemeinen Prinzip fand die Sühnegeldbuße bei fahrlässiger Tötung oder einem Körperverletzungsdelikt Anwendung, aber bei Delikten der Kinder gegen die Eltern war eine Sühnegeldbuße ausgeschlossen. Nicht nur Tötungs- oder Körperverletzungsdelikte, sondern auch das Ehrdelikt vom Kind wurden seitens des Strafrechts streng reguliert.[281] Zum Beispiel wurden die Straftatbestände der „Beleidigung" im Qing-Kodex bestimmt. Die Haftung vom Beschimpfenden aus der übergeordneten familiären Gruppe gegen denjenigen aus der untergeordneten wurde nur gering oder gar nicht bestraft, während im umgekehrten Fall für den Beschimpfenden eine harte Strafe vorgesehen war.[282]

280 Weggel, Chinesische Rechtsgeschichte, S. 183.
281 Qu, Das chinesische Recht und die chinesische Gesellschaft, 1998, S. 35.
282 Weggel, Chinesische Rechtsgeschichte, S. 204.

In der Tang-Dynastie wurde die aus dem konfuzianistischen Dogma *xiao* (孝, Kindliche Pietät) gewachsene Vorstellung „Mangelnder Kindlicher Respekt" (*bu-xiao*不孝, wörtlich „nicht-xiao") unter den „zehn Übeln" aufgenommen.[283] Die Strenge des Strafrechts erklärt sich auch damit, dass die Unverletzbarkeit des Körpers der Eltern als objektiver Schaden viel mehr Beachtung fand als der subjektive Zustand und die Kausalität. Bei Tötung oder Verletzung der Eltern, verursacht von den Kindern, wurde das Kind selbst dann strafrechtrechtlich verfolgt, wenn die Eltern Selbstmord begangen haben oder ihnen ein Fehltritt angelastet werden konnte.[284]

Abgesehen von der Eltern-Kind-Beziehung wurde die deliktische Haftung innerhalb der Verwandtschaft insgesamt hinsichtlich der Nähe der Verwandtschaftsbeziehung reguliert. Der Diebstahl innerhalb der Verwandtschaft wurde folgendermaßen reguliert: je näher die Verwandtschaftsbeziehung war, desto härter wurden die Täter bestraft, und *vice versa*.[285] Das entsprach dem differenzierten Haftungssystem im traditionellen chinesischen Recht: „Bestrafung nach *wu-fu*".[286]

Solche differenzierten Haftungen wurden bis zur Phase der Rechtsrezeption noch jeweils im ersten Entwurf des ZGB zum Ende der Qing-Dynastie, im „Zivilrecht des Geltenden Gesetzbuches" und sogar zum Teil im zweiten Entwurf in der Beijing-Regierungszeit geregelt. Allerdings ist die nach dem familiären Status differenzierte Haftung in den Gerichtsentscheidungen des *Dali Yuan* nicht mehr aufzufinden. Bis zum chinesischen ZGB bzw. bis zur Nanjing-Regierungszeit wurde diese differenzierte Haftung fast komplett abgelehnt.[287]

Obgleich langsamer als beim Schuldrecht und Sachenrecht hat das Familienrecht die Umwandlung vom traditionellen Recht zum rezipierten Recht schließlich auch umgesetzt.

2. Die Verfügung über das Gesamtgut von den Familienangehörigen

Wie im Kapitel 2 schon erwähnt, war das Vermögen im traditionellen chinesischen Recht hauptsächlich nicht in einem individualen Sinn, sondern in einem

283 Zu den „zehn Übeln" siehe oben 2. Kap. I. 1. c.

284 Qu, Das chinesische Recht und die chinesische Gesellschaft, 1998, S. 42.

285 Qu, Das chinesische Recht und die chinesische Gesellschaft, 1998, S. 52-53.

286 Siehe dazu oben 2. Kap. II. 2.

287 Dazu siehe Bünger, Zivil- und Handelsgesetzbuch sowie Wechsel- und Scheckgesetz von China, 1934, S. 78 f.

gemeinschaftlichen Sinn verkörpert. Deswegen wurden nur die Umstände, insoweit sich das Vermögen ersichtlich auf Familien, Gemeinschaft oder die Gesellschaft bezieht, von der Rechtsordnung beachtet. Die Verfügung über das Familienvermögen war in diesem Sinn eine Kernfrage der konfuzianistischen *li*-Ordnung und spielte eine kritische Rolle in der chinesischen Rechtsgeschichte. Entsprechend war die Situation bei der Rechtsrezeption im Vergleich zu den Aspekten zu Leben- oder Körperdelikten deutlich komplizierter.

Da die persönliche Kontrolle der Eltern gegenüber den Kindern von *li*-Vorschriften abgesichert sei, solle die Verfügung über das Vermögen eine selbstverständliche Logik sein. Es gab diesbezüglich mehrere Gebote in den konfuzianistischen kanonischen Büchern, wie zum Beispiel:

> *While his parents are alive, (a filial son) (…) will he have wealth that he calls his own.*[288]
>
> *While his parents are alive, a son should not dare to consider his wealth as his own, or to hold any of it as for his own private use.*[289]
>
> *A son and his wife should have no private goods, nor animals, nor vessels; they should not presume to borrow from, or give anything to, another person.*[290]

Die Kodizes der Tang-, Song-, Ming- und Qing-Zeit enthielten die Vorschrift, dass die Kinder nicht selbst ohne Berechtigung der Eltern über das Familienvermögen verfügen konnten. Die unberechtigte Vermietung des Familienvermögens seitens der Nachkommen war strafbar; ein *dian-mai* der Abkömmlinge war dann selbstverständlich nichtig.[291]

Eine Gerichtsentscheidung in der Qing-Zeit verdeutlicht die praktische Vorgehensweise bei Streitigkeiten zwischen Verwandten vor der Rechtsrezeption.[292] Der Kläger (der ältere Bruder) und der Beklagte (der jüngere Bruder des

---

288 Li Ji (禮記), Qu Li I (曲禮上). Englische Übersetzung von James Legge: The Book of Rites, in: Sacred Books of the East, 1885, Summary of the Rules of Propriety Part 1, Rn. 19. http://ctext.org/liji/qu-li-i.

289 Li Ji (禮記), Fang Ji (坊記). Englische Übersetzung von James Legge: The Book of Rites, in: Sacred Books of the East, 1885, Record of the dykes, Rn. 31. http://ctext.org/liji/fang-ji.

290 Li Ji (禮記), Nei Ze (内則). Englische Übersetzung von James Legge: The Book of Rites, in: Sacred Books of the East, 1885, The pattern of the family, Rn. 23. http://ctext.org/liji/nei-ze.

291 Qu, Das chinesische Recht und die chinesische Gesellschaft, 1998, S. 15-16.

292 Gerichtsentscheidungen Lujiashu (陆稼书判牍), Shanghai, 1934. S. 4 f. Das Datum der Entscheidung ist unklar, nach der Amtszeit des Richters zwischen 1675-1690 zu vermuten.

Klägers) waren wegen eines Streits über das Familienvermögen zum *Yamen*[293] gegangen. Bei der Gerichtsverhandlung „konnte der Richter die Zugehörigkeit der Vermögensverhältnisse und die Bewertung der Handlung beider Parteien nicht ermitteln, aber er verlangte von den Streitenden, sich fünfzigmal gegenseitig mit ‚älterer Bruder' und ‚jüngerer Bruder' anzusprechen." Der Kläger und der Beklagte nannten sich dann nach dem Befehl gegenseitig Brüder. „Noch bevor dies fünfzigmal geschehen war, begannen die beiden Beteiligen schon heftig zu weinen, und wollten dann die Klage beenden." Der Richter hat im Richterspruch geschrieben:

夫同氣同聲，莫如兄弟，而乃竟以身外之財產，傷骨肉之至情，其愚真不可及也。……所有產業，統歸長兄管理，弟則助其不及，扶其不足……從此舊怨已消，新基共創，勉之，勉之。	*Eigentlich sollte die Atem- und Tonfrequenz der Brüder übereinstimmen. Allerdings wollten die beiden in diesem Fall erstaunlicherweise nur wegen Äußerlichkeiten die Brüderschaft verletzen. Das war gänzlich unverständlich. (…) Das gesamte Familienvermögen und ye gehörten dann dem älteren Bruder. Der jüngere Bruder soll dem älteren helfen und ihn unterstützen. (…) von heute an solle es keine Streitigkeiten mehr geben. Die beiden sollen sich bemühen, eine neue Grundlage für die Familien gemeinsam aufzubauen.*

Wie ersichtlich wurde die harmonische brüderliche Beziehung und nicht die Zugehörigkeit des Eigentums vom Richter als der zentrale Wert des Streitfalls betrachtet. Der materielle Reichtum soll nur ein Mittel sein, mit der die familiäre Beziehung verbessert und die familiäre Harmonie verwirklicht werden kann, und nicht umgekehrt. Daraus ist zu ersehen, dass es dem Richter gut gelungen war, die Autorität des älteren Bruders gegenüber dem jüngeren und die Unterstützung vom jüngeren Bruder dem älteren gegenüber zu bestätigen. Dieses Beispiel entspricht deswegen der typischen Vorstellung über die Rolle von Vermögen für die Gesellschaft und Familien in China.

Noch bis Anfang des 20. Jahrhunderts wurde das ausschließliche Verfügungsrecht über das Familienvermögen im „zivilrechtlichen Teil des geltenden Gesetzbuches" ("現行律民事有效部份") reguliert. Allerdings wurde die Reform durch die gerichtlichen Anwendungen des *Dali Yuan* Schritt für Schritt umgesetzt. Eine relativ frühe Gerichtsentscheidung stellt als Beispiel die Komplexität zwischen den alten und neuen Werten in der anfänglichen Phase dar:[294] Der Sohn *Zhao Jilong* (

293 *Yamen* (衙門), Gerichts-und Amtssitz im feudalen China.

294 Entscheidungssammlung des Dali Yuan in Zivilsachen, 1914 (3). B. 1011. (最高院四年上字第一零一一号判例)

趙季龍, der Beklagte erster Instanz) vermietete ein Familien-Grundstück an einen Dritten, *Li Jiu* (李九, auch der Beklagte erster Instanz), ohne die Zustimmung des Vaters *Zhao Shudong* (趙樹動, der Kläger erster Instanz). Die Klage wurde nach zwei Instanzen zum *Dali-Yuan* zur Revision weitergeleitet. Der Richter vom *Dali-Yuan* legte den Schwerpunkt auf das Verfügungsrecht vom Beklagten.

本案被上告人趙季龍以上告人所未給與繼承之地畝私行租與李九，事前既未得上告人之許可，事後又未得上告人之追認，按諸現行法例，自不能發生物權法上之效力。原審以趙季龍爲上告人已成年之子，上告人又未限制其行爲能力，謂與李九所訂立之契約，上告人應負責任，誠于法律上之見解不免誤會。……按同居卑幼不得私擅處分本家之財物，律有明文，自不待論。

Der Beklagte Zhao Jilong vermietete das Grundstück, das nicht vom Kläger geschenkt oder vererbt wurde, an Li Jiu. Nach dem geltenden Sachenrecht ist die Vermietung des Beklagten ohne vorzeitige Zustimmung und nachkommende Genehmigung vom Kläger nichtig. Nach dem Gericht erster Instanz, da Zhao Jilong der erwachsene Sohn des Klägers ist, und seine Geschäftsfähigkeit nicht beschränkt wird, solle der Kläger selbst für den Vertrag mit Li Jiu verantwortlich sein. Es gab aber ein Missverständnis vom Gericht erster Instanz über das geltende Recht. (...) Die Vorschrift, ohne Zustimmung dürfen die untergeordneten Familienangehörigen in einer Wohngemeinschaft über das Familienvermögen nicht verfügen, wurde schon ohne Zweifel im geltenden Gesetz festgelegt.

Nur aus zwei Gründen hielt das Gericht erster Instanz die Vermietung für gültig: *A*. Der Beklagte war der Sohn vom Kläger; *B*. die Geschäftsfähigkeit vom Beklagten wurde nicht beschränkt. Eigentlich entsprach dies der modernen Formulierung des Gebotes „Eltern haften für ihre Kinder". Der *Dali Yuan* war hingegen der Meinung, dass die Fähigkeit der Vermögensverfügung von der Genehmigung des Vaters abhängen solle. Die Vorschrift, „Ohne Zustimmung dürfen die untergeordneten Familienangehörigen in einer Wohngemeinschaft nicht über das Familienvermögen verfügen", war doch auch ein in die moderne Sprache übertragenes traditionelles chinesisches Gebot. Unbeschränkte Geschäftsfähigkeit war hier nur eine notwendige aber keine hinreichende Bedingung.

Die Begründungen vom Gericht erster Instanz und vom *Dali Yuan* waren zwar ganz und gar gegensätzlich, aber beide Instanzen hatten über das Eigentum des Grundstücks nicht diskutiert. Im traditionellen chinesischen Recht wurde das Familienvermögen zum Großteil als Gesamtgut (*tongcai* 同財) betrachtet. Das private Vermögen war im Vergleich dazu geringfügig. Diese Tradition hat eine sehr lange Geschichte in China. Nach einer Forschungsarbeit von Fei Xiaotong im Jahre 1930 konnte das private Eigentum „kaum dingfest gemacht werden".[295] Nach dem Gesamthandeigentum gehörte das Verfügungsrecht freilich nur dem Familienoberhaupt. Diese Tradition konnte nicht einmal bis zur Republik China verändert werden. Deshalb sind die Urteilssprüche sowohl des Gerichts erster Instanz als auch des *Dali Yuan* als Durchbruch zu sehen. Trotzdem waren die Überlegung und der Vorschlag des Richters vom *Dali Yuan* hinsichtlich des Grundstücks auffällig:

惟查第一審判决所謂平均處分財産云云，實系勸導上告人將財産平均分析，以免後患之意。觀其上下文句便可明瞭，不過其用詞稍有疏忽耳。（第一審判决謂：「再三勸導趙樹勛平均處分其財産，使嫡庶無所藉口，弟兄從此相安，以免後患。」云云，實系平均分析之意）。且該判决一則曰趙季龍以後不得再違父命，再則曰趙季龍當委曲求全以盡子道，不得違忤。……	*Im Richterspruch vom Gericht erster Instanz wurde dem Beklagten vorgeschlagen, das Grundstück aufzuteilen, was darauf abzielte, nachkommende Streitigkeiten zu vermeiden. Die Bedeutung ist in den Worten indirekt angedeutet, aber nur mit einigen kleinen Fehlbezeichnungen. (Zitat vom Richterspruch erster Instanz: Zhao Shudong solle das Familienvermögen aufteilen, um damit zukünftige Streitigkeiten zwischen den ehelichen und unehelichen Kindern auszuschließen und das brüderliche Verhältnis zu stärken.) Nach diesem Urteil solle Zhao Jilong sich nicht mehr gegen den Willen des Vaters verhalten, und er solle sich dem Kompromiss beugen, um der Kinder-Pietät zu genügen. (…)*

Hier hat der Richter vom Dali Yuan die Meinung von der ersten Instanz aufgenommen: nämlich den Vorschlag, das Familienvermögen durch eine positive Handlung des Vaters aufzuteilen, um das durch die *li*-Vorschrift entstandene Problem grundlegend zu lösen. Nach dem Vorschlag an den Vater hatte der Richter versucht, den Sohn mit der konfuzianischen Kinder-Pietät zu belehren. Der Zweck des Urteils lag an dieser Stelle in der Bewahrung der väterlichen Würde und der familiären Harmonie.

Der Richter vom Dali Yuan bemühte sich, eine Balance zwischen den neuen und den alten Werten zu wahren. Auf der einen Seite unterließ es der Richter, die Eigenschaft des Grundstückeigentums einer genauen Betrachtung zu unterziehen, um die alte Rechtstradition zu bewahren; auf der anderen Seite wurde dem Vater vorgeschlagen, das Grundstück aufzuteilen, um zu den neuen Werten überzugehen. Aber der Richter hatte eigentlich das Problem, das Familienvermögen als Gesamthandeigentum zu betrachten, umgangen.

---

295 Fei, Peasant Life in China: A Field Study of Country Life in the Yangtze Valley. London; New York, 1939, S. 42.

Später strebten die Richter des *Dali Yuan* danach, nicht mehr an der veralteten Gewohnheit festzuhalten, sondern präferierten einen Wechsel zum rezipierten Recht. Die Gerichtsentscheidungen in der späteren Zeit bezeugen diesen Trend. Ein Entscheidungsleitprinzip des *Dali Yuan* lautet: „Ohne Zustimmung darf der untergeordnete Familienangehörige in einer Wohngemeinschaft nicht über das Familienvermögen verfügen, sofern er nicht der den Haushalt führende untergeordnete Familienangehörige ist. Zugunsten einer Verfügung vom Haushalt führenden untergeordneten Familienangehörigen wird vermutet, dass er die Genehmigung schon von den übergeordneten Familienangehörigen erhalten habe.“[296] In dieser Vorschrift war die Verfügungsfähigkeit der untergeordneten Familienangehörigen durch Vermutungsregelung und Differenzierung zwischen dem normalen „untergeordneten Familienangehörigen“ und dem „Haushalt führenden untergeordneten Familienangehörigen“ umgesetzt. In einer anderen Entscheidung hatte der Richter das „Vorkaufsrecht der Verwandten bei Veräußerung des *ye*“ (*maiye xian jin qinfang* 賣業先盡親房) abgelehnt, da die alte Gewohnheit „die wirtschaftliche Entwicklung“ behindern könne.[297] In diesen Gerichtsentscheidungen zeigt sich der Wunsch des Richters vom *Dali Yuan*, die alten *li*-Vorschriften zu ändern.

Den Versuch, die alten konfuzianistischen Werte in die neuen Rechtsnormen zu integrieren, macht eine Gerichtsentscheidung deutlich:[298]

296 Entscheidungssammlung des Dali Yuan in Zivilsachen, 1916 (5). B. 310. (大理院五年上字第三一零号判例).

297 Entscheidungssammlung des Dali Yuan in Zivilsachen, 1915 (4). B. 282. (大理院四年上字第二八二号判例).

298 Entscheidungssammlung des Dali Yuan in Zivilsachen, 1915 (4). B. 1459. (大理院五年上字第一四五九号判例).

……《現行律》載凡同居卑幼不由尊長私擅用本家財務者處罰等語，是卑幼擅用本家財務，固爲法所不許。惟細繹律意，此項規定，本所以維持家庭共同生活之關係，故其所禁止者，本系指卑幼與外人之處分行爲足使家財外溢者而言。若家屬中之一人以自己私有之產讓予他人者，其所處分，既非家財，即不在應禁之列。又，或一家之中，遺產共同承繼人就應受分配之財物，互相讓予其受分權利者，雖經處分，而家財不外溢，與卑幼私擅用本家財物有別。……

(…) Nach dem geltenden Recht darf der untergeordnete Familienangehörige nicht ohne Zustimmung über das Familienvermögen verfügen. Zweck dieser Vorschrift sei es, das gemeinschaftliche Leben zu bewahren. Das geltende Recht verwehrt dem untergeordneten Familienangehörigen die Veräußerung des Besitzes oder Teil des Besitzes an einen außerfamiliären Dritten, was zum Verlust des Familienvermögens (jiacai waiyi 家財外溢) führen würde. Dies gilt nicht für den Umstand, dass ein Familienmitglied sein eigenes Vermögen an einen Dritten verkauft. Ähnlich sei die Übertragung des Erbteils innerhalb einer Erbengemeinschaft auch nicht rechtswidrig, weil dies – im Unterschied zu der normalen Verfügung von untergeordneten Familienangehörigen – nicht zum Verlust des Familienvermögens führen kann. (…)

Bei der Methode in der Entscheidungsbegründung ist Folgendes auffällig: Diese Entscheidung hat tatsächlich den Geltungsgrund aus der *li*-Vorschrift grundlegend verändert, aber zum „Zweck der Vorschrift“ weiterhin den konfuzianistischen Wert bewahrt. Anders gesagt, sie verneint das ausschließliche Verfügungsrecht vom übergeordneten Familienangehörigen, bejaht aber das moralische Gebot „das gemeinschaftliche Leben zu bewahren“. Dieser Argumentationsansatz ist sehr sinnvoll: während die alte *li*-Vorschrift beschränkt wird, wird das im Konfuzianismus begründete Ethikprinzip nach der modernen Forderung neu interpretiert. Durch diese Aufhebung wird nicht die veraltete *li*-Vorschrift, sondern der konfuzianistische allgemeingültige Wert („Familienharmonie“) betont.

Das Problem der Eigenschaft vom Familienvermögen konnte aber nicht in jedem Fall umgangen werden, sondern musste über kurz oder lang beseitigt werden. Einerseits entstanden in der Republik China immer mehr Streitigkeiten wegen des Familienvermögens, und andererseits bezog es sich auf den Kern der chinesischen Tradition, deswegen musste das Problem grundlegend gelöst werden.

Um das Problem zu lösen, hat der *Dali Yuan* in den späteren Gerichtsentscheidungen den Begriff „Gesamthandvermögen“ aus dem deutschen Recht[299] eingeführt. Die meisten Streitigkeiten bezüglich des Familienvermögens wurden

299 § 719, § 1419, § 2033 BGB.

nach „Verletzung des familiären Gesamthandvermögens" behandelt. Eine Entscheidung des *Dali Yuan* wird hier als Beispiel angeführt.

Der Tatbestand: Einige jüngere Verwandten (Beklagten) hatten ohne die Zustimmung der älteren Verwandten (Kläger) die Bäume auf dem familiären Ahnengrab verkauft. Die übergeordneten Familienangehörigen hielten die Verfügung von den untergeordneten Familienangehörigen für eine Verletzung des Familieneigentums. Im Folgenden ein Auszug von den Entscheidungsgründen des *Dali Yuan*:[300]

共有物之處分，非經各共有人全體同意不得爲之，故因共有人中一部份之私擅處分，致共有物不能回復原狀者，則對于未經同意之共有人，應依侵權行爲原則負損害賠償之責。……本案訟爭塋樹，無論系長次兩支共有之産，抑爲次支各房所共有，被上告人于出賣之時，既未得次支全部同意，于法即有未合。	*Ein Mitglied kann nicht ohne Einstimmigkeit über das Gesamtgut verfügen. Wenn das Gesamtgut wegen der unberechtigten Verfügung einiger Mitglieder in der Gesamthandgemeinschaft nicht wiederhergestellt werden kann, sind sie den anderen Mitgliedern gegenüber zum Schadensersatz verpflichtet. (…) Es ist gleichgültig, ob die Bäume den älteren und den jüngeren Familienangehörigen gemeinsam, oder ob sie nur den jüngeren Familienangehörigen gehören. Bei der Veräußerung hatten die Beklagten die Einstimmigkeit nicht von allen Familienmitgliedern erhalten, was als rechtswidrig gewertet werden kann.*

In dieser Entscheidung hatte das *Dali Yuan* das Familienvermögen nach der Eigenschaft vom Gesamthandvermögen neu interpretiert. Die familiäre Gesamthaftung im traditionellen chinesischen Recht wurde erstmals vom rezipierten Rechtsbegriff ersetzt. Dieses Urteil wurde bald als „Leitprinzip" vom *Dali Yuan* ausgewählt und konnte deshalb weiterhin als Rechtsquelle dienen. Mit dem Begriff Gesamthandvermögen kann die Bedeutung des Familienvermögens nach dem traditionellen Recht in einem Aspekt bezeichnet werden: Das Vermögen basiert auf der gemeinschaftlichen Beziehung und der Bewahrung vom familiären *ye*. Allerdings gab es zwischen dem Gesamthandvermögen und dem Gesamtgut (*gongcai* 共财) im traditionellen chinesischen Sinn einen entscheidenden Unterschied: Es gab keine Differenzierung von den unter- und übergeordneten Familienangehörigen. Nicht nur ein untergeordneter Familienangehöriger, sondern auch ein übergeordneter Familienangehöriger hatte kein ausschließliches Verfügungsrecht. Damit wurde die Bestimmung für Familienvermögen in China von Grund auf reformiert, allerdings wurden die konfuzianistischen Werte nicht zugleich komplett

300 Entscheidungssammlung des Dali Yuan in Zivilsachen, 1916 (5). B. 967. (大理院五年上字第九六七号判例).

verworfen. Der Wert „Harmonie der Familien" wurde zwar aufgehoben, auf den Wert „Hierarchie der Familien" wurde jedoch lediglich verzichtet.

Im Übrigen rezipierte das chinesische Recht nach dem deutschen Vorbild die moderne eheliche Gütergemeinschaft.[301] Nach der neuen Regelung wurde die gutgläubige Ehefrau nicht mehr für die Schuld des Ehemanns verantwortlich gemacht. Im Vergleich zur Reform der Beziehung zwischen den übergeordneten und den untergeordneten Verwandten war die Schwierigkeit der Einführung neuer Vorschriften im ehelichen Bereich sogar leichter.

3. Aufsichtshaftung und Noxalhaftung

Das chinesische ZGB reguliert die Aufsichtshaftung nach dem § 832 BGB. § 187 Abs. 1 des chin. ZGB lautet: „Verletzt ein Geschäftsunfähiger oder ein beschränkt Geschäftsfähiger das Recht eines anderen widerrechtlich, so ist er zusammen mit seinem gesetzlichen Vertreter als Gesamtschuldner zum Schadensersatz verpflichtet, soweit er zur Zeit der Handlung Unterscheidungsvermögen hatte. Besaß er zur Zeit der Handlung kein Unterscheidungsvermögen, so ist sein gesetzlicher Vertreter zum Schadensersatz verpflichtet."

Diese Vorschrift wurde in der Praxis häufig und folgerichtig angewendet. Dies kann als ein erfolgreiches Rezeptionsbeispiel betrachtet werden. Nach der konfuzianistischen Vorstellung soll der Vater als das ideale Leitbild für die Handlung des Sohns Verantwortung tragen. Das entspricht dem westlichen Sprichwort, „Eltern haften für ihre Kinder", weitgehend. In diesem Punkt hatte sich die chinesische Vorstellung dem westlichen Recht angepasst. Aus diesem Grund wurde diese Vorschrift fast problemlos rezipiert.

Allerdings taucht das Problem erst bei einer weiteren Untersuchung auf.

Im chinesischen ZGB wurden nicht nur der § 832, sondern auch die Billigkeitshaftung (§ 829 BGB) übernommen.

§ 187 Abs. 2 chin. ZGB: „Im Falle des vorhergehenden Absatzes ist der gesetzliche Vertreter nicht zum Schadensersatz verpflichtet, wenn er seine Aufsichtspflicht nicht vernachlässigt hat, oder wenn die Entstehung des Schadens auch bei Anwendung gehöriger Aufsicht nicht verhindert worden wäre." (Vgl. § 832 Abs. 1 Satz 2 BGB)

§ 187 Abs. 3 chin. ZGB: „Wenn nach den Vorschriften der beiden vorhergehenden Absätze Schadensersatz nicht erlangt werden kann, so kann das Gericht auf Antrag des Geschädigten unter Abwägung der wirtschaftlichen Verhältnisse

---

301 Entscheidungssammlung des Dali Yuan in Zivilsachen, 1914 (3). B. 290. (大理院三年上字第一九一四号判例).

des Täters und des Verletzten dem Täter den Ersatz des ganzen Schadens oder eines Teiles auferlegen.“ (Vgl. § 829 BGB)

Wang Boqi ist der Meinung, dass die beiden oben zitierten Vorschriften mit der chinesischen Kultur nicht im Einklang stehen.[302] Selbst wenn die Vorschriften in manchen Fällen zitiert wurden, wurde es hauptsächlich für die Umstände, dass der gesetzliche Vertreter seine Aufsichtspflicht nicht erfüllt hat, angewendet. Fälle, in denen der gesetzliche Vertreter ohne Verschulden als schuldfrei betrachtet wurde, konnten nicht gefunden werden.

Als Beispiel wird im Folgenden ein Auszug aus einer Gerichtsentscheidung aus dem Jahr 1926 zitiert.[303] Die Haupttatbestände waren: Der Schädiger He Wengeng hatte mit einer Jagdflinte den Sohn des Klägers getötet. He war jedoch psychisch krank, und der Vater von He war daher der Beklagte. Der Richter war der Meinung:

本院按因精神、身體之狀況，需人監督者，若加害于第三人時，其法定監督人除并未疏懈，或雖加以相當之注意，仍不免有發生損害之特別情事外，于法原應負賠償之義務。……則被上訴人因子毛鐘祺被赫文賡加害致死，能否請求上訴人賠償，自當以上訴人對于赫文賡之監督有無疏懈或特別情事爲斷。……原審因謂上訴人未爲監督上相當之注意，致赫文賡得以自己常持玩弄之獵槍擊人致死，認定上訴人實有重大之過失，自屬正當。茲上訴論旨關于此項事實，既不能指摘其有何不當，疏懈之咎即無可辭，按諸上開說明，上訴人對于被上訴人應負賠償義務，即屬當然之論斷。雖赫文賡已經死亡，然賠償責任既屬其法定監督人，于法原系因其疏懈監督義務之所致，即不因加害人之死亡而遂當然消滅，此項上訴理由顯難成立。

Wenn derjenige, über den infolge geistiger und körperlicher Einschränkungen Aufsicht geführt werden muss, einen Dritten verletzt, sei er zum Schadensersatz verpflichtet, sofern der gesetzliche Vertreter seine Aufsichtspflicht nicht vernachlässigt hat, oder wenn die Entstehung des Schadens auch bei Anwendung gehöriger Aufsicht nicht verhindert worden wäre. (...) Ob der Anspruch vom Kläger gegen den Beklagten wegen der Tötung von He Wengeng berechtigt ist, hängt davon ab, ob der Beklagte seine Aufsichtspflicht vernachlässigt hat. (...) Nach dem Urteil erster Instanz habe der Beklagte große Nachlässigkeit gezeigt, da er He Wengeng die Jagdflinte zum Spielen und zum Schießen erlaubte, ohne ihn zu beaufsichtigen. Das Berufungsgericht halte dieses Urteil erster Instanz für recht. Der Beklagte sei dem Kläger zum Schadensersatz verpflichtet. Auch wenn der Täter He Wengeng schon tot war, könne der Beklagte nicht von der Aufsichtshaftung befreit werden.

302 Wang, Modernes Rechtsdenken und alte chinesische Kultur, Taipeh, 1956; Nachdr. Beijing, 2005, S. 52-53.

303 Entscheidungssammlung des Dali Yuan in Zivilsachen, 1926 (15). B. 788. (大理院十五年上字第七八八號判例).

Diese Entscheidung entsprach der Zeit. Die damaligen chinesischen Richter konnten den „Straferlass“ des Vormundes noch kaum akzeptieren.

Der wahrscheinlichste Grund dafür ist darin zu sehen, dass es einen grundlegenden Unterschied unter der scheinbaren Anpassung zwischen dem westlichen Recht und der chinesischen Vorstellung gab. Weil die chinesische und die westliche Vorstellung schon von Anfang an unterschiedlich waren, wenn sie auch in einem gewissen Punkt miteinander übereinstimmten, mussten sie sich aber bei einer Anwendung bald voneinander entfernen. Diese Art von Rechtsrezeption kann als „scheinbare Anpassung“ bezeichnet werden.

§ 832 BGB befolgte die Verschuldenshaftung und nicht die Noxalhaftung im Sinne des römischen Rechts (*actio noxalis*).[304] Der Zweck der Vorschrift ist die Anerkennung und Bewahrung der selbstständigen Persönlichkeiten, sowohl vom Pflegekind als auch von den Pflegeeltern. Das Individuum war in der Geschichte immer eine der wichtigsten Elemente des westlichen Privatrechts. Obwohl der Individualismus seit der Neuzeit wegen der Ergänzung der „sozialen Aufgabe“ gewissermaßen beschränkt wurde, spielte er im Privatrecht noch eine zentrale Rolle.

Im Gegensatz dazu herrschte in China immerzu der Gemeinschaftsgeist. Die soziale Einheit war die Vater-Sohn-Beziehung und nicht das Individuum. Das Sprichwort „Eltern haften für ihre Kinder“ wurde in China zu keiner Zeit eingeschränkt. Der „Vater“ solle als das gesellschaftliche Vorbild für die Handlung vom Sohn verantwortlich sein. Diese Verantwortung war gar nicht von der Haftungsfähigkeit des Sohnes oder vom Verschulden des Vaters selbst abhängig. Nach der konfuzianischen Ethik „sollte die Beziehung zwischen dem Vater und dem Sohn den Körperteilen eines Menschen entsprechen: Jede Verletzung wird zum Herzen gehen.“ (一室之中，父兄之際，若身體相屬，一節動而知於心。).[305] Wang Boqi war der Meinung: Wenn das chinesische Zivilrecht noch eine Schrift fortsetzen würde, nämlich eine, die die verschuldensunabhängige Haftung für die Aufsichtspflicht reguliert, könnte dies nicht nur kein Problem geben, sondern noch besser für die soziale Akzeptanz sein. Er hat dann eine bekannte Argumentation in der chinesischen neuzeitlichen Rechtsgeschichte wie folgt ausgeführt:

> *Wenn ein Vater oder ein älterer Bruder versucht, sich von seiner Schuld zu befreien, hat er sich schon von der Vorstellung der Allgemeinheit entfernt. Nach dem Gesetz soll ein*

304 MünchKommBGB/Wagner, § 832, S. Rn. 1.

305 Heng, Yan Tie Lun (鹽鐵論), Kapitel 57: Zhou-Qin (周秦). http://ctext.org/yan-tie-lun/zhou-qin/zh.

Kind ohne Geschäftsfähigkeit oder mit beschränkter Geschäftsfähigkeit bei Verletzung des Rechts eines anderen zum Schadensersatz verpflichtet sein, aber wie kann ein so junges Kind sich diese finanzielle Belastung leisten? Diese Vorschrift existiert nur dem Namen nach. Zugunsten des Verletzten hat das Gesetz noch reguliert, wenn Schadensersatz nicht erlangt werden kann, so kann das Gericht auf Antrag des Geschädigten unter Abwägung der wirtschaftlichen Verhältnisse des Täters und des Verletzten dem Täter den Ersatz des ganzen Schadens oder eines Teiles auferlegen. Das ist aus dem moralischen Aspekt für das soziale Interesse reguliert. (...) Das ist sozusagen das neueste Gesetzgebungsprinzip oder das soziale Anliegen im westlichen Sinne. Die sogenannte Wiedergeburt des Naturrechts oder die Wiederentdeckung des vernünftigen Rechts entsprechen auch nur diesen Vorschriften. Aber meiner Meinung nach war es beinahe wie ein Scherz: Der Vater oder der ältere Bruder hat seine Verantwortung und Schuld den anderen zugeschoben, aber lässt die wirtschaftliche Lage des Sohnes oder jüngeren Bruders vom Gericht erwägen. Wenn diese Kinder keine Unterstützung vom Vater und vom älteren Bruder brauchten, wären sie nicht schlecht gestellt; woher dann bekommen sie eigentlich ihr eigenes Vermögen, das das Gericht erwägt? Das Recht erwägt nicht die wirtschaftliche Lage vom Vater oder vom älteren Bruder, sondern vom Sohn oder vom jüngeren Bruder. Ist dies kein Scherz mit der Gesellschaft?[306]

Man kann sagen: Obwohl die Rechtsvorstellung über die Aufsichtshaftung in China der Noxalhaftung im Sinne des römischen Rechts ähnelt, unterscheidet sie sich jedoch eindeutig von der Rechtsvorstellung des aktuellen deutschen Rechts.

Der Zustand von der Haftung für den Verrichtungsgehilfen ist ähnlich wie die Aufsichtshaftung. Die Verrichtungsgehilfen in der chinesischen Geschichte, wie Sänftenträger, Rikschafahrer, Köche, Tagelöhner usw., waren nicht die Familienangehörigen des Geschäftsherrn, sondern standen bei dem Geschäftsherrn unter Vertrag. Der Status von Verrichtungsgehilfen entsprach in etwa dem zwischen einem Leibeigenen und einem normalen Bürger. Die Beziehung zwischen Herrn und Diener hatte in der Tat viel Ähnlichkeit zu der zwischen Pfleger und Anvertrautem.[307] Deswegen war die erstere im traditionellen chinesischen Recht nach der letzteren analogisch reguliert. Eine typische Anwendung bezog sich auf die Billigkeitshaftung, was unter dem Titel IV. 2 des vorliegenden Kapitels näher betrachtet wird.

306 Wang, Modernes Rechtsdenken und alte chinesische Kultur, Taipeh, 1956; Nachdr. Beijing, 1956, S. 52 f.

307 Liang, Die Suche nach der Harmonie in der natürlichen Ordnung, 1997, S. 120; Qu, Das chinesische Recht und die chinesische Gesellschaft, 1998, S. 233-237.

III. Haftungszurechnung

Da die traditionelle Rechtskultur sich hauptsächlich nicht auf das Gesetz, sondern vielmehr auf die Moralprinzipien verlässt, wurde die westliche strafrechtliche Technik, die Tatbestände präzise und objektiv zu differenzieren, nicht entwickelt. Deswegen konnte die *Schuld*, die als eine der fundamentalen strafrechtlichen subjektiven Tatbestandsmerkmale im westlichen Strafrecht funktioniert, in der traditionellen chinesischen Rechtsgeschichte keineswegs eine so hohe Bedeutung zeigen.[308] Obwohl der Schuld kein so bedeutender Wert wie in den westlichen Ländern beigemessen wurde, fand sie in den *li*-Vorschriften auch Berücksichtigung, da die Schuld die innere Einstellung abbildete und infolgedessen einen moralischen Zustand reflektieren konnte.

In der westlichen Rechtsgeschichte wurde schon seit der Zeit der *lex Aquilia* zwischen *dolus* und *culpa* differenziert.[309] Auf ähnliche Weise waren die Schuldformen im traditionellen chinesischen Recht seit langem unterschieden worden, auch wenn die Orientierung noch an der Strafe und der Rache und nicht an der Kompensation ausgerichtet war. In dem klassischen konfuzianistischen Werk *Shang Shu* (尚書, „Buch der Urkunden“) wurden folgende Texte angegeben:

> *Oh! Feng, deal reverently and intelligently in your infliction of punishments. When men commit small crimes, which are not mischances, but purposed, they of themselves doing what is contrary to the laws intentionally, though their crimes be but small, you may not but put them to death. But in the case of great crimes, which were not purposed, but from mischance and misfortune, accidental, if the transgressors confess their guilt without reserve, you must not put them to death.*[310]

Die chinesischen Bezeichnungen für Fahrlässigkeit und Vorsatz *guocuo* (過錯), *gu* (故), sind schon im Tang-Kodex verankert, und haben kaum Veränderung in den nachkommenden Dynastien erfahren. Verwendung finden sie bis in die Zeit der Rechtsrezeption.[311] Die Fahrlässigkeit ist eine der gesetzlichen Begründungen für den Anspruch der Haftungsmilderung oder der Freisprechung.

---

308 Vgl. Weggel, Chinesische Rechtsgeschichte, S. 230.

309 MünchKommBGB, § 823 Vorbemerkungen, Rn. 3.

310 Shang Shu (尚書), Kang Gao (康誥). Englische Übersetzung von James Legge: The Shû king (Book of Documents), in: Sacred Books of the East, Vol. 3, 1879, Announcement to the Prince of Kang, Rn. 5. http://ctext.org/shang-shu/announcement-to-the-prince-of-kang.

311 Heuser, Einführung in die chinesische Rechtskultur, 2002, S. 198.

Umgekehrt werden die Haftung und die Bestrafung entsprechend erhöht, wenn die Täter bei der Deliktshandlung eine handgreiflich böse Absicht zeigen.[312]

Im heutigen Recht wird zwischen *Verschulden* im Sinne des Deliktsrechts und *Schuld* im Sinne des Strafrechts unterschieden. Dennoch lassen sich einige Ähnlichkeiten finden, da das Deliktsrecht sich geschichtlich aus dem uralten Strafrecht abgespalten hat. Zusammenfassend lässt sich konstatieren, dass die Regulierung für Schuld im traditionellen chinesischen Recht seine eigenen Wurzeln hatte, dennoch zeigt ein Vergleich in den anderen Bereichen mehr Ähnlichkeit mit dem westlichen Recht. Die Ähnlichkeit bot weiterhin einen Grund für die Rezeption. Die vorliegende Arbeit wird durch einige repräsentative Perspektiven den Einfluss der Ideen und der Normen bezüglich des Verschuldens im Deliktsrecht darstellen.

1. Objektivierung des Zurechnungsmaßstabs

Im traditionellen chinesischen Recht war der Maßstab für die Fahrlässigkeitsverletzung wie folgt: „mit Augen und Ohren nicht herankommen, mit Gedanken nicht erreichen" (耳目所不及思慮所不到). Die Schulbeispiele sind: (1) zwei Leute heben zusammen einen schweren Gegenstand. Weil einer von beiden nicht genügend Kraft hat, fällt der Gegenstand herunter. Der andere wird verletzt. (2) Ein Mann fällt hin, weil seine Schuhe kaputt sind. Ein anderer Mann wird infolge des Sturzes verletzt. (3) Auf einer abschüssigen Straße kommt unerwartet ein stürmischer Wind auf. Ein Wagen rast infolgedessen ungebremst die Straße hinunter. (4) Auf der Jagd wird ein Mensch versehentlich verletzt. Allgemein gesagt, wurden fast alle Fälle, die seitens des Täters keinen Vorsatz erkennen ließen, als Fahrlässigkeitsverletzung betrachtet.[313] Die Beispiele lassen vermuten, dass die Bedeutung von Fahrlässigkeit im traditionellen chinesischen Recht viel breiter gefasst war als im westlichen Recht. Sie umfasste viele Umstände, die nicht zu den deliktischen Fahrlässigkeitsverletzungen im heutigen Sinne gehörten.

Erst in der republikanischen Zeit hat das *Dali Yuan* erstmals anhand von Leitprinzipien den Begriff der Fahrlässigkeit neu formuliert: „Analog zum Vorsatz sei bei Fahrlässigkeit für den Schaden zu haften. Fahrlässig handelt derjenige,

312 Zum Beispiel: Bei einer Drohung beim Fall von Diebstahl wird der Täter schwerer bestraft. Siehe Weggel, Chinesische Rechtsgeschichte, S. 135 f.

313 Tang-Kodex, 8. Kap. Streit und falsche Anklage (鬥訟), 339 Tötungs- und Körperverletzungsdelikte aus Fahrlässigkeit (過失殺傷人); Song-Kodex, (鬥訟律: 過失殺傷); Ming-Kodex, (戲殺誤殺過失殺傷人); Qing-Kodex, (戲殺誤殺過失殺傷人).

der zur Sorgfalt verpflichtet und fähig ist, jedoch die Sorgfalt außer Acht lässt." Diese Formulierung wurde vom rezipierten Recht aufgenommen.

Auffällig war der Maßstab für die Sorgfalt. Das traditionelle chinesische Recht knüpfte die Fahrlässigkeit überwiegend an die subjektive Vorwerfbarkeit. Eine objektivierte Sorgfaltspflicht wie im deutschen BGB (§§ 276 ff.), die auf der Vorstellung der Verkehrspflicht oder noch weiter zurückreichend auf den *bonus pater familias* im römischen Recht basiert, wurde zuvor kaum ausdrücklich in Erwägung gezogen.

Die Objektivierung des Haftungsmaßstabs bezeichnet bereits ein Entwicklungsergebnis in der modernen deutschen Deliktsrechtsgeschichte.[314] China hat in der Rechtsrezeption auch für diese Tendenz versucht, den objektiven Maßstab einzuführen. In einer Entscheidung des *Dali Yuan* aus dem Jahr 1914 findet sich das Beispiel am Streitfall für eine Aktionsveräußerung:[315]

凡怠于業務上應盡之注意，致侵害他人權利者爲侵權行爲，對于被害人自應負賠償之責任。本案依原審合法認定事實，上告人本爲澄福公司總持理，則對于該公司之財産業務自應爲相當之注意，乃竟以銀錢出納之事一委之于林雲程，即使果系林雲程一人所侵蝕，而上告人漫無覺察，已不得不同負侵權行爲之責任。	*Wer die im Geschäft erforderliche Sorgfalt außer Acht lässt, und das Recht eines anderen verletzt, begeht eine deliktische Handlung. Der Täter ist in diesem Fall zu einem Schadensersatz zur Haftung verpflichtet. Im vorliegenden Streitfall solle der Kläger als Geschäftsführer des Unternehmens entsprechend nötige Sorgfalt walten lassen. Aber er hat im Gegenteil nur Lin Yuncheng beauftragt, Einnahmen und Ausgaben des Unternehmens zu verwalten. Obwohl der Geldbetrag im Streit tatsächlich von Lin Yuncheng unterschlagen wurde, soll der Kläger wegen seiner Fahrlässigkeit auch seine eigene Haftung übernehmen.*

In dieser Gerichtsentscheidung war der Maßstab für Fahrlässigkeit eher objektiv. Das Beispiel verdeutlicht, dass China seit der Rechtsrezeption versucht hat, einen objektiven Fahrlässigkeitsmaßstab zu übernehmen, auch wenn dies eine Neuerung für das Gericht bedeutete. Das Verschuldensprinzip wurde in China zu keiner Zeit tief gehend durchdacht. Der herrschende Gedanke im chinesischen Recht war häufig *qingli* und die Situationsgerechtigkeit, die auch auf der objektiven und sozialisierten *li*-Ordnung basiert.[316] Für die Übernahme des

314 Fuchs, Deliktsrecht, 2008, S. 5.

315 Entscheidungssammlung des Dali Yuan in Zivilsachen, 1914 (3). B. 310. (大理院三年上字第九五七號判例).

316 Siehe dazu unten 5. Kap., IV. 2.

objektivierten Zurechnungsmaßstabs vom westlichen Recht ist dieser Gedanke als Anpassungspunkt zu vermuten.

2. Haftung mehrerer Täter

Die Frage der Haftung in Fällen mit einer Beteiligung von mehreren Tätern an einem Delikt ist nach wie vor kompliziert. Die aktuellen Regelungen bezüglich der Haftung von mehreren im deutschen BGB (§ 830) basieren auf zwei unterschiedlichen Grundlagen: strafrechtlichen (Abs. 1. S. 1 und Abs. 2) und zivilrechtlichen (Abs. 1. S. 2.).[317] Beide Grundlagen unterscheiden sich bezüglich ihres jeweiligen Anteils innerhalb der Rechtsrezeption in China.

Während die kumulative Haftung mehrerer Täter des europäischen Rechts bereits vor dem 19. Jahrhundert aufgegeben wurde,[318] war diese im chinesischen Recht bis zur Rechtsrezeption noch weitgehend gültig.[319] In allen Formen der Haftung von mehreren Tätern, insbesondere bezüglich der deliktischen Haftung innerhalb der Familie, lässt sich der konfuzianistische familiäre Gemeinschaftsgedanke erkennen. Im traditionellen chinesischen Recht wurde klar abgrenzt, ob der Täter bei einer Straftat eine hauptsächliche oder nur eine beteiligte Rolle gespielt hat.[320] Sie wurden nach Rolle und Strafmaß unterschiedlich verurteilt.[321]

Beachtenswert ist die Regelung über die innerfamiliäre deliktische Haftung mehrerer. Zum Beispiel gab es im traditionellen chinesischen Recht eine Regel, nach dem nur das Familienoberhaupt für die Deliktshandlung von mehreren Familienangehörigen bestraft wurde.Diese Regelung ist der konfuzianistischen Lehre logischerweise entsprechend: Wegen der absoluten Autorität und Macht des Familienoberhaupts und die moralischen Pflicht der kindlichen Pietät sollte und konnte nur das Oberhaupt die Verantwortung für die Handlung von Familienangehörigen, die hier als eine Einheit betrachtet werden, übernehmen.[322]

---

317 MünchKommBGB/Wagner, § 830, Rn. 2 f; Brüggemeier, Haftungsrecht, 2006, S. 185.

318 Coing, Europäisches Privatrecht, II, 1989, S. 512.

319 Ma, Analysis on the History of the Joint Offense in Ancient China, in: Journal of Zhengzhou Institute of Aeronautical Industry Management (Social Science Edition), 2004, 23(6), S. 34 ff.

320 Ma, Analysis on the History of the Joint Offense in Ancient China, S. 34; Weggel, Chinesische Rechtsgeschichte, S. 135.

321 Ma, Analysis on the History of the Joint Offense in Ancient China, S. 35; Weggel, Chinesische Rechtsgeschichte, S. 145.

322 Weggel, Chinesische Rechtsgeschichte, S. 145 f.

Aus dem tief verwurzelten Gemeinschaftsgedanken war die extreme Form der kumulativen Haftung mehrerer Täter das sogenannte „*lianzuo*" (連坐) geworden. *Lianzuo* besagt, dass, obwohl jemand selbst weder an einer deliktischen Straftat beteiligt noch am Schaden schuld ist, aber infolge einer gewissen Beziehung zum Täter oder einer gewissen gesetzlichen Pflicht belangt wurde, wie z. B. als Familienoberhaupt, Offizier oder Vorgesetzter. Der zugrundliegende Gedanke für eine solche Regelung lag darin, dass der Zuzurechnende nicht nur der Täter, sondern auch die ihm anvertraute Menschengruppe ist; die Einheit der moralischen Ordnung und Verfechter der Harmonie ist nicht das Individuum, sondern die Gesellschaft.[323]

Zusammenfassend orientierten sich die chinesischen Regelungen für Deliktshaftung mehrerer primär an der moralischen Bewertung und Bestrafung nach dem unterschiedlichen Verhalten, dem Status und der Hierarchie des Täters. *Lianzuo* bezeichnete entsprechend die innere Kontrolle. Diese Merkmale lassen sich mit Zweck und Rechtsfolge der Regelung im modernen Zivilrecht klar unterscheiden: Letzteres beachtet die Wiedergutmachung bei den Opfern, also die Möglichkeit, deren Forderung durchzusetzen, und nicht die feine Differenzierung für die innere Haftung unter den Tätern.

§ 830 Abs. 1 S. 1 BGB wurde in China am Anfang des 20. Jahrhunderts so gut wie problemlos rezipiert, da das Phänomen fast direkt vom Strafrecht übertragen wurde und ähnliche Regelungen im traditionellen chinesischen Recht zu finden waren; Solidarhaftung als Rechtsfolge fügte sich in die chinesische Rechtsidee ein. Im ersten Entwurf am Ende der Qing-Dynastie (auch als Entscheidungs-Leitprinzip vom *Dali Yuan* aufgenommen) wurde die Vorschrift § 830 I 1 BGB fast wörtlich übernommen: „Haben mehrere durch eine gemeinschaftlich begangene unerlaubte Handlung einen Schaden verursacht, so ist jeder für den Gesamtschaden verantwortlich."[324] Im § 185 ZGB war angelehnt an das japanische Vorbild (§ 719 j. BGB) reguliert: „Verletzen mehrere gemeinsam widerrechtlich das Recht eines anderen, so sind sie als Gesamtschuldner zum Schadensersatz verpflichtet."

Schwieriger war aber die Rezeption von § 830 Abs. 1 S. 2 BGB. In dieser Norm wird besonders die nicht-strafrechtliche Mittäterschaft geregelt, die nicht bewusst und gewollt ausgeführt wurde.[325] Diese Regelung kannte das traditionelle chinesische Recht nicht.

323 Vgl. Weggel, Chinesische Rechtsgeschichte, S. 228 f.

324 § 950 Abs. 1 S. 1 des ersten Entwurfs; Entscheidungssammlung des Dali Yuan in Zivilsachen, 1917 (6). BA. 29. (大理院六年私訴上字第二十九號判例).

325 Staudinger/Eberl-Borges, § 830, Rn. 3; MünchKommBGB/Wagner, § 830, Rn. 2.

Ähnlich wie im § 830 Abs. 1 S. 2 BGB wurde im ersten Entwurf am Ende der Qing-Dynastie Folgendes geregelt: „(…) Das Gleiche gilt, wenn nicht festgestellt werden kann, wer von mehreren Tätern einen Schaden verursacht hat.“ (§ 950 Abs. 1. S. 2 des ersten Entwurfs) Danach wurde diese Vorschrift nur mit einer kleinen Änderung im zweiten Entwurf und im ZGB aufgenommen.

In der Rechtpraxis hatte erstmals das *Dali Yuan* durch eine Rechtsprechung diese normative Rezeption bestätigt.[326] Kurz darauf hatte das *Dali-Yuan* in einer neuen Rechtsprechung über die nicht bewusst und gewollt zusammenwirkende Mittäterschaft ausgelegt: „Wenn ein Recht von mehreren verletzt wird, und alle Täter keine bewusste und gewollte Zusammenwirkung haben, sollen sich die Täter für ihren eigenen Haftungsteil separat verantworten; wenn nicht festgestellt werden kann, wer von mehreren Tätern einen Schaden verursacht hat, sollen sich die Täter für eine Solidarhaftung verpflichten.“[327] (Vgl. § 840. Abs. 1 BGB) Hier wurde analog zum BGB die pro-rata-Haftung als Normalfall und die gesamtschuldnerische Haftung durch Regelung der Beweislastumkehr als Ausnahme geregelt.[328]

Logischerweise soll sich jede Person für ihre eigene Handlung verantworten. Das ist eine ethische natürliche Folgerung. Allerdings wird im Fall der Haftung von mehreren der Schutz des Geschädigten, und nicht der Vorwurf des Schädigers als wichtiger Rechtswert angesehen. Mit dem Modell der Gesamtschuld kann der Geschädigte jeden einzelnen oder mehrere der Schädiger für den gesamten Schadensersatz belangen, damit ihm der Schutz möglichst ausreichend gewährleistet ist. Die Verteilung und der Ausgleich der Haftung im Innenverhältnis werden erst später getrennt verwirklicht. Deswegen ist die Gesamtschuld die hauptsächliche Form für die deliktische Haftung von mehreren.[329]

Auch wenn die Regelung über Mittäterschaft im traditionellen chinesischen Recht sich von dem modernen Zivilrecht unterscheidet – also § 840 bezieht sich auf eine Erleichterung des Opferanspruchs und nicht auf eine Bestrafung des Täters –, wurde hier dennoch die deutsche Vorschrift rezipiert. Der Grund für die Übernahme lag darin, dass der innere Gedanke der deutschen Regelung auf der Ebene der Rechtsvorstellung der chinesischen Idee nicht entgegenstand. Die Prinzipien als normative Grundlage für § 840, „*den Geschädigten nicht schlechter zu stellen, als er bei einem Alleinschädiger stünde*“ und „*den deliktisch Handelnden*

326 Der Text siehe oben im 5. Kap. I. 3. b. Entscheidungssammlung des Dali Yuan in Zivilsachen, 1916 (5). BA. 24. (大理院五年私訴上字第二十四號判例).

327 Entscheidungssammlung des Dali Yuan in Zivilsachen, 1916 (5). B. 310. (大理院五年上字第一零一二號判例).

328 MünchKommBGB/Wagner, § 830, Rn. 1.

329 Vgl. Deutsch/Ahrens, Deliktsrecht, 2014, Rn. 200 ff.

nicht zu privilegieren",[330] konnten die chinesischen Juristen problemlos nachvollziehen, weil ähnliche Überlegungen in der chinesischen gemeinschaftlichen Gerechtigkeit gefunden werden können. Nach der konfuzianistischen Lehre war das gemeinschaftliche Wesen viel bedeutender als das Individuum. Verursachung und Auswirkung von allen Handlungen müssten ihren Einfluss für die anderen im Umfeld erkennen lassen. Mit diesem Gedanken ließen sich für die Vorstellung und die Rechtspraxis über die Zurechnung und die Verteilung der Haftungen unter mehreren immer mehr Verankerungspunkte in der chinesischen Rechtsgeschichte finden. Diese Vorstellung und historische Erfahrung machten die Rezeption der Regelung Haftung mehrerer Täter aus dem deutschen Recht fast reibungslos.

3. Mitverschulden

Seit der Zeit des klassischen römischen Rechts wurde die „*Quod-quis*-Regel" von Pomponius angewandt: „*Quod quis ex culpa sua damnum sentit, non intellegitur damnum sentire.*"[331] Ein Schaden aus eigenem Verschulden werde als nicht als Schaden betrachtet. Deswegen hatte das klassische römische Recht das Problem des Mitverschuldens von Schädiger und Geschädigtem noch nicht entwickelt. Grundlegend war vielmehr die Vorstellung, dass ein Schaden entweder vom Schädiger oder vom Geschädigten selbst gänzlich zu übernehmen war.[332] Das wurde nachträglich als „Alles-oder-Nichts-Prinzip" benannt.[333]

Der Gedanke des Alles-oder-Nichts-Prinzips ist nicht nur im europäischen kontinentalen Recht verankert, sondern auch in den Rechtsordnungen des angloamerikanischen Rechtskreises. Das Prinzip „*Contributory Negligence-Doktrin*" funktionierte lange im englischen Recht als die Regelung, den Anspruch des Schadensersatzes wegen des Mitverschuldens komplett auszuschließen.[334] Erst mit Beginn des 20. Jahrhunderts werden die Quotenteilungsmodelle als neue Tendenz in den USA eingeführt (*Comparative Negligence*), um die Starre des Alles-oder-Nichts-Prinzips zu mildern.[335]

Im traditionellen chinesischen Recht herrschte für das Mitverschulden ebenso das Alles-oder-Nichts-Prinzip vor. Bedingung für ein Mitverschulden war, dass

---

330 Staudinger/Vieweg, § 840, Rn. 2;
331 D.50.17.203.
332 Looschelders, Die Mitverantwortlichkeit des Geschädigten im Privatrecht, S. 15.
333 Brüggemeier, Haftungsrecht, S. 555.
334 Looschelders, Die Mitverantwortlichkeit des Geschädigten im Privatrecht, S. 92 ff.
335 Looschelders, Die Mitverantwortlichkeit des Geschädigten im Privatrecht, S. 97.

der Geschädigte selbst Schaden erlitten hat. Ein Beispiel lag im schon erwähnten Körperdelikt von untergeordneten Familienangehörigen gegen den übergeordneten Familienangehörigen vor:[336] Sofern der Schädiger ein untergeordneter Familienangehöriger war, sollte er sich für den gesamten Schaden verpflichten, auch wenn es ein Mitverschulden vom Geschädigten gab.

Die Rezeption der Mitverschuldensregelung begann mit dem ersten Entwurf des chinesischen Zivilgesetzbuchs. Zum § 387 des ersten Entwurfs: „Hat bei der Entstehung des Schadens ein Verschulden des Beschädigten mitgewirkt, so kann das *Yamen* die Verpflichtung und den Betrag des Ersatzes nach den Umständen abwägen. Dies gilt auch dann, wenn er den Schuldner auf die Gefahr eines besonders hohen Schadens, die der Schuldner weder kannte noch kennen musste, nicht aufmerksam macht oder es unterlässt, den Schaden abzuwenden oder zu vermindern."[337]

Die Anwendungen in der Rechtsprechung wurden erst seit der Zeit des *Dali Yuan* realisiert. Hier wird eine Gerichtsentscheidung aus dem Jahr 1916 als Beispiel zitiert. Der Sachverhalt: Ein Frachtschiff des Klägers (Berufungsbeklagter) wurde wegen Kollision mit einem Dampfschiff des Beklagten (Berufungskläger) schwer beschädigt. Der Kläger stellte daher gegenüber dem Beklagten einen Anspruch auf Schadensersatz. Nach zwei Instanzen wurde der Streitfall vom *Dali Yuan* übernommen. Der Richter beschied:[338]

---

336 Siehe dazu oben, Kapitel 5, II, 2.

337 Vgl. § 254 BGB

338 Entscheidungssammlung des Dali Yuan in Zivilsachen, 1916 (5). B. 1012. (大理院五年上字第一千零一十二號判例)

按現行民事法例：「凡以不法行爲爲原因請求之損害賠償，如被害人亦有過失時，審判衙門得斟酌其過失之程度，核減賠償之數額。」至被上告人究竟有無過失，及其程度如何，應就事實立論，不得徒憑臆測。本案被上告人因上告人之神電小輪撞沉龍彩忠板船所受損害，……已爲兩造所不爭。……惟原審判令上告人按照七成賠償被上告人損害者，系以當時龍彩忠之板船因風大水急直撞輪身致遭損壞，實爲神電小輪（上告人之輪船）水手等意料所不及，該板船之損壞，殊不能全歸責于上告人，故酌令七成賠償。然查現行法例：「不法行爲之構成，除行爲人系有故意外，凡應注意、并能注意而不注意者，爲有過失，亦認爲賠償損害之原因。」複按現行法例：「同一權利若爲數人所侵害，而各加害人無意思上之聯絡者，應由加害人各就其所加之損害，分別負賠償責任，如事實上不能確知孰加損害者，則負連帶之責。」故本案上告人所負賠償責任之程度如何，自應視裝載洋灰之船被神電小輪撞沒時，駕駛該船之龍彩忠及雇用神電小輪之上告人是否均有過失，及其程度如何爲斷。查據水警廳原圖，裝載洋灰之船乘風上駛，本爲神電小輪船瞭望之所及，其時幷無他船同來，自非全無避讓之餘地，即雲風大水急，仍非絕對不能施用人力，則神電之撞沉該船，即系應注意、幷能注意而不加以注意，不可謂爲無過失，自不得僅以其非水手等意料所及爲減免責任之原因。……

Nach dem geltenden Recht „für den Anspruch auf Schadensersatz wegen einer unerlaubten Handlung hat ein Verschulden des Beschädigten mitgewirkt, somit kann das Yamen den Betrag des Ersatzes nach dem Umfang des Verschuldens herabsetzen." Ob bei dem Berufungsbeklagten ein Verschulden vorliegt, und welchen Umfang sein Verschulden einnimmt, soll nach der Sachlage entschieden und nicht ohne Begründung vermutet werden. Die Tatsache, dass der Berufungsbeklagte wegen der Kollision einen Schaden erlitten hat (…), wird schon nicht mehr von den beiden Beteiligen bestritten. (…) Das Gericht erster Instanz beschied knapp,dass der Berufungskläger sich für bis zu 70 % des Schadens verpflichten soll. Der Grund für die Kollision sei eigentlich der stürmische Wind, der schwerlich von Seeleuten erwartet werden könne. Demnach soll der Berufungskläger nicht für den gesamten Umfang, sondern für 70 % des Schadens verantwortlich sein. Aber nach dem geltenden Recht sei ‚neben dem Vorsatz auch bei Fahrlässigkeit eben für den Schaden zu haften. Fahrlässig handelt derjenige, der zur Sorgfalt verpflichtet und fähig ist, jedoch die Sorgfalt außer Acht lässt' und die Regelung ‚Wenn ein Recht von mehreren verletzt, und alle Täter haben kein bewusstes und gewolltes Zusammenwirken, sollen sich die Täter für ihren eigenen Haftungsteil separat verpflichten; wenn nicht festgestellt werden kann, wer von mehreren Tätern einen Schaden verursacht hat, sollen sich die Täter für eine Solidarhaftung verpflichten.' Der Umfang des Schadensersatzes vom Berufungskläger hängt deswegen von dem Verschulden der Seeleute im Dampfschiff ab. Die Hafenpolizei erbrachte folgenden Beweis: das Frachtschiff sollte vom Wachturm auf dem Dampfschiff sichtbar sein. Damals gab es keine anderen Schiffe in der Nähe, somit ist die Ausrede, es habe nicht genügend Raum für eine Umkehr gegeben, nicht gültig. Trotz des stürmischen Windes sei es durchaus nicht unmöglich gewesen, diesen Unfall zu vermeiden. Die Erleichterung der Haftung vom Dampfschiff soll ohne gerichtliche Gründe sein. (…)

Ein weiteres Beispiel aus dem Jahr 1920: Der Beklagte konnte die Klägerin ungeachtet ihrer Verlobung nicht ehelichen, weil er bereits verheiratet war. Die Klägerin war der Meinung, dass ihr Ruf infolge des Geschlechtsverkehrs mit dem Beklagten beschädigt war und sie aus eben diesem Grund von ihrem Arbeitgeber entlassen wurde. Zum Schadensersatz stellt die Klägerin einen Anspruch dem Beklagen gegenüber. Der Richter vom *Dali Yuan* führte aus:[339]

查民事條理，被害人于損害及責任原因之成立亦有過失者，應將其過失與加害人之過失相抵除，以決定賠償之範圍。本案被上告人陳效理于未與上告人沈祖康成婚前，即與其苟合，亦不能謂無過失，……而計算其損害，亦應斟酌陳效理之過失以定適當之範圍。……	*Nach dem geltenden Recht „hat ein Verschulden des Beschädigten bei der Entstehung des Schadens mitgewirkt und es soll das Verschulden des Beschädigten und des Schädigers gegeneinander aufgerechnet werden, um den Betrag des Ersatzes zu bestimmen." Die Klägerin hatte ihr eigenes Mitverschulden, weil sie schon vor der Verheiratung eine unerlaubte sexuelle Beziehung zu dem Beklagten eingegangen war. Sie solle für einen Teil des Schadens verantwortlich sein. (…) Für den Umfang des Schadensersatzes soll auch das Mitverschulden erwogen werden. (…)*

In der vorliegenden Entscheidung war der Richter der Meinung, dass die Geschädigte wegen des vorehelichen Geschlechtsverkehrs auch Mitverschulden trug, und deswegen auch selbst einen Teil des Schadens zu übernehmen hatte. Der Richter hatte im Übrigen den Begriff „Aufrechnung" statt der Bezeichnung „den Betrag des Ersatzes herabsetzen" als Rechtsfolge verwendet.

Danach wurde die Regelung Mitverschulden im chinesischen ZGB aufgenommen, allerdings nicht ohne eine auffällige Erneuerung. Wie schon im Kapitel 4 III erwähnt, wurden im chinesischen ZGB insbesondere die Normen, die zugunsten des Schuldners sprechen, geregelt. Diese Regelung wurde im traditionellen chinesischen Rechtsdenken manifestiert. Dazu gehört die Regelung Mitverschulden.

Ähnlich wie § 254 BGB ist die Regelung des Mitverschuldens vom Beschädigten im § 217 chin. ZGB geregelt, aber im § 217 chin. ZGB lag es weiterhin ausdrücklich im gerichtlichen Ermessen bei der Herabsetzung, bis zum Erlass des Ersatzes.[340] § 218 chin. ZGB räumte dem Richter sogar noch mehr Ermessensfreiheit ein, um die wirtschaftliche Lage des Schuldners mehr zu berück-

339 Entscheidungssammlung des Dali Yuan in Zivilsachen, 1920 (9). B. 1400. (大理院九年上字第一千四百號判例).

340 Ham, Zur Rezeption des Deutschen Bürgerlichen Gesetzbuches in China, 2006, S. 196.

sichtigen.[341] § 218 chin. ZGB wurde eigentlich nicht vom deutschen Vorbild, sondern vom Schweizerischen Obligationenrecht (Art 44, II, OR) rezipiert.[342] Die soziale Orientierung des chinesischen Rechts war hinsichtlich dieser Regelung viel stärker ausgeprägt als beim deutschen Recht. Obwohl die Belastung des schwachen Schuldners dadurch sehr erleichtert wurde, wurde auf der anderen Seite der Rechtsanspruch des Gläubigers zu sehr erschwert, was zu Ungerechtigkeit führte.[343]

Im *Gesetzgebungsmotiv* wurde folgendermaßen argumentiert:

> *Für einen Schaden infolge einer vorsätzlichen oder fahrlässigen Handlung ist der Täter zur Haftung des Schadensersatzes verpflichtet. Allerdings liegt bereits eine Ausnahme vor, wenn dem Beschädigten ein Teil des Verschuldens für den Schaden zukommt. Nach § 217 soll in diesem Fall der Betrag des Ersatzes herabgesetzt oder der Ersatz erlassen werden, um die gerechte Rechtsfolge zu verwirklichen. Im Übrigen wäre es zu streng, wenn die Ersatzleistung für den Schädiger, den Lebensunterhalt des Schadensersatzpflichtigen, dem weder Vorsatz noch grobe Fahrlässigkeit vorzuwerfen war, schwer beeinträchtigen würde. Deswegen wurde § 218 so geregelt, dass das Gericht den Betrag des Schadensersatzes herabsetzen kann, um die Härte zu relativieren.*[344]

Im chinesischen ZGB wurde die Regelung des Mitverschuldens viel stärker als Mechanismus benutzt, um die Interessen der Gesellschaft positiv und neu zu verteilen, und nicht nur um einen nachweislichen Schaden auszugleichen. Im Kapitel 4 III der vorliegenden Dissertation ist ausgeführt, dass das chinesische ZGB einen Trend zu starker sozialer Gerechtigkeit erkennen lässt. Die Rezeption und Entwicklung ist gerade für diese Richtung ein Beispiel.

IV. Rechtsfolgen

1. Ausgleichende Gerechtigkeit und Mittelmaß

Der Begriff ausgleichende Gerechtigkeit, ein Phänomen, das auf die altgriechische Zeit zurückzuführen ist, ist als einer der wichtigsten deliktsrechtlichen Grundsätze anzusehen. Dies verkörpert sich in den auf Wiedergutmachung orientierten Rechtsregelungen im Deliktsrechtssystem. Der Hauptgedanke von

---

341 Siehe dazu oben 4. Kap. III. 3. b).

342 Manthe, Bürgerliches Recht und Bürgerliches Gesetzbuch in der VR China, 1987, S. 14; Bünger, Zivil- und Handelsgesetzbuch sowie Wechsel- und Scheckgesetz von China, S. 133.

343 Ham, Zur Rezeption des Deutschen Bürgerlichen Gesetzbuches in China, 2006, S. 196.

344 Protokoll zum Schuldrecht, in: Materialien zur Entstehungsgeschichte des Chinesischen Zivilgesetzbuchs (中華民國民法制定史料彙編), Taipeh, 1976, S. 485.

der ausgleichenden Gerechtigkeit konnte in der konfuzianischen Vorstellung in „*zhongyong*“ (中庸, Mittelmaß) eine Analogie finden, was bedeutet, alle Dinge, die von der ursprünglichen Position abweichen, sollen und können wieder zur anfänglichen Stelle zurückkehren, um die natürliche Balance zu erreichen.

Es ist sinnvoll anzunehmen, dass die konfuzianistische Idee aufgrund der Ähnlichkeit eine Grundlage für das Verständnis und die Akzeptanz der westlichen Rechtsnormen bezüglich der ausgleichenden Gerechtigkeitsidee bzw. der Aufgabe des Deliktsrechts geboten hat. Die Idee der Wiedergutmachung oder die Idee der Wiederherstellung der ursprünglichen Rechtschaffenheit seien in diesem Sinn nicht ganz fremd und unverständlich, obwohl es im traditionellen chinesischen Recht kaum eine vergleichbare Rechtsordnung gab. Der Hauptbeweis bzw. die Motivation dieser Hypothese ist eben die Tatsache, dass das zivilrechtliche Deliktsrecht als Kompensationsrecht in China reibungsarm rezipiert werden konnte.

Allerdings bedeutet die Ähnlichkeit nicht Gleichheit. Dies hat den Niederschlag in den im Folgenden zu besprechenden Punkt gefunden.

2. Billigkeitserwägung und *qingli*

Im Rechtsbewusstsein nicht nur von Laien, sondern auch von den chinesischen Juristen war verankert, dass die Lösung für Rechtsstreitigkeiten nicht streng vom juristischen Text eingeschränkt werden dürfen. Dazu hat Weggel eine sehr zutreffende Zusammenfassung ausgeführt:

> *Das Zivilrecht (…) zielte darauf ab, dem Recht des Einzelfalles Geltung zu verschaffen, also jede Schwierigkeit ex aequo et bono zurechtzubiegen und diesem bonum nach Möglichkeit schon im vorjuristischen Stadium durch freundschaftliche Verhandlungen und durch Arbitrage zum Zuge zu verhelfen. Auch das Zivilrecht transzendierte mit anderen Worten ins li hinein. Der römische Rechtsgrundsatz des „qui suo iure utitur neminem laedit“ würde in China als zutiefst unmoralisch empfunden werden.*[345]

Diese Art von Konfliktlösung wurde häufig mit der Bezeichnung „*qingli*“ (情理) argumentiert.[346] In der chinesischen Rechtstradition wurden die Rechtsstreitigkeiten tendenziell nicht nach Rechtsnormen, sondern nach *qingli* – wie aus dem Guten und Angemessenen – behandelt. *Qingli* kann sowohl als eine Art Rechtsquelle als auch als Weltanschauung betrachtet werden. Es spielte in der Rechtspraxis häufig eine wichtigere Rolle als das Gesetzbuch.

345 Weggel, Chinesische Rechtsgeschichte, S. 223.

346 Shiga, Untersuchung zur chinesischen Rechtskultur, in: Japan Association of Legal Philosophy (Hrsg.), West and East in legal culture, Tokyo, 1987, S. 50.

Auch wenn es auf eine ganz anders geartete philosophische und ethische Quelle zurückgeht, kann das Konzept *qingli* Anklang im westlichen Konzept der Billigkeit finden.

Im römischen Recht wurde die *aequitas* seit der Epoche der Spätantike als Korrekturmechanismus gegenüber dem *ius civile* angewandt. Die deutsche Übersetzung „Billigkeit" für *aequitas* war in diesem Zusammenhang, nämlich eng mit dem Recht verbunden, seit dem 11. Jahrhundert zurückblickend.[347] Bei dieser Vorstellung ist vor allem zu beachten, ob eine Sache ihren angemessenen oder gerechten Zustand erfuhr. In der Rechtsprechung nimmt es die Funktion als Modifikation oder Lückenfüllung bei Fällen ein, wenn die unmittelbare Anwendung des positiven Rechts zu einem ersichtlich ungerechten Ereignis führt oder wenn es ein Schlupfloch im positiven Recht gibt.[348]

Ein präziser Vergleich ergibt aber auch Verschiedenheit. Billigkeit soll bei der westlichen Rechtsvorstellung hauptsächlich als ein Hilfsmittel zur juristischen Argumentation oder als eine Art Kompromiss zur Vermeidung einer extremen Situation verstanden werden. „Die Billigkeit ist von jeher sowohl das Leidwesen als auch die Blüte der Rechtsprechung gewesen."[349] Anders als bei der westlichen Vorstellung wurde dem Konzept *qingli* eine mehr grundsätzliche und allgemeingültige Bedeutung von der konfuzianischen Philosophie gegeben. Die metaphysische Grundlage der *qingli* beruht auf dem konfuzianischen Mittelmaß (*zhongyong*, 中庸), Rechtschaffenheit (*yi*, 义) und Harmonie (*hexie*, 和谐). *Qingli* diente in diesem Sinn in der chinesischen Vorstellung offensichtlich einer Kombination zur positiven Weltanschauung wie Frieden und Harmonie. Die negative Seite beziehungsweise die mögliche Ungerechtigkeit wird häufig ignoriert. Das objektivierte und fixierte Recht und Gerechtigkeit sei im Vergleich dazu in China eher fragwürdiger. Das in der westlichen Welt bekannte Gebot *„fiat iustitia, et pereat mundus"* konnte kaum in der traditionellen Rechtsvorstellung Resonanz finden.[350] *Qingli* hat nicht nur als Erhaltungsmechanismus oder Hilfsmittel des Gesetzes, sondern als eine bedeutende und selbstständige Rechtsquelle eine Rolle gespielt.

347 Maye, Die Paradoxie der Billigkeit in Recht und Hermeneutik, 2006. S. 59.

348 Maye, Die Paradoxie der Billigkeit in Recht und Hermeneutik, 2006. S. 60.

349 Schmölder, Die Billigkeit als Grundlage des bürgerlichen Rechts: Ein Beitrag zur Berichtigung der amtlichen Rechtsauffassung, Hamm, 1907, S. 11.

350 Weggel, Chinesische Rechtsgeschichte, S. 141.

Nach der Rechtsnorm wurde das Konzept Billigkeit von den chinesischen Richtern in der Rechtsprechung häufig als Grundsatz angewendet. Im Folgenden wird der Auszug einer Gerichtsentscheidung als Beispiel genannt:[351]

若果僅就被上告人精神上所受無形之苦痛判給慰藉費，則其數額既難以金錢計算，自應審核各種情形以爲標準，例如被害人之地位、家况及與該家屬之關係如何，固最宜注意，而加害人或其承繼人之地位、資力如何，亦應加以斟酌。	*Würde das Schmerzensgeld nur nach der immateriellen psychischen Verletzung zugesprochen werden, wäre die Summe schwerlich in Geld zu ermessen. Alle relevanten Aspekte sollen daher berücksichtigt werden, einschließlich in erster Linie des Status des Verletzten und seiner Familie, der Beziehung mit anderen Angehörigen usw., und darüber hinaus sei die Erwägung des sozialen und finanziellen Zustands des Schädigers (ggf. seiner Nachfolger) auch wichtig.*

In dieser Entscheidung hatte der Richter versucht, ein möglichst gerechteres Ergebnis für einen immateriellen Schaden zu erzielen. Um dieses Ziel zu erreichen, hatte sich der Richter bei der Erwägung nicht auf das Interesse des Verletzten und die Verletzungshandlung selbst beschränkt, sondern seine Überlegung auf den allgemeinen sozialen Status und die komplette Lebensbedingung der Beteiligen gerichtet. Der Schwerpunkt dieser Art Argumentation lag eigentlich nicht mehr auf dem Verhältnis zwischen **dem** Geschädigten und **dem** Schädiger, sondern zwischen dem gesellschaftlich Schwächeren und Stärkeren. Das deliktische Ereignis wurde in diesem Fall vielmehr als Gelegenheit genutzt, um die gesellschaftlichen Stärken und Schwächen auszugleichen. Dies wich bereits von der ausgleichenden Gerechtigkeit ab und neigte zu der Berücksichtigung der distributiven Gerechtigkeit (*iustitia distributiva*).[352] Diese Art Urteil war zur damaligen Zeit gewöhnlich. Bei der Rechtsprechung vertraten die Richter die Ansicht, dass der Schaden immer ein **soziales Problem** sei, welches das Mitwirken beider Seiten voraussetzt, weshalb beide Beteiligten gewissermaßen verantwortlich seien. Diese Art Urteil stellte die Beteiligten und die öffentliche Meinung zufrieden.

Obwohl die Regelungen und die Idee der Billigkeit in China eine Analogie fanden, gestaltete sich das im Rechtsleben in unterschiedlicher Weise. Die

351 Entscheidungssammlung des Dali Yuan in Zivilsachen, 1919 (8). BA. 77.(大理院九年私诉上字第七七号判例).

352 Weiterführend zur distributiven Gerechtigkeit und ausgleichenden Gerechtigkeit siehe Weinrib, The Idea of Private Law, Oxford, 2012, S. 67 f; Gordley, Foundations of Private Law, Oxford, 2006, S. 17.

Klausel der Billigkeit wurde sichtlich häufiger angewendet, sodass sie schon in vielen Punkten nicht mit dem Rechtsrezeptionsvorbild übereinstimmt.

Die Billigkeitserwägung war auch in der Gesetzgebung zu berücksichtigen. Im § 187 chin. ZGB wurde schon nach § 829 BGB und Art. 54 I OR die Billigkeitserwägung für die Aufsichtshaftung geregelt. Aber weitergehend wurde die Geltung der Billigkeitserwägung noch erweitert zum Bereich der Gehilfenschaften (§ 188 des chin. ZGB[353]).Diese Regelung war ersichtlich über das deutsche (§ 831 BGB) und das japanische Vorbild (§ 715 jap. ZGB) hinausgegangen. Der Anwendungsbereich der Billigkeitserwägung im chinesischen Zivilgesetzbuch wurde daher in der Rechtsrezeption ausgeweitet.

Der berühmte japanische Rechtswissenschaftler Wagatsuma Sakae (我妻栄) hat wie folgt kommentiert: Die Billigkeitsregelungen im chinesischen ZGB seien dogmatisch und theoretisch gerecht, allerdings müsse der Richter bei der Anwendung sorgfältig sein, um den Sachverhalt klar zu ermitteln. Der Richter solle sich nicht vom Beklagten durch inständige Bitten verführen lassen. In diesen Fällen könnten die Billigkeitsregelungen von einem schlauen Schuldner missbraucht werden, was letztlich eine arge Unsicherheit für die Rechtsordnung mit sich brächte.[354] Wagatsuma hat hier auf die Gefahr der umfassenden Anwendbarkeit der Billigkeitsregelungen hingewiesen.

Eigentlich gab es schon seit langem Kritik in der chinesischen Rechtsgeschichte. In einer historischen Quelle aus der Ming-Zeit findet sich die Kritik eines Richters aus der Ming-Dynastie: „Bei einem Gerichtsverfahren folgt der Richter häufig dem moralischen Gebot ‚sich um die Armen zu kümmern,

---

353 § 188 chin. ZGB: „(1) Verletzt ein Dienstpflichtiger in Ausführung seiner Aufgaben widerrechtlich ein fremdes Recht, so sind der Dienstberechtigte und der Täter als Gesamtschuldner zum Schadensersatz verpflichtet. Der Dienstberechtigte ist aber nicht zum Schadensersatz verpflichtet, wenn er bei der Auswahl des Dienstpflichtigen und bei der Aufsicht über die Ausführung der Aufgaben eine angemessene Sorgfalt aufgewandt hat, oder wenn auch bei angemessener Sorgfalt die Entstehung des Schadens nicht verhindert worden wäre. (2) Wenn der Verletzte nach dem 2. Satz des vorhergehenden Absatzes keinen Schadensersatz erlangen kann, so kann das Gericht auf seinen Antrag unter Abwägung der wirtschaftlichen Verhältnisse des Dienstberechtigten und des Verletzten, dem Dienstberechtigten den Ersatz des ganzen Schadens oder eines Teils auferlegen. (3) Wenn der Dienstberechtigte den Schaden ersetzt, so hat er einen Rückgriffsanspruch gegen den Dienstpflichtigen, der die unerlaubte Handlung begangen hat."

354 Wagatsuma, Allgemeiner Teil des chinesischen Schuldrechts, 1936, S. 64. Für eine ähnliche Kritik siehe Ham, Zur Rezeption des Deutschen Bürgerlichen Gesetzbuches in China, 2006, S. 198.

den Schwachen zu helfen‘. Der Sachverhalt wird hingegen häufig nur nachlässig untersucht. Hier liegt gerade ein bedeutender Grund für falsche Urteile, für ununterbrochene Rechtsstreitigkeiten, für die Unruhe der öffentlichen und privaten Ordnung usw.“[355] Ein berühmter chinesischer Gelehrter in der Ming-Zeit *Hai Rui* (海瑞) bezeichnete Richter, die nur um den finanziellen Ausgleich, aber nicht um die Gerechtigkeit bemüht waren, als „Versöhnler“ (和事老人 *heshi laoren*).

Allerdings konnte eine derartige Kritik den auf der konfuzianistischen Vorstellung basierenden Hauptstrom nicht erschüttern. Die Billigkeitsregelungen wurden in der chinesischen Rechtsrezeptionszeit festgelegt. Auffällig ist, dass die chinesischen Billigkeitserwägungen bis heute nicht an Bedeutung abnehmen, sondern eher noch zunehmen. Ein Beispiel ist die Revision gegen die Gehilfenhaftungsregelung (§ 187) im geltenden chinesischen ZGB in Taiwan im Jahr 1995. Nach der neuen Revision des § 187 III: „Wenn nach den Vorschriften der beiden vorhergehenden Absätze kein Schadensersatz erlangt werden kann, so kann das Gericht auf Antrag des Geschädigten unter Abwägung der wirtschaftlichen Verhältnisse des **Täters**, **des gesetzlichen Vertreters** und des Verletzten dem **Täter oder seinem gesetzlichen Vertreter** den Ersatz des ganzen Schadens oder eines Teiles auferlegen.“[356]. Demnach wird der Billigkeitserwägungsgegenstand des gesetzlichen Vertreters auch für die Haftung berücksichtigt. In diesem Fall lässt sich der Schutz für die Geschädigten verbessern und zudem der Anwendungsbereich der Billigkeitserwägung nochmals ausweiten.

Für das Festland China gilt, dass schon mit dem Erlass *Zivilrechtsgrundsätze der VR China* (中华人民共和国民法通则) (im Jahr 1986) die allgemeingültige Billigkeitshaftungsklausel geregelt (§ 132) wurde.[357] Diese Regelung wurde

---

355 Gerichtsentscheidungen mit Gerechtigkeit (名公書判清明集), Zhang Siwei (張四維, Hrsg.), 1569, Nachdr. Beijing, 2002, S. 153.

356 Der Entwurf zur Revision des Schuldrechts und des Einführungsgesetzes zum Schuldrecht (民法債編部分條文及民法債編施行法修正草案), Taipeh, 1995. Die Regelung vor der Revision: „Wenn nach den Vorschriften der beiden vorhergehenden Absätze kein Schadensersatz erlangt werden kann, so kann das Gericht auf Antrag des Geschädigten unter Abwägung der wirtschaftlichen Verhältnisse des **Täters** und des Verletzten dem **Täter** den Ersatz des ganzen Schadens oder eines Teiles auferlegen“.

357 „Wenn keiner der Beteiligten die Schädigung schuldhaft herbeigeführt hat, kann die zivile Haftung aufgrund der tatsächlichen Umstände auf die Beteiligten verteilt übernommen werden.“ (§ 132 ZRG), Die Übersetzung ist übernommen von Münzel (Hrsg.), Kommentierte Übersetzungen aus dem Recht der Volksrepublik China, 2009, http://www.chinas-recht.de/zivilrecht.htm.

trotz Kritik vom später veröffentlichten *Haftungsgesetz für Rechtsverletzungen der VR China* (中华人民共和国侵权责任法) (im Jahr 2010) übernommen (§ 24).[358] Außerdem wird die Billigkeitsidee nicht wörtlich, aber sinngemäß in mehrere andere Normen aufgenommen. Der aktuelle Zustand im Festland China und in Taiwan erlaubt die Verdeutlichung der Besonderheit der Rezeption der billigkeitsbezogenen Regelungen und Ideen vor dem chinesischen Hintergrund.

3. Von der strafrechtlichen Sanktion zum zivilrechtlichen Schadensersatz

In der europäischen Rechtsgeschichte zeigt sich eine Tendenz, nämlich dass der Strafcharakter seit dem römischen Recht immer abgenommen hat. Bereits vor dem 19. Jahrhundert wurde der Strafcharakter komplett aus dem Weg geräumt.[359] Dahingehend erfüllt das Deliktsrecht vor allem die zivilrechtliche Funktion des Schadensersatzes. Die Rechtsrezeption brachte diesen Wandel auch nach China, allerdings mit noch rasanterer Geschwindigkeit.

Wie im 3. Kapitel schon erwähnt, wurde ein systematisches Zivilrechtssystem sofort während der Rechtsrezeptionszeit aufgebaut, obwohl sich dafür fast keine zivilrechtliche Tradition in der chinesischen Rechtsgeschichte fand. In der chinesischen Rechtspraxis wurde bis zur Zeit des *Dali Yuan* erstmals durch zwei Rechtsprechungen der Unterschied zwischen der strafrechtlichen Sanktion und dem zivilrechtlichen Schadensersatz erklärt. Hier werden nur Auszüge aus den zwei Fällen zitiert:[360]

---

358 „Wenn keiner der Geschädigten und der Täter die Schädigung schuldhaft herbeigeführt hat, kann die zivile Haftung aufgrund der tatsächlichen Umstände auf die beiden Beteiligten verteilt übernommen werden." (§ 24 Haftungsgesetz).

359 Coing, Europäisches Privatrecht, II, 1989, S. 512.

360 Entscheidungssammlung des Dali Yuan in Zivilsachen, 1919 (8). B. 1025; 1920 (9). B. 142. (大理院八年上字第一千零二十五號, 九年上字第一百四十二判例).

1. ……查觸犯刑法之行爲所負刑罰之責任，固不因和解而免除，若因不法行爲加損害于他人，本加害人被害人雙方一致之意思，訂立一種賠償契約，其契約决非無效。本案上告人因毆傷被上告人之母丁氏，自願將己有莊地給與被上告人管業，作爲養傷費用，所結契約全屬私法上之關係，與刑法上之處罰全不相涉，上告人不得藉口刑事訴訟法例，希圖翻悔。

2. 失火非有故意、重大過失，不負賠償之責。本件當事人因失火被處罰金，乃因過失負擔刑事上之責任，不能因其已負刑事責任，即謂其有重大過失，應負民事上賠償之責。

1. (…) Die strafrechtliche Haftung lässt sich nicht durch den Vergleich erlassen. Der Vertrag zwischen dem Beschädigten und dem Schädiger für Schadensersatz ist aber nicht unwirksam. Weil die Mutter des Beklagten vom Kläger geschlagen wurde, will der Kläger aus seinem freien Willen dem Beklagten sein eigenes Grundstück übereignen, um den Schaden des Klägers zu mindern. Dieser Vertrag reflektiert nur ein zivilrechtliches Verhältnis, doch die strafrechtliche Sanktion hat damit nichts zu tun. Der Vertrag kann demnach nicht aus dem Grund, dass der Streitfall in einen Strafrechtsprozess übergehen wird, vom Kläger widerrufen werden. (…)

2. Für den Brandschaden ist der Täter nur in den Fällen des Vorsatzes oder der groben Fahrlässigkeit verantwortlich. Der Beklagte ist schon wegen des Brandschadens zu einer Geldstrafe verurteilt worden, weil er zu einer strafrechtlichen Haftung verpflichtet ist. Aber es ist nicht von hier aus eine grobe Fahrlässigkeit im zivilrechtlichen Sinn zu vermuten, nur weil er eine strafrechtliche Sanktion zu tragen hat.

In den zwei Entscheidungen waren die strafrechtliche Sanktion und der zivilrechtliche Schadensersatz klar voneinander abgegrenzt, wofür sich in der traditionellen chinesischen Rechtsgeschichte kein Präzedenzfall finden lässt. Es ist anzunehmen, dass diese Art Erklärung für die Allgemeinheit zu Beginn des 20. Jahrhunderts noch fremd ist, aber schon vertraut für die Richter im *Dali Yuan*.

Die bedeutendste Rechtsfolge für die zivilrechtliche deliktische Haftung ist der Schadensersatz. Obwohl es noch Ausnahmen gibt, verursacht normalerweise die Verletzung eines vom Gesetz geschützten Interesses einen *Schaden*, der in diesem Sinn „die Übersetzung der Verletzung in eine monetäre Größe" ist.[361] Durch Schadensersatz kann auf einer Seite das Interesse des Geschädigten geschützt, auf der anderen Seite die Verletzungshandlung des Schädigers geahndet werden. Schutzfunktion und Sanktionsfunktion stehen jedoch in gegenseitiger Beziehung. Ersatzbarkeit und Strafbarkeit werden gleichermaßen verwirklicht. Zur Verdeutlichung des Verständnisses und der Anwendung des Schadensersatzes im *Dali Yuan* sei folgende Entscheidung zitiert:[362]

361 Brüggemeier, Haftungsrecht, S. 545, 561.

362 Entscheidungssammlung des Dali Yuan in Zivilsachen, 1916 (5). B. 967. (大理院五年上字第九百六十七號判例).

惟損害賠償之請求權以受有實際損害爲成立要件，若絕無損害可言，亦即無可賠償，此本院判例屢經釋明者也。……。惟該樹出賣之後即經砍伐，已不能回復原狀，則依前開說明，上告人等即使全系共有人，亦僅能就實際上所受之損害，對于被上告人請求賠償。	*Der Anspruch auf Schadensersatz sei durch eine **substantielle Beeinträchtigung** bedingt. Wenn es keine Beeinträchtigung gibt, ist keine Berechtigung auf Ersatz vorhanden, was schon in den Auslegungen des Dali Yuan mehrmals erklärt wurde. (...) Angesichts der Situation, dass die Bäume im Streitfall schon abgeholzt worden waren, ist die **Wiederherstellung** nicht mehr möglich. Die Kläger können in diesem Fall dem Beklagten nur einen Geldschadensersatz in Anspruch stellen.*

In dieser Entscheidung wurde ausdrücklich erklärt, dass für den Anspruch auf Schadensersatz eine substantielle Beeinträchtigung vorliegen muss. Der Schwerpunkt des sogenannten „Deliktsrechts" oder der „unerlaubten Handlungen" liegt doch vor allem nicht auf der Bestrafung des Schädigers für seine deliktische oder unerlaubte Handlung, sondern auf der Wiedergutmachung für den Geschädigten. Dies unterschied sich deutlich von dem traditionellen chinesischen Recht, aber widerspricht nicht, wie im letzten Abschnitt ausgeführt, der ethischen chinesischen Dogmatik.

Eine anderer wichtiger Punkt, der diese Entscheidung betrifft, ist das Verhältnis zwischen den zwei Ansätzen des Schadensersatzes im deutschen Recht: Naturalrestitution und Geldschadensersatz.

Das deutsche BGB enthält drei verschiedene Ansätze, mit denen der Zweck der deliktischen Ansprüche sich verwirklichen lässt: (1) Naturalrestitution (§ 249 a. F. BGB), (2) Schadensersatz in Geld (§ 251 a. F., § 252) und (3) billige Entschädigung von Nichtvermögensschäden (§ 253 a. F., § 847 a. F.).[363] Der Vorzugsrang zwischen zwei Rechtsfolgen, nämlich Naturalrestitution und Schadensersatz in Geld, ist aber unterschiedlich: Vorrangig ist die Naturalrestitution. Der Grund liegt darin, dass die Naturalrestitution besser mit dem Prinzip der Absolutheit des Eigentumsrechts im deutschen Recht kompatibel ist und von der spätscholastischen Restitutionslehre unterstützt wird sowie die Funktion der ausgleichenden Gerechtigkeit im Deliktsrecht gut reflektiert.[364]

Die chinesischen Gesetzgeber folgten hier nicht dem japanischen ZGB, das den Geldschadensersatz als den einheitlichen Rechtsbehelf regelt,[365] sondern

363 Brüggemeier, Haftungsrecht, S. 563 f, Fn. 107.

364 Brüggemeier, Haftungsrecht, S. 564, 566.

365 Wagatsuma, Allgemeiner Teil des chinesischen Schuldrechts, 1936, S. 80.

sie haben die Regelung vom deutschen BGB übernommen.[366] § 213 chin. ZGB: „(1) Wer zum Schadensersatz verpflichtet ist, hat den Zustand wiederherzustellen, der vor Schädigung der anderen Partei bestand, sofern nicht durch Gesetz oder Vertrag etwas anderes bestimmt ist. (2) Ist zur Wiederherstellung des früheren Zustandes ein Geldbetrag zu leisten, so ist dieser von dem Zeitpunkt des Entstehens des Schadensersatzes zu verzinsen."[367] § 215: „Ist die Wiederherstellung des früheren Zustandes nicht möglich oder offenbar mit großen Schwierigkeiten verbunden, so ist der Schaden in Geld zu ersetzen."[368] Die Regelung vom deutschen Recht wurde aufgenommen, weil diese der Vorstellung der Harmonie-Wiederherstellung und der entgegengesetzten *yi-li*-Beziehung mehr entsprach.

4. Schadensersatz für Nichtvermögensschäden

Im Vergleich zum Schadensersatz für Vermögensschäden sind das Verständnis und die Akzeptanz über Schadensersatz für Nichtvermögensschäden eher fragwürdig. Die zentrale theoretische Fragestellung ist, ob und wie das immaterielle Rechtsgut „monetisiert" oder „kommerzialisiert" werden kann.[369] Auf den beiden rechtlichen und ethisch theoretischen Ebenen bestehen immer Diskussionen zur Gerechtigkeit und zur Brauchbarkeit der geldlichen Entschädigung.[370]

Am Ende der Qing-Dynastie wurde die Regelung über Schadensersatz für Nichtvermögensschäden (erstaunlicherweise ohne heftige Diskussion und Streitigkeiten) vom BGB übernommen. Dieser Umstand wurde zuerst im ersten Entwurf des ZGB geregelt (§ 960, § 971), und dann vom zweiten Entwurf (§ 266, § 267) und dem chinesischen ZGB (§ 194, § 195[371]) übernommen. Die chine-

---

366 Entscheidungssammlung des Dali Yuan in Zivilsachen, 1926 (15). B. 1600. (大理院十五年上字第一千六百號判例).

367 Vgl. § 249 BGB a. F.

368 Vgl. § 251 BGB a. F.

369 Brüggemeier, Haftungsrecht, S. 546.

370 Dazu siehe Staudinger/Schiemann, § 253, Rn. 28.

371 § 194 chin. ZGB: Verursacht jemand durch eine widerrechtliche Verletzung eines anderen dessen Tod, so können der Vater, können die Kinder und der Ehegatte des Verletzten auch für den nicht vermögenswerten Schaden einen angemessenen Geldbetrag als Ersatz verlangen. § 195 chin. ZGB: (1) Bei widerrechtlicher Verletzung des Körpers, der Gesundheit, der Ehre oder der Freiheit kann der Verletzte auch für den nicht vermögenswerten Schaden einen angemessenen Geldbetrag als Ersatz verlangen. Wer in seiner Ehre verletzt ist, kann auch die zur Wiederherstellung seiner Ehre geeigneten Maßnahmen verlangen. (2) Ein Anspruch gemäß dem vorhergehenden Absatz ist nicht übertragbar und nicht vererblich, es sei denn, daß der Anspruch auf Geldersatz bereits vertraglich anerkannt oder rechtshängig ist.

sischen Regelungen lassen sich so charakterisieren wie das deutsche Recht: die Entschädigung in Geld für Nichtvermögensschäden wird nur in den durch das Gesetz bestimmten Fällen gefordert. Dies unterschied sich von dem japanischen Recht: Nach der Regelung des japanischen Rechts ist der Anspruch auf Entschädigung wegen Nichtvermögensschäden in allen Schadensfällen neben dem Vermögensschadensersatz erlaubt (§ 710 jap. ZGB). In der Rechtsprechung wurde der Schadensersatz für Nichtvermögensverletzung erstmals durch ein Urteil des *Dali Yuan* bestimmt:[372]

身體之損害，雖非如財產之可以金錢計算，唯法既許被害人可以請求金錢之賠償，自應由審判衙門斟酌被害人受損情形，令加害人負賠償之責任，而其既定之數額亦不許加害人空言請求減免。本案上告人等剜傷被上告人之夫池仕潮及其夫弟仕湖，致成殘廢，現其家屬因二人不能爲勞務，生計艱難，是上告人所爲委系情不可恕，在被上告人尤非得相當之賠償以爲慰藉不可。

Die körperliche Verletzung kann nicht wie das Vermögen in Geld ermessen werden, allerdings, da der Anspruch des Geschädigten auf Schadensersatz schon vom Gesetz bestimmt wird, soll das Yamen die tatsächliche Beeinträchtigung sorgfältig ermitteln, um den Schädiger zu der angemessenen Haftung des Schadensersatzes zu verurteilen. Der Betrag lässt sich auf keinen Fall nur auf Bitten des Schädigers reduzieren oder umgehen. In diesem Streitfall hatten die Berufungskläger die Berufungsbeklagten schwer verletzt, was zur Behinderung der Berufungsbeklagten führte. Die wirtschaftliche Notlage der Familien des Berufungsklägers, die das Gerichtsverfahren verursacht haben, kann nicht berücksichtigt werden. Die Berufungsbeklagten sollen eine angemessene Entschädigung erhalten.

Die Entschädigung als Geldersatz für einen körperlichen Schaden ist weder das Sühnegeld im Sinne des traditionellen chinesischen Rechts noch die Geldstrafe. Diese neue Form der Rechtsfolge war in der chinesischen Rechtsgeschichte ein wichtiger Meilenstein.

Allerdings war die Betragsermessung des Schadensersatzes für einen Nichtvermögensschaden in der damaligen Rechtsprechung noch ein Problem. Die folgende Entscheidung soll dies verdeutlichen:[373]

372 Entscheidungssammlung des Dali Yuan in Zivilsachen, 1914 (3). B. 448. (大理院八年上字第四百四十八號判例).

373 Entscheidungssammlung des Dali Yuan in Zivilsachen, 1916 (5). BA. 42. (大理院五年私訴上字第四十二號判例).

本院按民事法例：「凡以侵權行爲損害他人之權利者，即應負賠償責任，至賠償之數額，審判衙門應調查其實際所受損害爲之斷定，其因身體上所受損害致生財產上之損害者亦同。」本案上告人（即被侵權人，一審原告——作者注，下同）被方孔闊（即侵權人，原審被告，第三審被上告人）毆傷右後肋及左手腕等處，……是上告人當然得以所受損害爲限，向加害人請求賠償。……，原審即應本此就上告人實際所受損害予以審究，即自受傷後至全愈日止，所用醫藥各費究系若干，上告人平常每日工價究有幾何，共計此項損害幾何，均須調查明晰，乃原判概置不問，僅酌令方孔闊給與上告人醫藥費洋二十元，未免不合，自不足以昭折服。	*Nach dem geltenden Recht „sei der Täter zum Schadensersatz verpflichtet, sofern er das Recht von anderen verletzt hat. Der Betrag des Schadensersatzes soll vom Yamen nach der tatsächlichen Beeinträchtigung ermessen werden. Dies gilt auch für den Nichtvermögensschaden." Der Berufungskläger (der Geschädigte, Kläger erster Instanz) wurde vom Berufungsbeklagten (Schädiger, Beklagter erster Instanz) an den Rippen und am linken Handgelenk schwer verletzt. (...) Der Berufungskläger kann demnach von dem Berufungsbeklagten einen Schadensersatz verlangen. (...) Das Yamen erster Instanz soll dann die tatsächliche Beeinträchtigung des Geschädigten detailliiert ermitteln, einschließlich der Kosten für medizinische Behandlung, dem Arbeitseinkommen des Geschädigten und dem anderen Verlust etc. Allerdings hatte das Yamen erster Instanz die Sachlage kaum geprüft, sondern nur geurteilt, dass der Berufungsbeklagte dem Berufungskläger 20 Yuan als Behandlungs- und Arzneimittelkosten gewähren solle. Das Urteil erster Instanz ist daher nicht gerecht und nicht überzeugend.*

In dieser Entscheidung lässt sich mittelbar ermitteln, dass die Betragsermessung des Schadensersatzes von der ersten Instanz vage war – um nicht zu sagen, willkürlich. Die tatsächlichen Beeinträchtigungen werden nicht sorgfältig vom Richter erster Instanz untersucht. Diese Art Ermessung könnte die Assoziativität zwischen der Kompensationsfunktion und der Sanktionsfunktion des Deliktsrechts und weiterführend die Umsetzung der ausgleichenden Gerechtigkeit beschädigen. Allerdings sind die Urteile der untergeordneten Gerichte, die wegen der vagen Behandlung zurückgewiesen oder revidiert wurden, am häufigsten in den Rechtsprechungen des *Dali Yuan* (im deliktsrechtlichen Bereich) zu sehen. Weil der Schwerpunkt des traditionellen chinesischen Rechts nicht auf der Wiedergutmachung des Geschädigten lag, gab es in China bis zur Rechtsrezeptionszeit keine Tradition, den Schaden genau zu ermessen. Für die Frage, wie der Nichtvermögensschaden zu monetisieren ist, fehlte den chinesischen Richtern die Erfahrung. Detailliertere Anwendungsregeln waren zu Beginn der Rechtsrezeption auch nicht zu erwarten.

Im Übrigen regulierte der Anspruch der Nährverwandten auf einen Schadensersatz für das Lebensdelikt im ersten Entwurf der Qing-Dynastie (§ 971[374])

374 Vgl. § 266 zweiter Entwurf des chin. ZGB, § 194 chin. ZGB.

derartige Sachlagen, was aber nicht vollständig mit dem deutschen Vorbild übereinstimmte. Diese Vorstellung war mehr nach dem Schweizerischen Obligationenrecht reguliert (Art. 47 OR). Die Anwendung dieser Regelung findet sich erstmals in der Rechtsprechung des *Dali Yuan.*[375]

Der Sachverhalt des vorliegenden Streitfalls war, dass der Schädiger den Geschädigten getötet hatte. Der Sohn des Geschädigten (Kläger in der ersten Instanz, Beklagter in der Berufungsinstanz) hatte zusätzlich zu dem strafrechtlichen Gerichtsverfahren einen Anspruch auf Schmerzensgeld gegenüber dem Sohn des Schädigers (Beklagter in der ersten Instanz, Kläger in der Berufungsinstanz) gestellt.[376] Der Richter des *Dali Yuan* beschied:

按民事條理：「**生命系人格權之一種，人格關係被侵害者，被害人或其家屬，得請求賠償損害與慰藉費。**」……本案被上告人故父宋教仁，系由上告人之夫洪述祖教唆殺害，業經公訴判决確定在案，被上告人因父被害，對于上告人請求賠償損害及慰藉費，自系無可卸責。上告論旨乃謂慰撫由感情　　而生，上告人與被上告人既無感情，即無慰撫可言，未免誤會。**惟查慰藉費固爲廣義賠償之性質，究與賠償物質有形之損害不同。賠償物質有形之損害，例如：醫藥、殯葬、扶養等費皆是；而慰藉費，則系以精神上所受無形之苦痛爲論據。**本案被上告人在原審就損害賠償及慰藉費皆有請求，原判既謂被害人之家屬可就埋葬、扶養等費之適當限度內請求賠償，

Nach der zivilrechtlichen Theorie (tiaoli) ***„gehört das Leben zu den Persönlichkeitsrechten. Wenn das Persönlichkeitsrecht durch eine widerrechtliche Handlung verletzt wird, so können der Verletzte oder die Nährverwandten des Verletzten Schadensersatz und Schmerzensgeld verlangen."*** *(...) Der Vater des Berufungsbeklagten wurde vom Vater des Berufungsklägers getötet. Die Tatsache wurde schon durch ein strafrechtliches Verfahren ermittelt.Der Anspruch des Berufungsbeklagten auf Schadensersatz und Schmerzensgeld war demnach kein Problem." Das Argument vom Berufungskläger, dass kein ‚Trost' zwischen dem Kläger und dem Beklagten bestehe, weil ein Trost eine emotionale Bindung voraussetzt, war ein totales Missverständnis.377* ***Schmerzensgeld ist ein Schadensersatz im weiteren Sinn, aber unterscheidet sich zum materiellen Vermögensschadensersatz. Der materielle Schaden entsteht durch Kosten wie Medikamente, Bestattung und Kinderpflege usw., während das Schmerzensgeld einen geistlichen/immateriellen Schmerz voraussetzt.***

375 Entscheidungssammlung des Dali Yuan in Zivilsachen, 1918 (7). BA. 26; 1919 (8). BA. 77. (大理院七年私訴上字第二十六號, 八年私訴上字第七十七號判例).

376 Entscheidungssammlung des Dali Yuan in Zivilsachen, 1919 (8). BA. 77. (大理院八年私訴上字第七十七號判例).

377 Schmerzensgeld wurde hier ins Chinesische mit *weijifei* (慰藉費) übersetzt, wörtlich wie „Trost-Geld".

是對于被上告人主張賠償損害一部，原非全行駁斥。而其判令上告人給付之撫慰費，是否賅括被上告人應受之賠償損害及慰藉費而言，語意殊不明了。	*In diesem Streitfall wurde der Anspruch auf den Ersatz für den materiellen Schaden, inklusive Bestattungs- und Kinderpflegekosten vom Gericht erster Instanz unterstützt. Allerdings blieb unklar, ob ein Anspruch auf Schmerzensgeld vom Geschädigten erlangt werden kann.*

Auffällig ist das „Missverständnis" des Schädigers über das Schmerzensgeld. Er verstand das Schmerzensgeld („Trost-Geld") als ein Mittel für emotionale Bindung. Zudem hatte der Richter erster Instanz den Unterschied zwischen dem materiellen Schaden und dem Schmerzensgeld nicht erkannt. Es wird klar, dass die Vorstellung des immateriellen Schadensersatzes den Chinesen noch nicht vertraut war, weder der Allgemeinheit noch den Juristen. Der Richter des *Dali Yuan* hatte den Unterschied zwischen dem materiellen und dem immateriellen Schadensersatz erstmals erklärt, und eine Anspruchsgrundlage gestellt. Im folgenden Jahr hatte das *Dali Yuan* durch ein neues „Leitprinzip" diese Regelung festgelegt: „Bei Verletzung des Persönlichkeitsrechts können der Verletzte oder die Nährverwandten des Verletzten für den materiellen Schaden (z. B. Die Kosten für Medikamente, Bestattung und Kinderpflege) und den nicht vermögenswerten Schaden (z. B. seelische Verletzung) einen Ersatz verlangen."[378]

Des Weiteren ist der Anwendungsbereich des Schmerzensgeldes zu beachten, also das Schmerzensgeld für die Verletzung des verwandtschaftlichen Interesses (z. B. Ehestand, Vormundschaft usw.). Obwohl nach dem ersten zivilrechtlichen Entwurf die Entschädigung für immateriellen Schaden nur für die gesetzlich festgelegten Fälle gelten konnte, gab es in der Rechtsprechung des *Dali Yuan* Urteile, in denen die Ansprüche auf Schmerzensgeld wegen der Verletzung verwandtschaftlichen Interesses vom Gericht unterstützt worden sind.[379] Diese Anwendungen gingen über die deutsche Rechtspraxis hinaus. Weil Familien in der traditionellen chinesischen Gesellschaft stets eine bedeutende Rolle gespielt haben, versuchten die Richter des *Dali Yuan* einen besonderen Schutz für die familiären Interessen anzubieten. Diese Anwendungsausdehnung wurde aber später als Verstoß gegen das geltende Recht betrachtet. Um eine Vagheit des Rechts zu vermeiden, hat der Oberste Gerichtshof der Republik China durch eine neue Rechtsprechung die gesetzlichen Anwendungsbereiche des Schmerzensgeldes erneut geregelt.[380]

---

378 Entscheidungssammlung des Dali Yuan in Zivilsachen, 1920 (9). BA. 74. (大理院九年私訴上字第七十四號判例).

379 Vergleich der unterschiedlichen Standpunkte in den Entscheidungen des Obersten Gerichtshofs seit 1912 (最高法院判例中前後不同見解之比較研究), Taipeh, 1986, S. 65.

380 Entscheidungssammlung des Dali Yuan in Zivilsachen, 1918 (7). BA. 26. (大理院七年私訴上字第二十六號判例).

Kapitel 6: Fazit

Ziel der vorliegenden Arbeit war es, einerseits ein Bild der chinesischen Rezeptionsgeschichte am Anfang des 20. Jahrhunderts zu zeichnen und andererseits den möglichen Gründen für und Einflüssen auf die Rechtsrezeption nachzuspüren. Die ideelle Anpassung in der Rechtsrezeption ist der Sache nach eine rechtskulturelle Betrachtung, die sich hauptsächlich auf die Beziehung zwischen dem von außen einfließenden Recht und der lokalen Ethik konzentriert. Nach Wieacker sei die Rechtsrezeption „in Wahrheit eine kulturelle Integration von höchst verwickelter und wandelbarer Schichtung: ein Gefüge vielfältiger geschichtlicher und sozialer, intellektueller und psychologischer Gruppenprozesse."[381] Demnach wird die Rechtsrezeption in dieser vorliegenden Arbeit keineswegs als eine einfache Kopie von diversen Vorbildern, sondern vielmehr als ein wechselwirkender Prozess von beiden Seiten verstanden. Bei der Analyse gegen die rezipierten Bestimmungen in der vorliegenden Arbeit erscheint häufig die Formel, „ob die Norm/Institution der lokalen Umgebung/Ethik/Gewohnheit passt".

Eingangs wurde gefragt: Hat das westliche Rechtssystem wirklich die traditionellen chinesischen Rechtsordnungen ersetzt? Haben die westlichen Rechtsgrundsätze wirklich die chinesische Rechtstradition ersetzt? Welche Rolle haben die beiden Strömungen jeweils in der Rechtsrezeption in China gespielt? Wie funktionierte die Interaktion zwischen den entsprechenden Rechtskulturen? Welche traditionellen chinesischen Elemente dienten als das innere Motiv für die chinesische Rechtsrezeption? Die weiteren Fragen sind: Wie können neue Rechtsgrundsätze in einem anderen Land, das eine sehr heterogene Kultur hat, überleben und sich weiter fortbilden? Inwieweit können die ausländischen juristischen Elemente beibehalten und weiter in die lokalen Vorstellungen integriert werden? Ist die Rechtsordnung vom Prinzip her universal oder lokal?

Die meisten gestellten Hauptfragen können jetzt beantwortet werden. Manche davon sind sogar schon während der einzelnen Darstellungen oben mehr oder weniger beantwortet worden. Allgemein gesagt, gab es sowohl Abhängigkeiten zwischen als auch Widerspruch zu den westlichen Rechtssystemen und der chinesischen Rechtskultur. Es entspricht nicht den Tatsachen, dass die traditionelle chinesische Rechtskultur vom westlichen Rechtssystem gänzlich ersetzt wurde. Vielmehr haben die beiden Seiten ihre ihnen eigene Rolle in der Rechtsrezeption

---

381 Wieacker, Privatrechtsgeschichte der Neuzeit, Göttingen, 1967, Nachdr. 1996, S. 128.

gespielt. Ein Teil der lokalen Elemente verschwand oder wurde von neuen Elementen ersetzt, während andere Elemente sich in einem neuen Gewand entwickelten und weiterhin in ihrer Rolle im neuen Rechtssystem funktionieren. Die Assimilation von vielen rezipierten Regelungen wurde eigentlich durch viele Modifikationen verwirklicht. In diesem Sinne ist die Zusammenfassung von Xu völlig zutreffend: Die Rechtsrezeptionsgeschichte in China, insbesondere die Rezeption des Deliktsrechts, stellt einen „komplexe[n] **Aneignungs-**, **Verarbeitungs-** und **Umsetzungsvorgang**" dar.[382] Die Rechtsrezeption zeigt eine Tendenz von außen nach innen, von oberflächlichen kulturellen Schichten zu tieferen Schichten.

Die oben durchgeführten Untersuchungen zu den einzelnen Bereichen in der Rezeption erlauben bereits eine zusammenfassende Beschreibung der zivilrechtlichen chinesischen Rechtsrezeptionsgeschichte. Im vorliegenden Kapitel sind jeweils die Punkte unter den Titeln (I.) Wege der Anpassung, (II.) Typen der Rechtsrezeption und (III.) Tendenzen der Rechtsrezeption zu besprechen.

I. Wege der Anpassung

Die Aufgabe für den Juristen während der Rechtsrezeption kann sich wie folgt zusammenfassen lassen: die fremde Rechtsordnung an die einheimischen Umstände angleichen. Dazu zählt vor allem die starke Bemühung der Gesetzgeber, was in der vorliegenden Arbeit gezeigt wird. Allerdings haben eigentlich nicht nur die Gesetzgeber, sondern auch alle Angehörigen der Rechtsgestaltung dieser Zeit, inklusive Richter, Rechtsanwälte, Wissenschaftler und Politiker, bei der Angleichung mitgewirkt. Die Anpassung wurde durch alle möglichen Methoden verwirklicht. Einige wichtige Wege sind im Folgenden aufzuzählen.

1. Die Interpretation der Analogie

Der erste Weg zur Anpassung wird in der vorliegenden Arbeit als „die Interpretation der Analogie" bezeichnet. Diese Bezeichnung ist einem sprachwissenschaftlichen Begriff, der eine spezifische Methode in der chinesischen Sprachgeschichte beschreibt, entlehnt.

Seit dem 3. und 4. Jahrhundert breitete sich der Buddhismus allmählich von Südasien nach China aus. Aber bei der Übersetzung konnte man für die in Sanskrit verfassten buddhistischen Schriften häufig keine bedeutungsgleichen

382 Xu, Die Rezeption deutschen Zivilrechts in China am Beispiel des Deliktsrechts, 2006, S. 213.

chinesischen Wörter finden. In dieser Notlage wurden viele Begriffe vom chinesischen Taoismus benutzt, um die buddhistischen Konzepte analog zu erklären. Dieser Umstand beeinflusste das Verständnis der Original-Bedeutung in China stark, er soll sogar zum Teil für die spätere Lokalisierung und Spaltung des Buddhismus verantwortlich sein. Diese Technik wurde später in China bekannt als *geyi* (格義) und in der modernen Zeit mit „Interpretation der Analogie" (*interpretation of anologe*) übersetzt.[383] Das Wesen der Methode ist es, dass lokale kulturelle Symbole und Morpheme verwendet werden, damit das Konzept und die Bedeutung des ausländischen Rechts verstanden werden. Die Integrierung der lokalen Elemente hatte schließlich zur tiefgehenden Lokalisierung der fremden Elemente geführt. Dies stellt auch in der trans-kulturellen Rechtsrezeption eine wichtige Methode dar. Der Vorgang, die juristische Terminologie in China einzuführen, verhielt sich analog zur Übersetzung buddhistischer Schriften.[384] Im weiteren Sinne zählen die Fälle, in denen die „neuen" Rechtselemente über die „alte" Form eingeführt und danach modifiziert wurden, dazu. Das Beispiel von „*dian*" ist hierbei besonders auffällig: Es scheint sich von außen betrachtet nur um eine Aufrechterhaltung der alten Regelung zu handeln, beinhaltet aber in der Tat bereits neue Ideen und Werte.[385]

2. „Alter Wein in neuen Schläuchen"

Im Gegensatz zu den Fällen „Interpretation der Analogie", nämlich einen „neuen" Inhalt in der „alten" Form, impliziert diese Kategorie die Fälle, des „alten" Inhalts in der „neuen" Form. Konkret gesagt, die alten Ordnungen, Gewohnheitsrechte und Prinzipien funktionierten weiter, allerdings im Gewand der rezipierten Rechte. Die Erforschung von Gerichtsentscheidungen und Gesetzgebungsdokumenten verleitete zu folgender These: Eine der Funktionen der Rechtsrezeption in den Augen der Rechtsgeber und Richter ist es, dass die traditionellen Werte und die traditionelle Ordnung mit dem in der neuen Form rezipierten Recht erneut legitimiert werden.

In der vorliegenden Arbeit wurden die ins Auge springenden Fälle mehrmals erwähnt. Das erste Beispiel ist die zitierte Entscheidung zum Schiffbruch.[386] In diesem Fall wird verdeutlicht, dass der Richter das subjektive Recht nur als ein

383 Fung, A Short History of Chinese Philosophy, New York, 1948, S. 242.

384 Siehe dazu oben, 4. Kap. I.

385 Siehe dazu oben, 5. Kap. I. 3. a.)

386 Entscheidungssammlung des Dali Yuan in Zivilsachen, 1914 (3). B. 733. (大理院三年上字第七三三号判例). Siehe dazu oben, 5. Kap. I. 1.

Sich-Einlassen – um nicht zu sagen, Trick – erwähnte, um die sozialen Interessen einzuordnen. Vergleichend dazu ist dieser Typ der rezipierten Rechtsordnungen zu den anderen Fällen zu sehen, wie z. B. zum als Gesamtgut betrachteten familiären Eigentum,[387] zur Geltung des Schmerzensgelds für die Verletzung der Statusrechtsgüter,[388] zur Haftung mehrerer Schädiger innerhalb einer Familie (statt der Familienkollektivhaftung),[389] zur Billigkeitserwägung (statt *Qingli*)[390] usw.

3. Bewusste Selektion

Bei vielen Rechtsfragen existieren nicht ein, sondern mehrere Lösungsangebote. Wegen der Komplexität der Rechtsdogmatik und der Variabilität im sozialen Leben bieten sich oftmals gleichzeitig zwei oder mehrere parallel oder gar entgegenstehende Angebote hinsichtlich der Rechtsauslegung oder Rechtslehre an. Diese Situation tritt insbesondere bei strittigen Rechtsfragen zutage. Kein Rechtssystem erlaubt es, strittige Fragen zu umgehen. Das gilt freilich für das Rechtssystem, das als Vorbild von einem anderen Land rezeptiert wird. In dieser Situation kann (und im strittigen Fall muss) das Rezeptionsland selbst entscheiden, welche Auffassung von den vorhandenen Angeboten aufzunehmen ist.

Wenn diese Entscheidung absichtlich nach einem gewissen Kriterium, vor allem zur Berücksichtigung der aktuellen lokalen Sachlage, getroffen wird, kann dies als „bewusste Selektion" bezeichnet werden. Auch wenn dies manchmal unübersichtlich ist, ist es doch eine wichtige Form der Anpassungsrezeption. In der japanischen Rezeption des deutschen Deliktsrechts wurde der Schwerpunkt der Deliktstatbestände immer ausgehend von der Rechtsverletzung nach der Rechtswidrigkeit abgeleitet, damit der Schaden hinsichtlich der aktuellen gesellschaftlichen Situation in Japan gerechter ausgeglichen werden kann.[391] Diese später als ein besonderes Merkmal des japanischen Deliktsrechts betrachtete Änderung kann als ein Beispiel bewusster Selektion betrachtet werden.

Derartige Beispiele für eine bewusste Selektion sind auch in der chinesischen Rechtsrezeption zu erkennen, z. B. hat China die Rechtsgeschäftslehre vom deutschen Recht rezipiert, aber angesichts der chinesischen Kultur und sozialen Situation das Abstraktionsprinzip nicht gänzlich übernommen. Die nicht eindeutige

387 Siehe dazu oben, 5. Kap. II. 2.
388 Siehe dazu oben, 5. Kap. IV. 4.
389 Siehe dazu oben, 5. Kap. II. 1.
390 Siehe dazu oben, 5. Kap. IV. 2.
391 Ikuyo, Unerlaubte Handlung, Tokyo, Nachdr. 1993, S. 59 ff.

Stellungnahme zum Nutzpfandrecht an unbeweglichen Sachen[392] ist ein weiteres Beispiel.

II. Performanz der Rechtsrezeption

Während sich „die Wege der Anpassungen" mit dem subjektiven Aspekt der Rechtsgestaltung beschäftigen, handelt es sich in diesem vorliegenden Abschnitt um einen objektiven Aspekt, nämlich den Abschluss der Rechtsrezeption.

Wie schon gezeigt, können einige rezipierte Regelungen mit der lokalen Vorstellung besser in Einklang gebracht, und daher erfolgreich integriert werden und gut funktionieren; andere hingegen gehen nicht konform mit der lokalen Vorstellung und begegnen somit Widerwillen und Ablehnung. Da die Beziehung zwischen der lokalen Rechtsvorstellung und der rezipierten Rechtsidee je nach den Regelungen der Rechte variierte, unterschied sich dementsprechend das tatsächliche Resultat häufig für jede rezipierte Regelung im Hinblick auf Überlebensfähigkeit. Anders gesagt, der Effekt/Performanz (*performance*)[393] unterscheidet sich je nach den Regelungen und Institutionen.

Die rezipierten Rechtsregelungen können daher nach der unterschiedlichen Rezeptions-Performanz nach drei Typen geordnet und bezeichnet werden, nämlich unter den Titeln (1) Innovation, (2) Einklang und (3) scheinbare Anpassung. Es sei darauf hingewiesen, dass dieser Typologieversuch nur ein mögliches Hilfsmittel für eine Analyse darstellt und keineswegs als abschließend zu verstehen ist. Die genannten Typen sind nicht immer scharf voneinander abgegrenzt. Es ist auch nicht selten möglich, in einer rezipierten Regelung die Merkmale von zwei oder mehr Typen zu erkennen.

1. Innovation

Der erste Typ umfasst alle neuartigen und fremden Elemente, welche mit den traditionellen chinesischen Rechtsideen nicht übereinstimmen oder ihnen gar

392 Siehe dazu oben, 5. Kap. I. 3. a).

393 Der Begriff Performanz (*performance*) wurde der Sprachwissenschaft entlehnt. Einige Sprachwissenschaftler haben das Verständnis und die Übersetzung zwischen den heterogenen Kulturen und den homogenen Kulturen scharf getrennt: die ersteren seien beinahe Synonyme, während die letzteren häufig neue Interpretation seien. Bei der Leistungsbewertung gegen die heterogene Übersetzung, ob und wie die originalen Begriffe von den neuen übertragen werden können, wird die Bezeichnung „Performanz" (*performance*) angewendet. Liu, Translingual Practice, Stanford, 1995, S. xviii.

entgegenstehen. Es handelt sich hierbei keineswegs um die lokalen Rechtstraditionen, sondern um die neu übernommenen Rechtselemente. Unter diesem Typ sind einige besonders markante Fälle zu nennen.

a) Technische Regelungen. Die technischen Regelungen bezeichnen vor allem die Einführung der juristischen Fachausdrücke, die Reform des Entscheidungsstils, ein neues Kodifikationssystem usw.[394] und eine Reihe von darauf basierenden Veränderungen, wie den Aufbau der modernen Rechtswissenschaft, die Gestaltung des Juristenstands und die Teilung der staatlichen Gewalten. Zugleich wurden offensichtlich die traditionellen Merkmale wie strafrechtliche Orientiertheit der Gesetze, Abhängigkeit des Rechts von der *li*-Ordnung und die pan-moralische Tendenz verdrängt.

b) Ersatz der alten *li*-Vorschriften. Anfang des 20. Jahrhunderts erfuhr die chinesische Geschichte eine äußerst drastische Reformzeit. Die alten wirtschaftlichen und gesellschaftlichen Grundlagen zerfielen rasant. Viele traditionelle chinesische Regelungen und die dahinter stehenden Vorstellungen waren nicht mehr zeitgemäß. Beispielhaft sind die alten Vorstellungen über das familiäre Gesamteigentum,[395] die Besonderheit der innerfamiliären Delikte,[396] die Haftung zwischen Eltern und Kindern[397] und die Aufgliederung nach „acht Privilegierungen"[398] zu nennen. Die Geschichte hat bereits deutlich gezeigt, dass die auf Status basierende und kollektivistisch ausgerichtete *li*-Ordnung und Rechtsordnung der Ordnung und Entwicklung der Gesellschaft nicht mehr dienen konnten. Für Rechtsgebiete mit langer Geschichte und starker Eigentümlichkeit hatte dies schwere Eingriffe zur Folge. Die von der Rechtsrezeption eingebrachten grundlegenden Änderungen im Familienrecht, wie den Zerfall der Autorität der Sippe oder die Gleichberechtigung der Geschlechter, können als revolutionäre Neuerungen betrachtet werden.[399] Der Abschied von dieser Tradition bedeutet zugleich die Einführung der neuen Rechtsideen. Kurz gesagt: eine vollständige Rechtsrezeption und ein umfassender Ersatz der alten Rechtsordnung ist möglich, entweder weil hierdurch die lokalen Rechtswerte nicht von Grund auf verletzt oder die betroffenen lokalen Rechtswerte selbst schon mit der Zeit aufgehoben wurden. Nur in diesen Fällen kann das rezipierte Recht relativ einfach dominieren. Allerdings wirkten die traditionellen Elemente in vielen

394 Siehe dazu 4. Kap. II.
395 Siehe dazu oben, 5. Kap. II. 2.
396 Siehe dazu oben, 5. Kap. II. 1.
397 Siehe dazu oben, 5. Kap. II. 3.
398 Siehe dazu oben, 2. Kap. II. 2.
399 Bünger, Die Familie in der Chinesischen Rechtsprechung, S. 24.

anderen Fällen in der juristischen Denkweise und der sozialen Psyche noch fort. Diese Fälle sind in den zwei folgenden Abschnitten weiter zu erklären.

2. Einklang

Hier werden die Fälle beschrieben, wonach in der Rechtsrezeption die traditionellen Werte und die Rechtsordnung nicht verdrängt, sondern durch Übernahme des neuen Rechts neu interpretiert und legitimiert wurden. Dazu zwei Fälle:

a) Die rezipierten Rechtsordnungen haben die traditionellen chinesischen Rechte gewissermaßen erneuert, aber haben die darin verkörperten Werte nicht außer Kraft gesetzt. Für einige neu rezipierten Rechte lassen sich in der traditionellen chinesischen Rechtsordnung (oder in der Rechtsidee) ähnliche Elemente finden. Die westliche Rechtskultur bildet zur chinesischen nicht in allen Aspekten einen Gegenpol. Die beiden teilen sich einige gleiche oder ähnliche Werte. Die erwähnten Beispiele sind die Anerkennung des Verschuldens (Vorsatz und Fahrlässigkeit),[400] Mehrtäterschaft und Gesamtschuld,[401] Mitverschulden[402] usw.
b) Im letzten Abschnitt unter dem Titel „Alter Wein in neuen Schläuchen" werden die Fälle erwähnt, in denen die rezipierten Rechte als Gewand oder nur als Metamorphose der alten Rechtsordnung dienten, um die wichtigen traditionellen Werte zu bewahren, wie die Kollektivverantwortung und die familiäre Harmonie. In diesen Fällen bot die neue Rechtsordnung in der Tat keine tiefgehende Revolution. Unter der Bemühung der Gesetzgeber und Richter wurden die alten Werte mit den neuen Rechtsordnungen verbunden und schließlich miteinander in Einklang gebracht.

3. Scheinbare Anpassung

„Scheinbare Anpassung" beschreibt die Kategorie der besonderen Fälle in der Rechtsrezeption. Wang Boqi definiert sie mit „äußerlich verbunden, innerlich getrennt" und beschreibt damit die ganzheitliche Lage der chinesischen Zivilrechtsrezeption. Wang war der Meinung, dass jene „westlichen Rechte", mit denen China bei der Rezeption konfrontiert war, bereits in einer relativ neuen Phase ihrer Geschichte standen: Gemeint ist hiermit die Kritik gegen die Priorität des

400 Siehe dazu oben, 5. Kap. III. 1.
401 Siehe dazu oben, 5. Kap. III. 2.
402 Siehe dazu oben, 5. Kap. III. 3.

Individuums im 19. Jahrhundert und der daraus folgenden Berücksichtigung der sozialen Interessen. Diese neue Phase passte viel besser zur chinesischen Rechtskultur und enthielt deswegen den Schlüssel zum Gelingen der Rechtsrezeption.[403] Allerdings sei das individualistische Wertesystem immer noch die Grundauffassung westlicher Rechtsordnungen. Die soziale Abwägung war vor allem eine Modifikation, die lediglich auf die Beseitigung der Nachteile für das Individuum abzielte. Deswegen sind die beiden Systeme nicht deckungsgleich: Äußerlich wurde es mit der chinesischen Idee in Übereinstimmung gebracht, deshalb konnte das ganze westliche Rechtssystem von China angenommen werden. Jedoch lässt sich durch eine weitreichende und detaillierte Untersuchung verdeutlichen, dass es zwar „formell rezipiert wurde, sich aber in eine ganz unterschiedliche Richtung orientierte."[404]

In diesen Fällen steht der Inhalt des neu rezipierten Rechts mit der alten Kultur oder Ethik äußerlich in Einklang, aber in der Tat laufen die Gedankenlinien sogar in unterschiedliche Richtungen.

Ein typisches Beispiel hierfür ist die Rezeption der Regelungen über die Aufsichtshaftung: Auch wenn § 832 BGB von China rezipiert wurde, unterschieden sich doch die Vorstellungen zum Teil.[405] Als weitere Beispiele sind die Haftung für den Verrichtungsgehilfen[406] und die Anwendung der Billigkeitshaftung[407] zu nennen.

Im Wesentlichen ist diese Art der Rechtsrezeption gewissermaßen doch auch ein „Einklang" wie der 2. Typ, allerdings gibt es bei diesem Typ der Rechtsrezeption häufig eine fundamentale Abweichung zwischen dem Leitbild und dem Subjekt der Rezeption.

III. Tendenzen der Rechtsrezeption

Nach der Darstellung der Rechtsrezeptionsgeschichte wird schnell deutlich, dass das chinesische Recht sich am Anfang des 20. Jahrhunderts in großer Geschwindigkeit reformiert hat. Durch den Vergleich dieser Änderung mit der langjährigen Entwicklung der Rechtsgeschichte in Europa kann man sich vorstellen, wie groß die Herausforderung für eine so alte Kultur wie die chinesische war.

403 Siehe dazu oben, 4. Kap. III.

404 Wang, Modernes Rechtsdenken und alte chinesische Kultur, Taipeh, 1956; Nachdr. Beijing, 2002, S. 5.

405 Siehe dazu oben, 5. Kap. II. 3.

406 Siehe dazu oben, 5. Kap. II. 3.

407 Siehe dazu oben, 5. Kap. IV. 2.

Aber auf der anderen Seite hat eben diese große Herausforderung ein viel klareres und eingehenderes Selbst-Verständnis gegenüber den eigenen Elementen ausgelöst. Im vorliegenden Abschnitt wird für die zwei Kernelemente, nämlich das rezipierte Recht und die lokale Vorstellung, jeweils in der makroskopischen Betrachtungsweise eine Zusammenfassung erstellt.

1. Tiefe und Breite der Rezeption

Für China bedeutet die Einführung eines ausländischen Rechtssystems immer noch ein großes geistiges Projekt, das viel Zeit kostet. Ungeachtet der Bemühung und der Umsicht der chinesischen Juristen konnte dieses Projekt nur über mehrere Jahrzehnte verwirklicht werden: Der Weg verlief von Angst und Fremdheit über Anwendung und bewusstes Mitdenken.

Sowohl in der Tiefe als auch in der Breite nimmt die Akzeptanz des westlichen Rechts zu. Im Großen und Ganzen kann man die drei zivilrechtlichen Gesetzgebungsversuche als Fixpunkt betrachten und die Rechtsrezeption in drei Phasen einteilen:

Die erste Phase: die formale Rezeption. Meilenstein: der erste Entwurf 1911. Die Stellung der Chinesen zum ausländischen Recht war in dieser Phase eher negativ und passiv.[408]

Die zweite Phase: die sachliche Rezeption. Meilenstein: der zweite Entwurf 1925 und die Rechtsprechung in der Zeit des *Dali Yuan*.[409] In der zweiten Phase zeigt sich bereits eine positive Einstellung gegenüber dem ausländischen Recht. Das rezipierte Recht blieb nicht mehr nur auf dem Papier, sondern wurde durch die Anwendung in der Rechtsprechung zum Bestandteil des sozialen Lebens. Es wurde damit begonnen, über die Vorteile des westlichen Rechts und die Nachteile des traditionellen chinesischen Rechts nachzudenken.

Die dritte Phase: die umfassende Rezeption. Meilenstein: das chinesische ZGB 1929-1931.[410] In dieser Phase wurde das westliche Recht als Leitbild des modernen chinesischen Rechts betrachtet. Die Einstellung der chinesischen Juristen gegenüber der Rezeption des westlichen Rechts ist viel positiver.

Bei Betrachtung der Tiefe der Rechtsrezeption kann die Rechtsrezeption in drei Schichten unterteilt werden. Die oberflächliche Schicht ist die Rezeption der Rechtssprache und Fachbegriffe, die tiefere Schicht ist die Rezeption der

---

408 Siehe dazu oben, 3. Kap. I.

409 Siehe dazu oben, 3. Kap. II.

410 Siehe dazu oben, 3. Kap. III.

Erscheinungsform, die tiefste Schicht ist die Akzeptanz der ethischen Elemente hinter den Rechtsnormen.[411]

Inhaltlich wurde die Rechtsrezeption tendenziell von den Bereichen mit schwächerer Eigentümlichkeit, wie Vermögensrecht, zu den Bereichen mit stärkerer Eigentümlichkeit, wie Familienrecht, ausgeweitet.

Hinzu kommt, dass die Tiefe und Breite der Rechtsrezeption auch von anderen Dimensionen her zu betrachten sind: z. B. von der Gesetzgebungsrezeption zur Rechtsprechungsrezeption und zur Rechtslehrerezeption, vom Verständnis der Rechtsnormen zur Erfahrung der Entstehungsgeschichte dieser Normen, von der Rezeption aus einem Land zur Rezeption aus mehreren Ländern etc.

Diese Vertiefung der Rechtsrezeption dauert bis heute an, was voraussichtlich noch eine Weile so bleiben wird. Ungeachtet der ursprünglichen Ursache der Rezeption gehört sie zu den Wundern der Weltgeschichte. Die wertvollen menschlichen juristischen Erfahrungen werden in dieser Weise vertieft. Der Kontakt zwischen den unterschiedlichen Kulturen wird gestärkt.

2. Zerfall und Rekonstruktion der einheimischen Werte

Die lokalen Rechtselemente in der Rechtsrezeptionszeit haben verschiedene Strömungen erlebt. Zunächst wurden sie mit aller Kraft verschanzt, dann beinahe ausgeschlossen und schließlich kehrt man zu ihnen zurück.

Am Anfang der Rechtsrezeption, vor allem am Ende der Qing-Dynastie war die traditionelle chinesische Rechtskultur in China tief verwurzelt, was der westlichen Rechtsordnung und ihrem Wertesystem stark entgegenstand. Durch die besonderen Umstände dieser Zeit wurde China aber gezwungen, so schnell wie möglich das alte Rechtssystem durch ein neues zu ersetzen bzw. zu modernisieren. In der Revolution wurden die lokalen, traditionellen Rechtselemente als Zielscheibe und somit als das Hindernis für die Weiterentwicklung der Gesellschaft betrachtet. Vom Ende der Qing-Dynastie bis zur Fertigstellung des chinesischen ZGB dominierte für die Gesetzgeber und die Richter stets das Ziel, die alte chinesische Rechtstradition zurückzudrängen und schließlich zu überwinden. Zu diesem Zeitpunkt konnten die lokalen traditionellen Rechtsideen bestenfalls als eine potenzielle geistige Grundlage und als kultureller Hintergrund weiterfunktionieren, was das Verständnis des rezipierten Rechts indirekt beeinflusste.

Allerdings hat mit der Vertiefung der Rechtsrezeption das Gewicht der lokalen Berücksichtigung und Reflektion nicht etwa abgenommen, sondern eher

411 Siehe dazu oben, 4. Kap.

zugenommen. Der Wendepunkt ist das chinesische ZGB der Republik China. Das chinesische ZGB hat in höchst selektiver Weise die neuesten Rechtsideen und Institutionen der Welt aufgenommen, aber gleichzeitig auch die lokalen Werte und die chinesische Ethik wieder mit Nachdruck berücksichtigt. Dieses Motiv zeigt sich nicht nur in der Behauptung der Gesetzgeber,[412] sondern manifestiert sich auch tatsächlich im neuen Gesetzbuch. Viele neue Rechtsnormen-Designs, wie z. B. das *dian*-Recht, stellen eine Innovation in der Werteinheit und im Werturteil dar und bilden zudem den Weg ab, dem ein Volk auf der Suche nach einer für sich geeigneten Handlungsweise im juristischen Bereich folgt.

In der Anfangsphase der chinesischen Rechtsrezeption zeigt sich der psychologische Zustand, einerseits in Ehrfurcht vor dem westlichen Recht und andererseits im Misstrauen gegenüber der eigenen Kultur, während in der späten Phase der friedliebende Charakter und das zurückerhaltene Selbstvertrauen deutlich werden. Seitdem hat sich die chinesische Rechtsgeschichte von der geschlossenen und der vollständigen Rezeption verabschiedet und verfolgt weiter den Weg der Anpassungsrezeption und selektiven Rezeption bzw. beginnt die Phase der Selbst-Fortbildung.

Der Rückblick auf die Rezeptionsgeschichte ist die Betrachtung der Assimilation des fremden Rechts im chinesischen Kulturleben. Die Chinesen haben damit NICHT zum ersten Mal „ihnen aufgezwungene fremde Kulturelemente verändert und ihren Wertvorstellungen angepasst."[413] Die hochgradige Toleranz der konfuzianistischen Kultur lässt die Einführung einer heterogenen Rechtskultur zu; die konfuzianistische Lehre kann aber nicht erdulden, selbst verloren zu gehen: Beide Aspekte führen zu einem mehrdimensionalen Bild. Wieacker hat angemerkt: „Die Aufnahme fortdauernder Elemente durch neue Kulturträger führt nun zugleich immer Veränderung des Elements herbei: jede geschichtliche Begegnung ist zugleich produktives Missverstehen."[414] Die Rechtsrezeption wird auch in Zukunft ein wichtiges Thema bleiben. Die Erkennung des Rechtsrezeptionsvorgangs und die Optimierung der Assimilation sind immer noch zu diskutierende Fragen.

412 Amt für die Revision der Gesetze (修訂法律館), Die Notwendigkeit der Revision zum zivilrechtlichen Entwurf der Qing-Dynastie, in: Materialien zur Entstehungsgeschichte des Chinesischen Zivilgesetzbuchs (中華民國民法制定史料彙編), II. Band, Taipeh, 1976, S. 315.

413 Ham, Zur Rezeption des Deutschen Bürgerlichen Gesetzbuches in China, 2006, S. 198.

414 Wieacker, Privatrechtsgeschichte der Neuzeit, Göttingen, 1967, Nachdr. 1996, S. 45.

Anhang I: Quellenverzeichnis

I. Zu den chinesischen Gerichtsentscheidungen (vor und nach der Rechtsrezeption)

Entscheidungssammlung des Dali Yuan in Zivilsachen im Volltext (大理院民事判決全文彙編)
Herausgeber: Dali Yuan, Beijing, 1912-1928. Neu editiert von Huang, Yuansheng (黃源盛), archiviert in: Fundamental Jurisprudence Research Center, College of Law der National Chengchi University (基礎法學研究中心, 國立政治大學法學院), Taipeh. Umfang: 38 Bände.

Maßgebende Entscheidungssammlung des Dali Yuan in Zivilsachen (大理院民事判例輯存)
Bände: Allgemeiner Teil, Obligationsrecht, Sachenrecht, Familienrecht, Erbrecht
Herausgeber: Dali Yuan, Beijing, 1912-1928. Neu editiert von Huang, Yuansheng (黃源盛), Taipeh, 2012.

Entscheidungsleitprinzipien des Dali Yuan (大理院判例要旨匯覽)
Herausgeber: Dali Yuan, Beijing, 1919-1926.
Englische Übersetzung von Cheng, F.T.: The Chinese Supreme Court Decisions (大理院判决錄), Herausgeber: die Kommission für Exterritorialität (北平治外法權委員會), Beijing, 1920-1923, Nachdr. Arlington, 1976.

Französische Übersetzung von Liu, Zhengzhong (u.a.): Recueil Des Sommaires de la Jurisprudence de la Cour Supreme, Herausgeber: der Kommission für Exterritorialität, Beijing, 1924-1926.

Maßgebende Entscheidungssammlung des Obersten Gerichtshofs in Zivilsachen (最高法院民事判例匯覽)
Herausgeber: OGH, Nanjing, 1928-1949. Editiert von Huang, Yuansheng (黃源盛), archiviert in: Fundamental Jurisprudence Research Center, College of Law der National Chengchi University (基礎法學研究中心, 國立政治大學法學院), Taipeh. Umfang: 17 Bände.

Französische Übersetzung von Théry: L'année judiciaire chinoise, veröffentlicht in jährlichen Sammelbänden 1929-1949, Tianjin.

Entscheidungsleitprinzipien des Obersten Gerichtshofs (最高法院判例要旨匯覽)
Herausgeber: OGH, Nanjing, 1986.

Vergleichende Gegenüberstellung der unterschiedlichen Standpunkte in den Entscheidungen des Obersten Gerichtshofs (最高法院判例中前後不同見解之比較研究)
Herausgeber: OGH, Taipeh, 1986.

Auslegungen des Dali Yuan im Volltext (大理院解釋例全文)
Herausgeber: Dali Yuan, Beijing, 1912-1928.

Zivilrechtliche Prinzipien und Auslegungen der Republik China (中華民國民法判解釋義全書)
Herausgeber: Sifa Yuan, Taipeh, 1975.

Dokumente mehrerer Bezirksgerichte (各省審判廳判牘)
Herausgeber: Wang, Qingqi (汪慶祺), 1912, Nachdr. Beijing, 2007.

Gerichtsentscheidungen Tajingting (塔景亭案牘)
Herausgeber: Xu, Wenjun (許文濬), 1908, Nachdr. Beijing, 2007.

Sammlung zivilrechtlicher und strafrechtlicher Entscheidungen (民刑事裁判大全)
Herausgeber: Xie, Sen (謝森), 1938, Nachdr. Beijing, 2007.

Gerichtsentscheidungen Lujiashu (陸稼書判牘)
Herausgeber: Lu, Longqi (陸隴其), Shanghai, 1934.

Gerichtsentscheidungen mit Gerechtigkeit (名公書判清明集)
Herausgeber: Zhang, Siwei (張四維), 1569, Nachdr. Beijing, 2002.

II. Zu den Gesetzgebungen

Sammlung der Gesetzentwürfe (法律草案彙編),
Herausgeber: Amt für die Revision der Gesetze, 1926; Nachdr. Taipeh, 1986.

Der Entwurf zum Zivilgesetzbuch der Großen Qing 1911 (大清民律草案)
Deutsche Übersetzung des Familienrechts von Engelmann, in: Zeitschrift für Vergleichende Rechtswissenschaft, Bd. 43, 1928.

Die Sammlung der Anträge vom Senat (參議院議决案彙編)
Herausgeber: **Senat der Republik China** (中華民國參議院), Beijing, 1913; Nachdr. 1989.

Der Entwurf zum Zivilgesetzbuch der Republik China 1925 (中華民國民律草案)
Französische Übersetzung der ersten beiden Bücher & Englische Übersetzung des ersten Buches von der Kommission für Exterritorialität, Peking, 1926.

Gesetzgebungsgrundsätze zum Sachenrecht (民法物權編立法原則),
Nr. 202 Beschluss der zentralen politischen Sitzung KMT (中央政治會議第二百零二次會議議决), Nanjing, 1929.

Sammlung Chinesischer Rechtsgewohnheiten (民商事習慣調查報告錄),
Herausgeber: Justizministerium, Nanjing, 1930.
Deutsche Übersetzung von Kroker, Eduard J. M.: Sammlung Chinesischer Rechtsgewohnheiten, Frankfurt a/M. 1965.

Das Zivilgesetzbuch der Republik China 1929-1931 (中華民國民法),
Englische Übersetzung (mit Vorrede von Hu Hanmin und Einleitung von Foo Ping-sheung) von Ching-Lin Hsia, James L.E. Chow, Yukon Chang: The Civil code of the republic of China, preface by Hu Han-Min; introduction by Foo Ping-Sheung, Shanghai Kelly & Walsh, 1930-1931;
Deutsche Übersetzung von Karl Bünger in: Zivil- und Handelsgesetzbuch sowie Wechsel- und Scheckgesetz von China, Hessen 1934.

Allgemeine Richtlinien des Politischen Konsultativrates des chinesischen Volkes (中國人民政治協商會議共同綱領)
Deutsche Übersetzung: Verfassungstexte der Chinesischen Volksrepublik von 1949, in: Zeitschrift für ausländisches öffentliches Recht und Völkerrecht, Band 13, 1951, S. 837-858.

Materialien zur Entstehungsgeschichte des Chinesischen Zivilgesetzbuchs (中華民國民法制定史料彙編),
Herausgeber: Justizministerium (司法行政部), Taipeh, 1976.

Das Archiv der Rechtsgeschichte in der Republik China (中華民國法律志),
Herausgeber: Academia Historia (國史館法律志編纂委員會), Taipeh, 1994.

Der Entwurf zur Revision des Schuldrechts und das Einführungsgesetz zum Schuldrecht (民法債編部分條文及民法債編施行法修正草案) 1995
Herausgeber: Justiz-Yuan der Republik China (Taiwan), Taipeh, 1995

III. Zu den traditionellen chinesischen Kodizes, den klassischen Schriften und Historiographien

Tang-Kodex (唐律疏議, 永徽律疏), 653
Editiert von Liu, Junwen (劉俊文), Tanglü Shuyi (唐律疏議), Beijing, 1983.
Englische Übersetzung von Wallace Johnson: The T'ang Code, Princeton University Press, 1979.

Ming-Kodex (大明律), 1397
Englische Übersetzung von Jiang, Yonglin: The Great Ming Code: *Da Ming Lü*, University of Washington Press, 2005.

Qing-Kodex (大清例律), 1646-1912
Englische Übersetzung von William C. Jones with assistance of Tianquan Cheng and Yongling Jiang: The Great Qing Code, Oxford: Clarendon Press. 1994.

„Vier Bücher" (*sishu*, 四書): Lun Yu (論語), Da Xue (大學), Zhong Yong (中庸), Meng Zi (孟子)
http://ctext.org/confucianism/zh
Deutsche Übersetzung von Richard Wilhelm: Die Lehren des Konfuzius – Die vier konfuzianischen Bücher, übersetzt von, Frankfurt a/M., 2008.

Xun Zi (荀子)
http://ctext.org/xunzi/zh
Englische Übersetzung von John Knoblock, Xunzi, A Translation and Study of the Complete Works, Stanford, 1988.

Li Ji (禮記, „Buch der Riten")
Deutsche Übersetzung von Richard Wilhelm: Li Gi (禮記): Das Buch der Riten, Sitten und Gebräuche, Eugen Diederichs Verlag, Düsseldorf Köln, Neuausgabe 1981.
Englische Übersetzung von James Legge: The Book of Rites, in: Sacred Books of the East, 1885.
http://ctext.org/liji.

Shang Shu (尚書, „Buch der Urkunden")
Englische Übersetzung von James Legge: The Shû king (Book of Documents), in: Sacred Books of the East, Vol. 3, 1879.
http://ctext.org/shang-shu.

Shi Ji (史記, „Aufzeichnungen des Historikers")
Verfasser: Sima Qian (司馬遷, um 145 v. Chr. – um 90 v. Chr.)
http://ctext.org/shiji/zh
Englische Übersetzung von William Nienhauser (Hrsg.): The Grand Scribe's Records, Bloomington: Indiana University Press, 1994–2008.

Yan Tie Lun (鹽鐵論, „Diskurse über Salz und Eisen")
Verfasser: Heng Kuan (桓寬, um 81 v. Chr. – um 9 n. Chr.)
http://ctext.org/yan-tie-lun/zh
Englische Übersetzung von Esseon M. Gale: Discourses on Salt and Iron: A Debate on State Control of Commerce and Industry in Ancient China, Leiden, 1931, Nachdr. Taibei, 1967; Esson M. Gale (u.a.): Discourses on Salt and Iron, in: Journal of the North China Branch of the Royal Asiatic Society Vol. 65, 1934, S. 73-110.

Hou Han Shu (後漢書, „Buch der Späteren Han")
Verfasser: Fan Ye (范曄, 398–445)
http://ctext.org/hou-han-shu/zh

IV. Zur Entstehung des deutschen BGB

Die gesamten Materialien zum Bürgerlichen Gesetzbuch für das Deutsche Reich
Band II. Recht der Schuldverhältnisse
Herausgeber: Mugdan, Benno, Berlin, 1899, Nachdr. 1979.

Die Beratung des Bürgerlichen Gesetzbuchs: in systematischer Zusammenstellung der unveröffentlichten Quellen
Band III. Recht der Schuldverhältnisse (§ 652 bis § 853)
Herausgeber: Jakobs, Horst Heinrich / Schubert, Berlin/New York, 1983.

Anhang II: Literaturverzeichnis

Bell, John: Policy Arguments in Judicial Decisions, Oxford, 1983.

Bernhardt, Kathryn / Huang, Philip C. C.: Civil Law in Qing and Republican China, Stanford, 1994.

Berman, Harold J.: Toward an Integrative Jurisprudence: Politics, Morality, History, in: California Law Review, Vol. 76, Issue 4, 1988-7, S. 779-801.

Betz, Heinrich / Lautenschlager Heinz, China, in: Schlegelherger, Franz (Hrsg.): Rechtsvergleichendes Handwörterbuch für das Zivil- und Handelsrecht, Berlin, 1929, S. 328-391.

Bluntschli, Johann Caspar: Das moderne Völkerrecht der Civilisirten Staaten als Rechtsbuch dargestellt, 1869. Chinesische Übersetzung von Martin, William A. P.: *gongfa huitong* (公法會通), Beijing: Tongwen Guan (同文館), 1880.

Brüggemeier, Gert: Deliktsrecht: Ein Hand- und Lehrbuch, Baden-Baden, 1986.

Brüggemeier, Gert: Haftungsrecht – Struktur, Prinzipien, Schutzbereich, Berlin/ Heidelberg, 2006.

Bu, Yuanshi: Die Rezeption des ausländischen Rechts in China, in Bu, Yuanshi (Hrsg.): Deutsche und europäische Elemente des chinesischen Rechts, 2012, S. 1-17.

Bu, Yuanshi: Einführung in das Recht Chinas, München, 2009.

Bünger, Karl: Das neue chinesische BGB. Seine Entstehungsgeschichte und Systematik, in: Blätter für Internationales Privatrecht, Leipzig, München, 1931, S. 257-267.

Bünger, Karl: Die Familie in der Chinesischen Rechtsprechung, in: Sinica, Vol. 10, 1935; S. 22-31.

Bünger, Karl: Die Rezeption des europäischen Rechts in China, in: Wolfe, Ernst (Hrsg.): Beiträge zur Rechtsforschung, Sonderveröffentlichung der Zeitschrift für Ausländisches und Internationales Privatrecht, Tübingen, 1950, S. 166-189.

Bünger, Karl: Quellen zur Rechtsgeschichte der T'ang-Zeit, Peiping, 1946.

Bünger, Karl: Zivil- und Handelsgesetzbuch sowie Wechsel- und Scheckgesetz von China, Marburg, 1934.

Cai, Xiaorong (蔡晓荣): Text, Rechtsprechung und Rechtslehre: Entwicklung des Deliktsrechts im neuzeitlichen China (文本、判解及学说：近代中国侵权行为法的生成谱系), in: Tsinghua Law Review (清华法学), 2013.1. S. 100-118.

Chin, Chi-Fang (秦季芳): Rechtsrezeption und Austausch in den ostasiatischen Ländern (東亞法律繼受與反思之交流), in: Liu, Xingyi (劉幸義, Hrsg.): Integration der chinesischen Zeichen für juristische Fachsprache in den ostasiatischen Ländern (東亞法律漢字用語之整合), Taipeh, 2007, S. 217-222. Coing, Helmut: Europäisches Privatrecht, Band II, München, 1989.

Cordes, Albrecht: Was erwartet die (mittelalterliche) Rechtsgeschichte von der Rechtsvergleichung und anderen vergleichend arbeitenden Disziplinen? in: ZEuP 1999-3, S. 544-552.

Deutsch, Erwin / Ahrens, Hans-Jürgen: Deliktsrecht, München, 2014.

Duve, Thomas: Von der Europäischen Rechtsgeschichte zu einer Rechtsgeschichte Europas in globalhistorischer Perspektive, in: Rechtsgeschichte - Legal History Rg 20-2012, S. 18-71.

Escarra, Jean: Chinese Law, in: Seligman, Edwin R. A. /Johnson, Alvin (Hrsg.): Encyclopedia of the Social Sciences, London, 1930. S. 249-254.

Fei, Xiaotong: Peasant Life in China: A Field Study of Country Life in the Yangtze Valley, London/New York, 1939.

Fei, Xiaotong: Xiangtu Zhongguo (鄉土中國), 1947. Englische Übersetzung von Gary G. Hamilton and Wang Zheng: From the soil: the foundations of Chinese society, California, 1992.

Feng, Xia (冯霞): Die historische Analyse der Psyche „Müdigkeit von Klagen" der Chinesen, (中国人"厌讼"心理的历史分析), in: Journal Of South-central University For Nationalities: Humanities And Social Sciences (中南民族大学学报：人文社会科学版), Wuhan, 2002-2, S. 129-131.

Feng, Youlan (冯友兰): Die chinesische Philosophiegeschichte (中国哲学史), Band II, Beijing, 1984.

Fuchs, Maximilian: Deliktsrecht, Berlin/Heidelberg, 2008.

Fung, Yu-Lan: A Short History of Chinese Philosophy, New York, 1948.

Furuta, Hirokiyo (古田裕清): Übersetzung und die japanische juristische Terminologie: Untersuchung zum Hintergrund der originalen Texte und zur europäischen Weltanschauung (翻訳語としての日本の法律用語－原語の背景と欧州的人間観の探究), Tokyo, 2004, Nachdr. 2008.

Gadamer, Hans-Georg: Wahrheit und Methode – Grundzüge einer philosophischen Hermeneutik, Tübingen, 1986.

Geertz, Clifford: Local Knowledge: Further Essays in Interpretive Anthropology, New York, 1983.

Gierke, Otto von: Die soziale Aufgabe des Privatrechts, Berlin, 1889.

Gordley, James: Foundations of Private Law - Property, Tort, Contract, Unjust Enrichment, Oxford, 2006.

Habermas, Jürgen: Die Philosophie als Platzhalter und Interpret, in: Moralbewußtsein und kommunikatives Handeln, Neuauflage, Frankfurt a. M., 2006.

Ham, Büdiger: Zur Rezeption des Deutschen Bürgerlichen Gesetzbuches in China, in: Duss (Hrsg.): Rechtstransfer in der Geschichte, München, 2006, S. 181-203.

Hao Tiechuan (郝铁川): Kulturelle Tradition und die besondere Gestalt der modernen chinesischen Gesetzgebung (文化传统与当代中国立法特色的形成), in: China Legal Science (中国法学), Beijing, 1994-5, S. 51 ff.

He, Qinhua (何勤华 Hrsg.): Der Ursprung der juristischen Termini (法律名词的起源), Beijing, 2009.

Heuser, Robert: Einführung in die chinesische Rechtskultur, Hamburg, 2002.

Hirai, Yoshio (平井宜雄): Die Entwicklung der Lehre von Rechtsgeschäft in Japan (法律行为论在日本的形成), ins Chinesische übersetzt von Ke Weicai (柯伟才), in: Journal of Comparative Law (比较法研究), Beijing, 2004-2, S. 147 ff.

Hozumi, Nobushige (穂積陳重): Evolutionstheorie des Rechts (法律進化論), chinesisch übersetzt von Huang, Zunsan (黄尊三, u.a.), Beijing, 2007.

Hu, Changqing (胡長清): Allgemeiner Teil des chinesischen ZGB (中國民法總論), Nachdr. Beijing, 1997.

Hu, Changqing (胡長清): Erklärung für das neue Schuldrecht (新民法債編釋名), in: (Chao Yang) Law Review (法律評論), Bd. 325, 1930, S. 40 ff.

Huang, Philip C. C.: Code, Custom, and Legal Practice in China: The Qing and the Republic Compared, Stanford, 2001.

Huang, Yuansheng (黃源盛): Die Bearbeitung und Forschung der Rechtsprechungsdokumente des Dali Yuan in der frühen republikanischen Zeit (民初大理院司法檔案的典藏整理與研究), in: Chengchi Law Review (政大法學評論), Taipeh, Vol. 59, 1998-6, S. 1-31.

Huang, Yuansheng (黃源盛): Die Rechtsentwicklung und Rechtsprechung in der frühen republikanischen Zeit 1912-1928 (民初法律變遷與裁判1912-1928), Taipeh, 1990.

Ikuyo, Toru (幾代通): Unerlaubte Handlung, Tokyo, Nachdr. 1993.

Kahn-Freund, Otto: On Uses and Misuses of Comparative Law, in: The Modern Law Review, Vol. 37, No. 1, 1974-1, S. 1-27.

Kang, Youwei (康有爲): Thronbericht zur Übersetzung der japanischen Literatur und zur Verschickung der Studenten (請廣譯日本書派游學摺), in: Verband der chinesischen Historiker (中國史學會, Hrsg.): Wu-Xu Reform (戊戌變法), Band II, Shanghai, 1961, S. 222-225.

Knieper, Rolf: Gesetz und Geschichte: ein Beitrag zu Bestand und Veränderung des Bürgerlichen Gesetzbuches, Baden-Baden, 1996.

Kommission für die Geschichte der Kuomintang Chinas (中國國民黨中央委員會黨史委員會, Hrsg.): Kollektive Schriften von Hanmin Hu (胡漢民先生文集), Taipeh, 1978.

Kötz, Hein / Wagner, Gerhard: Deliktsrecht, Nachdr. München, 2010.

Lai, Shen-Chon (賴賢宗): Vom juristischen Fachausdruck in den ostasiatischen Ländern zur Reflektion der Jurisprudenz (從東亞法學用語的字辭考察(正、直、是(非)、法、法律、權利)到法律學的省思), in: Liu, Xingyi (劉幸義, Hrsg.): Integration der chinesischen Zeichen für juristische Fachsprache in den ostasiatischen Ländern (東亞法律漢字用語之整合), Taipeh, 2007, S. 119-123.

Larenz, Karl / Canaris, Claus-Wilhelm: Lehrbuch des Schuldrechts: Bd. 2. Besonderer Teil, München, 1994.

Leach, E. Ronald: Ourselves and Others, in: Times Literary Supplement, London, July 6, 1973, S. 771 ff.

Li, Guilian (李贵连): Biographie von Shen Jiaben (沈家本传), Beijing, 2000.

Li, Minghui (李明辉) / Zheng, Jiadong (郑家栋): Selbst-Transformation des modernen Konfuzianismus (当代儒学的自我转化), Beijing, 2001.

Li, Zehou (李泽厚): Geistgeschichte im alten China (中国古代思想史论), Beijing, 2008.

Liang, Shuming (梁漱溟), Grundsätze der chinesischen Kultur (中國文化要義), 1949, Nachdr. Shanghei, 2005.

Liang, Zhiping (梁治平): Die Suche nach der Harmonie in der natürlichen Ordnung (寻求自然秩序中的和谐), Beijing, 1997.

Liu, Baoyü / Chen, Longye / Zhang, Zhenbao, (刘保玉 陈龙业 张珍宝): *Dian, Chuanshi* und Nutzpfandrecht an unbeweglichen Sachen und die Notwendigkeit der Regulierung des *dian* im chinesischen Sachenrecht (典权、传贯权、

不动产质权之比较——兼论中国物权法上规定典权的必要性), in: Chinesisches und Japanisches Zivilrecht (中日民商法研究), Beijing, Vol. 4. 2006, S. 95 ff.

Liu, Lumin (劉陸民): Entwicklung und Geist des chinesischen Zivilrechts (中華民法之沿革與精神), in: China Law Journal (法學叢刊), 1930, Vol. 1, Band 5. S. 35 ff.

Liu, Lydia H., Translingual Practice: Literature, National Culture, and Translated Modernity-China 1900-1937, Stanford, 1995.

Liu, Xingyi (劉幸義, Hrsg.): Integration der chinesischen Zeichen für juristische Fachsprache in den ostasiatischen Ländern (東亞法律漢字用語之整合), Taipeh, 2007.

Looschelders, Dirk: Die Mitverantwortlichkeit des Geschädigten im Privatrecht, Tübingen, 1999.

Luper, Steven: A Guide to Ethics, New York, 2002.

Ma, Cong (马聪): Analysis on the History of the Joint Offense in Ancient China (中国古代共同犯罪的发展历史), in: Journal of Zhengzhou Institute of Aeronautical Industry Management (Social Science Edition), 2004, 23(6), S. 34 ff.

Maine, Henry Sumner, Sir: Ancient Law, London, 1917, Nachdr. 1936.

Manthe, Ulrich: Bürgerliches Recht und Bürgerliches Gesetzbuch in der VR China, in: Jahrbuch für Ostrecht 28, München, 1987. S. 11-30.

Maye, Harun: Die Paradoxie der Billigkeit in Recht und Hermeneutik, in: Vismann und Weitin (Hrsg.), Urteilen/Entscheiden, München, 2006. S. 56-71

Medicus, Dieter / Lorenz, Stephan: Schuldrecht II, Besonderer Teil, München, 2012.

Mei, Zhongxie (梅仲协): Prinzipien des Zivilrechts (民法要義), Taipeh, 1944, Nachdr. Beijing, 1994.

Mi, Jian (米健): Eine vergleichende Forschung über *Dian* mit dem deutschen Nutzungspfand und dem italienischen Antichrese (典权制度的比较研究——以德国担保用益和法、意不动产质为比较考察对象), in: Tribune of Political Science and Law (政法论坛), Beijing, Vol. 4. 2001, S. 62 ff.

Mi, Jian (米健): Von dem Rechtsgeschäft (法律交易论), in: China Legal Science (中国法学), Beijing, 2004-02, S. 42 ff.

Mi, Jian: Die rechtsgeschichtlichen Wurzeln Chinas - insbesondere des Zivilrechts, in: Wolff, Jörg (Hrsg.): Kultur- und rechtshistorische Wurzeln Europas, Godesberg, 2006. S. 475-507.

Mi, Jian: Zu einigen Problemen bei der gegenwärtigen Reform des chinesischen Zivilrechts, in: Newsletter der Deutsch-Chinesischen Juristenvereinigung eV, 2003.

Montesquieu: De l'esprit des lois, 1748. Chinesische Übersetzung von Yan, Fu (嚴復): *Fa Yi* (法意), Beijing, 1909, Nachdruck, 2014.

Münzel, Frank: Strafrecht im alten China nach den Strafrechtskapiteln in den Ming-Annalen, Wiesbaden, 1968.

Nishihara, Haruo (西原春夫): Strafrecht, Konfuzianismus und Frieden in Asien (刑法、儒学和亚洲和平), Jinan, 2008.

Pan, Weihe (潘維和): Die chinesische Zivilrechtsgeschichte (中國民事法史), Taipeh, 1982.

Qu, Tongzu (瞿同祖): Das chinesische Recht und die chinesische Gesellschaft (中国法律与中国社会), in: Das Gesamtwerk von Qu Tongzu (瞿同祖法学论著集), Beijing, 1998.

Repgen, Tilman: Bürgerliches Gesetzbuch, in: Handwörterbuch zur deutschen Rechtsgeschichte, Nachdr. Berlin, 2008, Band I, S. 752-765.

Repgen, Tilman: Die soziale Aufgabe des Privatrechts, Tübingen, 2001.

Rixecker, Roland / Säcker, Franz Jürgen (Hrsg.): Münchener Kommentar zum Bürgerlichen Gesetzbuch, München.

Ruete, Hans-Hellmuth: Der Einfluss des abendländischen Rechtes auf die Rechtsgestaltung in Japan und China, Bonn, 1940.

Schmölder, Karl: Die Billigkeit als Grundlage des bürgerlichen Rechts: Ein Beitrag zur Berichtigung der amtlichen Rechtsauffassung, Hamm, 1907.

Schulze, Reiner: Der Einfluss des BGB in China, in: Berger, Elisabeth (Hrsg.): Rechtstransfer durch Zivilgesetzbücher, Beiträge Liechtenstein-Institut Nr. 29/2005, S. 45-54.

Senger, Harro von: Einführung in das chinesische Recht, München, 1995.

Shao, Jiandong: Die Rezeption des deutschen Zivilrechts im alten China, in: Juristenzeitung, Band 54, 1999, H. 2, S. 80-86.

Shen, Jiaben (沈家本): Gesammelte Werke von Jiyi (寄簃文存), Band 4, in: Die postumen Werke von Herrn Shen (沈寄簃先生遺書) I, Beijing, 1990.

Shiga, Shuzo (滋賀秀三): Untersuchung zur chinesischen Rechtskultur (中国法文化の考察), in: Japan Association of Legal Philosophy (日本法哲学会, Hrsg.), West and East in legal culture (東西法文化), Tokyo, 1987.

Staudinger, Julius von (Begr.): J. von Staudingers Kommentar zum Bürgerlichen Gesetzbuch, Berlin.

Sun, Xianzhong: Die Rezeption der westlichen Zivilrechtswissenschaft und ihre Auswirkung im modernen China, in: Rabels Zeitschrift für ausländisches und internationales Privatrecht, Bd. 71, H. 3, 07. 2007, S. 644-662.

Svarverud, Rune: The Notions of "Power" and "rights" in Chinese Political Discourse, in: New terms for new ideas: western knowledge and lexical change in late imperial China, Leiden; Boston; Köln, 2001.

Takeshita, Ken (竹下賢): Die chinesischen Zeichen im modernen juristischen Fachausdruck und die Rechtsrezeption von den anderen Kulturen (現代日本法律漢字用語之建立及其他法律文化之繼受), chinesisch übersetzt von Du, Yijing (杜怡靜), in: Integration der chinesischen Zeichen für juristische Fachsprache in den ostasiatischen Ländern (東亞法律漢字用語之整合), Taipeh, 2007, 77-92.

Teubner, Gunther: Legal Irritants: Good Faith in British Law or How Unifying Law Ends up in New Divergences, in: The Modern Law Review, Vol. 61, No. 1 1998-1, S. 11-32.

Tuori, Kaarlo: Critical Legal Positivism, Ashgate, 2002.

Wagatsuma, Sakae (我妻榮): Allgemeiner Teil des chinesischen Schuldrechts (中國民法債權総論), übersetzt von Hong, Xiheng (洪錫恒), Shanghai, 1936.

Wang, Boqi (王伯琦): Modernes Rechtsdenken und alte chinesische Kultur (近代法律思潮与中国固有文化), Taipeh, 1956; Nachdr. Beijing, 2005.

Wang, Tze-chien (王澤鑒): Deliktsrecht (侵权行为法), Band I, Beijing, 2002.

Wang, Tze-chien (王澤鑒): Fünfzig Jahre Zivilgesetzbuch (民法五十年), in: Furen Faxue (輔仁法學), Bd. 6, Taipeh, 1987.

Wang, Tze-chien: Die Aufnahme des europäischen Rechts in China, in: Archiv für die civilistische Praxis (AcP), Bd. 166, Tübingen,1966, S. 343-351.

Wang, Tze-chien: Entwicklungslinien und Reform des chinesisch-taiwanesischen Schuldrechts, in: Archiv für die civilistische Praxis (AcP), Bd. 186, Tübingen, 1986, S. 237-267.

Weber, Max: Wirtschaft und Gesellschaft, Gesellschaft: Grundriß der verstehenden Soziologie, Tübingen, Nachdr. 1980.

Weggel, Oskar: Chinesische Rechtsgeschichte, Leiden-Köln, 1980.

Wei, Yakun (魏亚坤): Die Quelle des „in Japan geschaffenen Chinesisch" in *wanguo gongfa* (《万国公法》中"和制汉语"词汇的词源分析), in: Journal of Yanshan University (燕山大学学报), 2008-9, S. 68 ff.

Weinrib, Ernest J: The Idea of Private Law, Oxford, 2012.

Wesel, Uwe: Zur Methode der Rechtsgeschichte, in: Kritische Justiz 1974, S. 337-368.

Wheaton, Henry: Elements of International Law, 1836. Chinesische Übersetzung von Martin, William A. P.: *wanguo gongfa* (萬國公法), Beijing: Tongwen Guan (同文館), 1864.

Wieacker, Franz: Privatrechtsgeschichte der Neuzeit, Göttingen, 1967, Nachdr. 1996.

Wood, R. Derek: The Treaty of Nanking: Form and the Foreign Office, 1842–43, in: Journal of Imperial and Commonwealth History, London, 1996-5, Vol. 24 (2), S. 181-196. www.hrgdigital.de/hrg.buergerliches_gesetzbuch.

Xu, Lan: Die Rezeption deutschen Zivilrechts in China am Beispiel des Deliktsrechts, in: Festschrift für Norbert Horn, 2006, S. 207-225.

Yanabu, Akira (柳父章): Die Geschichte der Übersetzung des Fachausdrucks (翻訳语成立事情), Tokyo, 1982.

Yang, Honglie (楊鴻烈): Die Entwicklungsgeschichte des chinesischen Rechts (中國法律發達史), 1930, Nachdr. Beijing, 2009.

Yao, Ruiguang (姚瑞光): Herstellung und Reform der zivilrechtlichen Urteile in der 3. Instanz (第三审民事判决之制作及改进), Nachdr. Beijing, 2011.

You, Chenjun (尤陈俊): Die Tatsache des „Enthusiasmus von Klagen" hinter dem Trugbild der „Müdigkeit von Klagen"? (厌讼"幻象之下的"健讼"实相？重思明清中国的诉讼与社会), in: Peking University Law Review (中外法学), Beijing, 2012-4, S. 815-834.

You, Chenjun (尤陈俊): How a "New Legal History" Might Be Possible: Recent Trends in Chinese Legal History Studies in the United States and Their Implications, in: Modern China, XX(X) 1-38, 2013.

Zhang, Jinfan (张晋藩): Die Chinesische Rechtsgeschichte (中国法律通史), Beijing, 1999.

Zhang, Jinfan (张晋藩): Die Rechtsinstitutionen des alten Chinas (中国古代法律制度), Beijing, 1992.

Zhang, Jinfan (张晋藩): Die Rechtstradition und der moderne Transfer in China (中国法律传统与近代转型), Beijing, 2006.

Zhang, Jinfang (张晋藩): Allgemeine Untersuchung über das Zivilprozesssystem im alten China (中国古代民事诉讼制度通论), in: Rechtsordnung und soziale Entwicklung (法制与社会发展), Jilin, 1996-3, S. 54-55.

Zhang, Longwen (張龍文): Vergleich zwischen dem dian-Recht und dem Nutzpfandrecht an unbeweglichen Sachen (典權與不動產質權之比較研究), in: China Law Journal (法學叢刊), Taipeh, Vol. 12-3, 1967, S. 24-31.

Zhang, Qun (张群): „Verbrennungs- und Beerdigungsgeld“ und das chinesische Schadensrecht bei Tötungsdelikten (烧埋银与中国古代生命权侵害赔偿制度), in: Chinesische und Westliche Rechtstradition (中西法律传统), Beijing, 2004, Band VI, S. 291 ff.

Zhang, Sheng (张生): Die Modernisierung des Zivilrechts am Anfang der Republik China (民国初期民法的近代化——以固有法和继受法的整合为中心), Beijing, 2002.

Zhang, Sheng (张生): Von der Kodifizierung im neuzeitlichen China 1901 – 1949 (中国近代民法法典化研究 一九〇一至一九四九), Beijing, 2004.

Zhang, Zhengxue (張正學): Die gerichtlichen Anwendungsregeln in zivilrechtlichen Fällen (法院判斷民事案件應用之法則), in: (Chao Yang) Law Review (法律評論), Band 249, 1930, S. 50 ff.

Zheng, Chengsi (郑成思): Deliktische Haftung, Schadensersatz und Schutz des Geistigen Eigentums (侵权责任、损害赔偿责任与知识产权保护), in: Global Law Review (环球法律评论), Beijing, 2003-W, S. 126 ff.

Zhu, Jingwei (朱京伟): Die strukturelle und semantische Analyse zum „in Japan geschaffenen Chinesisch“ (“和制汉语”的结构分析和语义分析), in: Nihongo No Gakushu To Kenkyu (日语学习与研究), Beijing, 1999-4, S. 112 ff.

Zhu, Qingyu (朱庆育): Rechtsgeschäft als ein Fachbegriff (法律行为概念疏证), in: Peking University Law Review (中外法学), Beijing, 2008-3, S. 123 ff.

Zweigert, Konrad / Körz, Hein: Einführung in der Rechtsvergleichung: auf dem Gebiete des Privatrechts, Nachdr. Tübingen, 1996.

RECHTSHISTORISCHE REIHE

Die nachfolgende Liste führt die Titel der "Rechtshistorischen Reihe" ab Band 300 auf. Eine vollständige Übersicht aller bisher in der Reihe erschienenen Bücher finden Sie auf www.peterlang.com

Band 300 Jan Kohlmann: Der Marsch zu den Gräbern von Karl und Rosa. Geschichte eines Gedenktages. 2004.

Band 301 Christian Rainer Schlicht: Die kumulative Schuldübernahme in der Rechtsprechung des Reichsgerichts und in der zeitgenössischen Literatur. 2004.

Band 302 Hans Peter Glöckner: Positive Vertragsverletzung. Die Geburt eines Rechtsinstituts. 2006.

Band 303 João Manuel Azevedo Alexandrino Fernandes: Die Theorie der Interpretation des Gesetzes bei Francisco Suárez. 2005.

Band 304 René Funk: Die Wahlprüfung der volksgewählten Abgeordneten der Volksvertretungen im Frühkonstitutionalismus. Eine Untersuchung der Wahlprüfung in den Kammern der Abgeordneten des Großherzogtums Baden, des Königreichs Württemberg und des Großherzogtums Hessen. 2005.

Band 305 Carolin O'Sullivan. Die Ahndung von Rechtsbrüchen der Seeleute im mittelalterlichen hamburgischen und hansischen Seerecht (1301-1482). 2005.

Band 306 Martin Jürgens: Staat und Reich bei Ernst Rudolf Huber. Sein Leben und Werk bis 1945 aus rechtsgeschichtlicher Sicht. 2005.

Band 307 Florian G. Dürselen: Franz Beyerle (1885-1977). Leben, Ära und Werk eines Rechtshistorikers. 2005.

Band 308 Kai Bandilla: Urheberrecht im Kaiserreich. Der Weg zum Gesetz betreffend das Urheberrecht an Werken der Literatur und Tonkunst vom 19. Juni 1901. 2005.

Band 309 Stefan Mieth: Die Entwicklung des Denkmalrechts in Preußen 1701-1947. 2005.

Band 310 Catharina Lodemann: Die Geschichte des französischen *acte de gouvernement*. 2005.

Band 311 Christina Wicke: Kodifikationsbestrebungen und Wissenschaft in Hessen-Darmstadt im vorkonstitutionellen Zeitalter. Zu der Beteiligung der Gießener Rechtsprofessoren an den Gesetzgebungsarbeiten in Hessen-Darmstadt in der Zeit zwischen 1769 und 1820. 2005.

Band 312 Christiane Chlosta: Nur dem Gesetz unterworfen? Eine rechtsgeschichtliche Untersuchung zu Idee und Wirklichkeit richterlicher Gesetzestreue unter besonderer Berücksichtigung der Aufwertungsrechtsprechung und des richterlichen Prüfungsrechts. 2005.

Band 313 Kathrin Dirr: Hoheitsrechtliche Streitigkeiten zwischen den Kölner Erzbischöfen und der Stadt Köln auf Grundlage reichskammergerichtlicher Verfahren des 16. und 17. Jahrhunderts. 2005.

Band 314 Michael Racky: Die Diskussion über Gewaltenteilung und Gewaltentrennung im Vormärz. 2005.

Band 315 Petra Thiemrodt: Die Entstehung des Staatshaftungsgesetzes der DDR. Eine Untersuchung auf der Grundlage von Materialien der DDR-Gesetzgebungsorgane mit zeitgeschichtlichen Bezügen. 2005.

Band 316 Julius F. Reiter: Entstehung und staatsrechtliche Theorie der italienischen *Carta del Lavoro*. 2005.

Band 317 André Book: Die Justizreform in der Frühzeit der Bundesrepublik. Die Beratungen der Kommission zur Vorbereitung einer Reform der Zivilgerichtsbarkeit in den Jahren 1955 bis 1961. 2005.

Band 318 Frank Zentz: Das amerikanische Strafverfahren als Element der Besatzungspolitik in Deutschland. Erziehung zur Demokratie durch den *Court of Appeals* 1948-1955. 2005.

Band 319 Friederike Quaisser: Mietrecht im 19. Jahrhundert. Ein Vergleich der mietrechtlichen Konzeptionen im Allgemeinen Landrecht für die Preußischen Staaten von 1794 und dem gemeinen Recht. 2005.

Band 320 Stefan Burghard: Professor Dr. Wilhelm Kahl – Leben zwischen Wissenschaft und Politik. 2005.

Band 321 Günter Baranowski: Die *Russkaja Pravda* – ein mittelalterliches Rechtsdenkmal. 2005.

Band 322 Christina Schneider: Die SS und das „Recht". Eine Untersuchung anhand ausgewählter Beispiele. 2005.

Band 323 Werner Schubert (Hrsg.): Zivilprozessreform in der Weimarer Zeit. Quellen zur Emminger-Zivilprozessverordnung vom 13.2.1924 und zu den Arbeiten der Zivilprozesskommission des Reichsjustizministeriums (1922-1930). Eingeleitet und herausgegeben von Werner Schubert. 2005.

Band 324 Felix Gaul: Der Jurist Rudolf Isay (1886-1956). Ein verantwortungsbewusster Vermittler im Spannungsfeld zwischen dynamischer Rechtsschöpfung, ökonomischem Wandel und technischem Fortschritt. 2005.

Band 325 Konstanze Braun: Dr. Otto Georg Thierack (1889-1946). 2005.

Band 326 Eckart Klein / Stefan Chr. Saar / Carola Schulze (Hrsg.): Zwischen Rechtsstaat und Diktatur. Deutsche Juristen im 20. Jahrhundert. 2006.

Band 327 Stefan Botor: Das *Berliner Sühneverfahren* – Die letzte Phase der Entnazifizierung. 2006.

Band 328 Andreas Köhler: Die Sorgerechtsregelungen bei Ehescheidung seit 1945. Scheidungsstrafe und verordnete Gemeinsamkeit. 2006

Band 329 Lars Düwel: Die Nichtigkeit und Anfechtbarkeit der Ehe in der Rechtsprechung des Reichsgerichts zwischen 1900 und 1945. 2006.

Band 330 Katalin Polgar: Das Oberappellationsgericht der vier freien Städte Deutschlands (1820-1879) und seine Richterpersönlichkeiten. 2007.

Band 331 Julia Schweitzer: Schiffer und Schiffsmann in den Rôles d'Oléron und im Llibre del Consolat de Mar. Ein Vergleich zweier mittelalterlicher Seerechtsquellen. 2007.

Band 332 Diana-Catharina Kurtz: Das Institut der Adoption im preußischen Allgemeinen Landrecht und im französischen Code civil zwischen Rezeption römisch-rechtlicher Prinzipien und verändertem Familienverständnis. 2006.

Band 333 Dino Joakim Duderstadt: Spiel, Wette und Differenzgeschäft (§§ 762-764 BGB) in der Rechtsprechung des Reichsgerichts und in der zeitgenössischen Literatur. 2007.

Band 334 Ronald Hoffmann: Die Domänenfrage in Thüringen. Über die vermögensrechtlichen Auseinandersetzungen mit den ehemaligen Landesherren in Thüringen nach dem Ersten Weltkrieg. 2006.

Band 335 Joachim Windmüller: *Ohne Zwang kann der Humanismus nicht existieren...* – „Asoziale" in der DDR. 2006.

Band 336 Sven Christian Gläser: Die Mediatisierung der Grafschaft Wertheim. Der juristische Kampf eines kleinen Reichsstandes gegen den Verlust der Landesherrschaft und seine Folgen. 2006.

Band 337 Benjamin Schleyer: Friedrich Wilhelm Bornemann (1798-1864). Eine Juristenkarriere im Preußen des 19. Jahrhunderts. 2006.

Band 338 Die Reform des Ehescheidungsrechts von 1976. Quellen zum Ersten Gesetz vom 14.6.1976 zur Reform des Ehe- und Familienrechts (Parlamentarische Ausschussprotokolle – Anglikanische Denkschrift von 1966 zur Scheidungsrechtsreform – Schlussabstimmung 1969 in der Eherechtskommission des Bundesministeriums der Justiz). Eingeleitet und herausgegeben von Werner Schubert. 2006.

Band 339 Andreas Feld: Das Bayerische Gesetz zum Schutz des Eigentums an Erzeugnissen der Literatur und Kunst gegen Nachdruck vom 15.04.1840. Vorgeschichte und Zustandekommen. 2007.

Band 340 Bernd Wörner: Adelbert Düringers Einfluß als Richter am Reichsgericht in Leipzig auf dem Gebiet des Personengesellschaftsrechts. 2007.

Band 341 Jan Jelle Kähler: Französisches Zivilrecht und französische Justizverfassung in den Hansestädten Hamburg, Lübeck und Bremen (1806-1815). 2007.

Band 342 Jörn Eckert / Pia Letto-Vanamo / Kjell Modéer (Hrsg.): Juristen im Ostseeraum. Dritter Rechtshistorikertag im Ostseeraum 20.-22. Mai 2004. 2007.

Band 343 Ferdinand von Weyhe: A.E. Wassermann. Eine rechtshistorische Fallstudie zur „Arisierung" zweier Privatbanken. 2007.

Band 344 Martin Klaus Römermann: Kündigungen und Kündigungsschutz im Franquismus. 2007.

Band 345 Thomas Hoffmann: Der Landrechtsentwurf David Hilchens von 1599. Ein livländisches Rechtszeugnis polnischer Herrschaft. 2007.

Band 346 Ingo Ullmann: Die rechtliche Behandlung holsteinischer Leibeigener um die Mitte des 18. Jahrhunderts. Dargestellt unter besonderer Berücksichtigung der Schmoeler Leibeigenschaftsprozesse von 1738 bis 1743 sowie von 1767 bis 1777. 2007.

Band 347 Petra Fischer-Langosch: Die Entstehungsgeschichte des Familiengesetzbuches der DDR von 1965. 2007.

Band 348 Lasse O. Johannsen: Die rechtliche Behandlung ausreisewilliger Staatsbürger in der DDR. 2007.

Band 349 Ralf Schlottau: Deutsche Kolonialrechtspflege. Strafrecht und Strafmacht in den deutschen Schutzgebieten 1884 bis 1914. 2007.

Band 350 Hartwig Brandt / Ewald Grothe (Hrsg.): Rheinbündischer Konstitutionalismus. 2007.

Band 351 Nora Lutze: Der Verwandtenunterhalt nach den §§ 1601 bis 1603 und §§ 1610 bis 1612 BGB in der Rechtsprechung des Reichsgerichts. Unter Berücksichtigung der Entstehung des BGB. 2007.

Band 352 Frank Thiäner: Das Verhältnis von Aufsichtsrat und Abschlussprüfern in der rechtshistorischen Entwicklung bis 1937. 2007.

Band 353 Britta Heymann: Ernst Melsheimer (1897-1960). Eine juristische Karriere in verschiedenen staatlichen Systemen. Mitarbeiter im Preußischen Justizministerium in der Weimarer Republik, im Justizministerium Preußens und des Reiches sowie Richter am Kammergericht in der NS-Zeit und Erster Generalstaatsanwalt der Deutschen Demokratischen Republik. 2007.

Band 354 Susanne Adlberger: Wilhelm Kisch – Leben und Wirken (1874-1952). Von der Kaiser-Wilhelms-Universität Straßburg bis zur nationalsozialistischen Akademie für Deutsches Recht. 2007.

Band 355 Moritz Waibel: Josef Berchtold (1833-1894). Ein Leben gegen den Ultramontanismus. 2007.

Band 356 Aline Levin: Erinnerung? Verantwortung? Zukunft? Die Beweggründe für die gemeinsame Entschädigung durch den deutschen Staat und die deutsche Industrie für historisches Unrecht. 2007.

Band 357 Ferdinand Krause: Die hergebrachten Grundsätze des Berufsbeamtentums. Eine rechtshistorische Analyse. 2008.

Band 358 André Tiebel: Die Entstehung der Schutztruppengesetze für die deutschen Schutzgebiete Deutsch-Ostafrika, Deutsch-Südwestafrika und Kamerun (1884-1898). 2008.

Band 359 Holger Ruff: Sittenwidrige Rechtsgeschäfte in der späten Kaiserzeit. Die Entwicklung der reichsgerichtlichen Rechtsprechung zu § 138 BGB von 1900 bis 1914. 2007.

Band 360 Frank Rohrer: Strafjustiz im Dritten Reich und in der SBZ/DDR. Die personelle und organisatorische Neuordnung des Justizapparates in den totalitären Diktaturen (1933-1955) mit ihren Auswirkungen auf die Rechtsprechung zum politischen Strafrecht. 2007.

Band 361 Hans-Georg Knothe / Marc Liebmann (Hrsg.): Gerichtskultur im Ostseeraum. Vierter Rechtshistorikertag im Ostseeraum. 18.-20. Mai 2006 in Greifswald. 2007.

Band 362 Christina Meß: Das Vertragsrecht bei Adam Smith. 2008.

Band 363 Quellen zur dänischen Rechts- und Verfassungsgeschichte (12.-20. Jahrhundert). Herausgegeben von Ditlev Tamm, Werner Schubert und Jens Ulf Jørgensen. 2008.

Band 364 Günter Baranowski: Die Gerichtsurkunde von Pskov. 2008.

Band 365 Mark Spengler: Die Entstehung des Scheckgesetzes vom 11. März 1908. 2008.

Band 366 Ivan Biliarsky / Radu G. Păun (eds./éds.): The Biblical Models of Power and Law. Les modèles bibliques du pouvoir et du droit. Papers of the International Conference, Bucharest, New Europe College 2005. Actes du colloque international, Bucarest, New Europe College 2005. 2008.

Band 367 Thomas A. Roth: Ausgestaltungen der Rechtsfähigkeit im 19. und 20. Jahrhundert. Zur Rechtspersönlichkeit natürlicher Personen in den bedeutenden deutschen Zivilrechtsordnungen. 2008.

Band 368 Björn Alexander Rautenberg: Der Fiskal am Reichskammergericht. Überblick und exemplarische Untersuchungen vorwiegend zum 16. Jahrhundert. 2008.

Band 369 Thorsten Miederhoff: *Man erspare es mir, mein Juristenherz auszuschütten.* Dr. iur. Kurt Tucholsky (1890-1935). Sein juristischer Werdegang und seine Auseinandersetzung mit der Weimarer Strafrechtsreformdebatte am Beispiel der Rechtsprechung durch Laienrichter. 2008.

Band 370 Philipp Nordloh: Kölner Zunftprozesse vor dem Reichskammergericht. 2008.

Band 371 Judith Freund: Die Wechselverpflichtung im 19. Jahrhundert. 2008.

Band 372 Hans-Michael Empell: Gutenberg vor Gericht. Der Mainzer Prozess um die erste gedruckte Bibel. 2008.

Band 373 Rainer Schröder: Die DDR-Ziviljustiz im Gespräch – 26 Zeitzeugeninterviews. 2008.

Band 374 Christian Neschwara: Ein österreichischer Jurist im Vormärz. „Selbstbiographische Skizzen" des Freiherrn Karl Josef Pratobevera (1769-1853). 2009.

Band 375 Stefan Ullrich: Untersuchungen zum Einfluss des lübischen Rechts auf die Rechte von Bergen, Stockholm und Visby. 2008.

Band 376 Johanna Gertrude Schmitzberger: Das nationalsozialistische Nebenstrafrecht 1933 bis 1945. 2008.

Band 377 Christian Brom: Urteilsbegründungen im „Hoge Raad van Holland, Zeeland en West-Friesland" am Beispiel des Kaufrechts im Zeitraum 1704-1787. 2008.

Band 378 Christian Böse: Die Entstehung und Fortbildung des Reichserbhofgesetzes. 2008.

Band 379 Tobias Röhnelt: Timm Kröger. Leben und Werk. 2009.

Band 380 Andrea Elisabeth Sebald: Der Kriminalbiologe Franz Exner (1881-1947). Gratwanderung eines Wissenschaftlers durch die Zeit des Nationalsozialismus. 2008.

Band 381 Angela Kriebisch: Die Spruchkörper Juristenfakultät und Schöppenstuhl zu Jena. Strukturen, Tätigkeit, Bedeutung und eine Analyse ausgewählter Spruchakten. 2008.

Band 382 Nana Ozawa: Louis Adolphe Bridel – Ein Schweizer Professor an der juristischen Fakultät der Tokyo Imperial University. Die geschichtliche Bedeutung der Yatoi zur späten Meijizeit. 2010.

Band 383 Christian Weißhuhn: Alfred Hueck 1889-1975. Sein Leben, sein Wirken, seine Zeit. 2009.

Band 384 Andreas Hunkel: Eduard Dietz (1866-1940) – Richter, Rechtsanwalt und Verfassungsschöpfer. 2009.

Band 385 Meike Guskow: Entstehung und Geschichte der Europäischen Charta der Regional- oder Minderheitensprachen. 2009.

Band 386 Markus J. Jahnel: Das Bodenrecht in „Neudeutschland über See". Erwerb, Vergabe und Nutzung von Land in der Kolonie Deutsch-Südwestafrika 1884-1915. 2009.

Band 387 Matthias Günter Steiner: Die Klöster und ihr Wirken – eine der Wurzeln des Stiftungswesens? 2009.

Band 388 Cornelia Staats: Die Entstehung des Bundes-Immissionsschutzgesetzes vom 15. März 1974. 2009.

Band 389 Cai Niklaas E. Harders: Das Bundesjagdgesetz von 1952 sowie die Novellen von 1961 und 1976. Vorgeschichte, Entstehung des Gesetzes sowie Problemfelder. 2009.

Band 390 Matthias Pohlkamp: Die Entstehung des modernen Wucherrechts und die Wucherrechtsprechung des Reichsgerichts zwischen 1880 und 1933. 2009.

Band 391 Sebastian Baur: *Vor vier Höllenrichtern...* Die Lizentiats- und Doktorpromotionen an der Juristischen Fakultät der Universität Heidelberg. 2009.

Band 392 Christoph Salmen-Everinghoff: Zur *cautio damni infecti*: Die Rückkehr eines römischrechtlichen Rechtsinstituts in das moderne Zivilrecht. 2009.

Band 393 Till Meno Sellschopp: Der Weg zum Revokationsrecht der Ehegatten nach § 1368 BGB. Zugleich ein Beitrag zur Geschichte des ehelichen Güterrechts. 2009.

Band 394 Marc Biermann: Das Staatseigentum an öffentlichen Sachen im Gemeingebrauch in der ersten Hälfte des 19. Jahrhunderts. Die Theorie des reinen Hoheitsrechts an den öffentlichen Sachen von Rudolph von Jhering und Friedrich Ludwig Keller im Zusammenhang mit dem Baseler Schanzenstreit von 1859/62. 2009.

Band 395 Markus Tüxen: Kollegialprinzip oder Einzelrichter. Die Entwicklung des zivilrechtlichen Spruchkörpers bei den Landgerichten sowie den Oberlandesgerichten seit 1879 unter besonderer Berücksichtigung der Reformen von 1974 und 1976. 2009.

Band 396 Adam Polkowski: Die polnische Zivilprozessordnung von 1930/33. Unter Berücksichtigung des deutschen, österreichischen, russischen und französischen Rechts. 2009.

Band 397 Barbara Riedi: Die Porten der Unteren Strasse, ihr Ladungsrecht und der Strassenunterhalt. Rechtshistorische Betrachtungen zur Verkehrs- und Wirtschaftsgeschichte Graubündens. 2009.

Band 398 Stefanie Jessica Loroch: Zeitungsrubrik: Gerichtssaal. Strafprozessberichterstattung in Münster im 19. Jahrhundert (1848-1890). 2009.

Band 399 Dirk Henning Hofer: Karl Konrad Werner Wedemeyer (1870-1934). Ein Juristen- und Gelehrtenleben in drei Reichen. Eine Biographie. 2010.

Band 400 Thomas Simon (Hrsg.): Hundert Jahre allgemeines und gleiches Wahlrecht in Österreich. Modernes Wahlrecht unter den Bedingungen eines Vielvölkerstaates. 2010.

Band 401 Dörte Mentz: Die Beweislastumkehr in der Rechtsprechung des Reichsgerichts. 2010.

Band 402 Werner Schubert (Hrsg.): Oberster Gerichtshof für die Britische Zone (1948-1950). Nachschlagewerk Strafsachen – Nachschlagewerk Zivilsachen. Präjudizienbuch der Zivilsenate. Eingeleitet und herausgegeben von Werner Schubert. 2010.

Band 403 Yong Lei: Auf der Suche nach dem modernen Staat. Die Einflüsse der allgemeinen Staatslehre Johann Caspar Bluntschlis auf das Staatsdenken Liang Qichaos. 2010.

Band 404 Andreas Schwenk: Die Formbestimmung des § 313 BGB a. F. (§ 311 b Abs. 1 BGB n. F.) bei Verträgen über Grundstücke in der Rechtsprechung des Reichsgerichts. 2010

Band 405 René Schorsch: Eberhard Georg Otto Freiherr von Künßberg (1881-1941). Vom Wirken eines Rechtshistorikers. 2010.

Band 406 Ulrike Köbler: Werden, Wandel und Wesen des deutschen Privatrechtswortschatzes. 2010.

Band 407 Björn Florian Faulenbach: Rolle und Bedeutung der Lehre in der Rechtsprechung der Internationalen Gerichtshöfe im zwanzigsten Jahrhundert. 2010.

Band 408 Guangyu Fu: Das Causaproblem im deutschen Bereicherungsrecht. Eine rechtshistorische Untersuchung. 2010.

Band 409 Andreas Kimmelmann: Die Folter im Beweisverfahren der Leges Visigothorum. Chindasvinths Gesetzgebung im Spiegel der westgotischen Rechtsentwicklung. 2010.

Band 410 Jacqueline Schmaltz: Die Entwicklung der Industrie- und Handelskammern. Zwischen Pflicht und Kür. 2010.

Band 411 Hermann Nehlsen: Bayerische Rechtsgeschichte vom frühen Mittelalter bis zum 20. Jahrhundert. 2011.

Band 412 Kathrin Spoerr: Recht und Revolution. Deutsche Ökonomen und ihr Einfluss auf das Recht der Weimarer Republik – eine Zeitschriftenschau 1917-1920. 2011.

Band 413 Moritz von Köckritz: Die deutschen Oberlandesgerichtspräsidenten im Nationalsozialismus (1933-1945). 2011.

Band 414 Annika Lillemor Lara Rabaa: Die Ehe als Rechtsinstitut im Badischen Landrecht von 1810. Unter besonderer Berücksichtigung der gesellschaftlichen Entwicklungen im 19. Jahrhundert. 2011.

Band 415 Christian Hattenhauer / Klaus-Peter Schroeder (Hrsg.): 200 Jahre Badisches Landrecht von 1809/1810. Jubiläumssymposium des Instituts für geschichtliche Rechtswissenschaft der Ruprechts-Karls-Universität Heidelberg und der Heidelberger Rechtshistorischen Gesellschaft vom 23. bis 26. September 2009. 2011.

Band 416 Tobias Alexander Krammerbauer: Die Ministerverantwortlichkeit und die Vorformen sonstiger Verfassungsgerichtsbarkeit in Württemberg zwischen 1815 und 1918. 2011.

Band 417 Werner Schubert (Hrsg.): Quellen zur GmbH-Reform von 1958 bis zum GmbH-Änderungsgesetz von 1980. Eingeleitet und herausgegeben von Werner Schubert. 2011.

Band 418 Gisela Emling: Johannes Heckel. Leben und Wirken (1889-1963). 2011.

Band 419 Jochen Kirschbaum: Die Etablierung der Historischen Rechtsschule an der Ludoviciana (1814-1824). 2011.

Band 420 Sören Koch: Unaufgeforderte Hilfeleistung in Notsituationen. Eine rechtshistorische und rechtsvergleichende Studie zu den zivilrechtlichen Aspekten der Nothilfe mit besonderer Berücksichtigung des Rechts der Geschäftsführung ohne Auftrag. 2011.

Band 421 Friedrich Carl von Savigny: Die Prinzipienfragen in Beziehung auf eine neue Strafprozeß-Ordnung. Ausgearbeitet im Justizministerium für die Gesetzrevision. Eingeleitet und herausgeben von Werner Schubert. 2011.

Band 422 Stephan Faulwetter: Von der Zunft zur Handelskammer. Zur Entwicklung des Gewerberechts in thüringischen Staaten. 2011.

Band 423 Moritz Eisenhardt: Sanierung statt Liquidation. Die Geschichte des Vergleichs zur Abwendung des Konkurses unter besonderer Berücksichtigung der Vergleichsordnung von 1927 und 1935. 2011.

Band 424 Gerd Kleinheyer: Beiträge zur Strafrechtsgeschichte. Herausgeben von Franz Dorn, Mathias Schmoeckel und Jan Schröder. 2011.

Band 425 Ralf Maertens: Das Landgericht Altona (1879-1937) und die Anfänge des Landgerichts Itzehoe (1937-1945). Unter besonderer Berücksichtigung ihrer Tätigkeitsberichte und rechtspolitischen Stellungnahmen. 2011.

Band 426 Mark Friedrich: Ferdinand von Martitz (1839-1921). Rechtshistoriker, Staatsrechtler und Völkerrechtler zwischen dem Ende des Deutschen Bundes und dem Beginn der Weimarer Republik. 2012.

Band 427 Sebastian Krusche: Die Bundesrechtsanwaltsordnung vom 1. August 1959. Vorgeschichte und Entstehung. 2012.

Band 428 Marju Luts-Sootak / Sanita Osipova / Frank L. Schäfer (Hrsg./eds.): Einheit und Vielfalt in der Rechtsgeschichte im Ostseeraum. Unity and Plurality in the Legal History of the Baltic Sea Area. Sechster Rechtshistorikertag im Ostseeraum, 3.-5. Juni 2010 in Tartu (Estland) / Riga (Lettland). 6th Conference in Legal History in the Baltic Sea Area, 3rd-5rd June 2010 Tartu (Estonia) / Riga (Latvia). 2012.

Band 429 Margret R. I. Bootz: Die Hamburger Rechtsprechung zum Arbeitsrecht im Nationalsozialismus bis zum Beginn des 2. Weltkriegs. 2012.

Band 430 Heiko Zech: Die soziale Frage im Konkursrecht 1879-1900. 2012.

Band 431 Jan C. Lorenzen: Das Bundesnaturschutzgesetz vom 20. Dezember 1976. Die Entwicklung des Naturschutzrechtes in Deutschland von den Anfängen bis zur Neukodifikation des Bundesnaturschutzgesetzes von 1976. 2012.

Band 432 Ulrike Ingrid Bernhardt: Geschichte des Weinrechts im Deutschen Kaiserreich (1871-1918). Mit einem Überblick zur Vorgeschichte und Weiterentwicklung bis zur Gegenwart. 2012.

Band 433 Elisabeth Otto: Das Verwaltungsrecht in der SBZ / DDR bis zur Verwaltungsneugliederung im Jahr 1952. 2012.

Band 434 Werner Schubert: Zur Geschichte der Justizverfassung in Schleswig-Holstein im 19. und 20. Jahrhundert. Quellen und Studien. 2012.

Band 435 Stefan Ellenberg: Herrschaft und Reform. Zur Diskussion um die Aktienrechtsreform und den Konzern in der Weimarer Zeit. 2012.

Band 436 Jasmin Sonntag: Gesetzgebung und Verwaltung im Dalbergstaat 1802-1810. 2012.

Band 437 Martin Komusiewicz: Die Diskussion um das Verhältnis von Rechtsanwaltschaft und Notariat seit dem Ende des 18. Jahrhunderts bis zum Erlass der Bundesnotarordnung. 2012.

Band 438 Henriette von Breitenbuch: Karl Neumeyer – Leben und Werk (1869-1941). 2013.

Band 439 Günter Baranowski: Russische Rechtsgeschichte: Texte und Erläuterungen. Teil 1: Von den Anfängen bis 1612/13. 2013.

Band 440 Werner Schubert (Hrsg.): Staatsanwaltschaftsrecht (1934-1982). Quellen zu den Reformprojekten (Organisation – Innerer Dienstbetrieb – Ermittlungsverfahren – Verhältnis der Staatsanwaltschaft zur Polizei) und zur Anordnung über Organisation und Dienstbetrieb der Staatsanwaltschaft (OrgStA). Eingeleitet und herausgegeben von Werner Schubert. 2013.

Band 441 York Zieren: Das Schiedsverfahrensrecht der ZPO (1877-1933) unter Berücksichtigung der Genfer Übereinkommen von 1923 und 1927 sowie der Rechtsprechung des Reichsgerichts. 2013.

Band 442 Stefan Wolf: Das Jenaer Studium der Rechte im Dritten Reich. Zwischen Tradition und nationalsozialistischer Ideologie. 2013.

Band 443 Bernhard Klose: Das Verblassen eines Makels. Das Nichtehelichenrecht der DDR als Teil der gesamtdeutschen Entwicklung. 2013.

Band 444 Peter Opitz-von Bardeleben: Das Generalgouvernement Niederrhein. 2013.

Band 445 Nadine Göppner: Vorgeschichte und Entstehung des Atomgesetzes vom 23.12.1959. 2013.

Band 446 Frank L. Schäfer / Werner Schubert (Hrsg./eds.): Justiz und Justizverfassung / Judiciary and Judical System. Siebter Rechtshistorikertag im Ostseeraum, 3.-5. Mai 2012 Schleswig-Holstein / 7th Conference in Legal History in the Baltic Sea Area, 3rd-5th May 2012 Schleswig-Holstein. 2013.

Band 447 Sandy Schenker: Gegen Täuschungen und Gesundheitsgefährdungen durch schlechte Nahrung. Zur Entwicklung des Nahrungsmittelrechts durch Rechtsprechung und Gesetzgebung zwischen 1871 und 1927. 2013.

Band 448 Youn Seok Choi: Der Besitzerwerb des Erben. Historische Entwicklungen, die Lösung des § 857 BGB und ihre Anwendungsprobleme. 2013.

Band 449 Johannes Kalb: Die innerstädtische Auseinandersetzung in Regensburg am Ende der Reichsunmittelbarkeit. Eine historische und rechtliche Untersuchung. 2014.

Band 450 Thomas Habbe: Lastenausgleich. Die rechtliche Behandlung von Kriegsschäden in Deutschland seit dem 30jährigen Krieg. 2014.

Band 451 Günter Baranowski: Russische Rechtsgeschichte: Texte und Erläuterungen. Teil 2: Von 1613 bis 1682. 2015.

Band 452 Wilhelm Brauneder (Hrsg): Landrechtsentwurf für Österreich unter der Enns 1526. 2015.

Band 453 Maximilian Elsner von der Malsburg: „Arisierung" von Privatbanken am Beispiel des Bankhauses E. J. Meyer in Berlin. 2015.

Band 454 Tanja Claussen: Johann Julius Wilhelm Planck (1817-1900). Leben und Werk. 2015.

Band 455 Werner Schubert (Hrsg.): Das Reichsjustizministerium und die höheren Justizbehörden in der NS-Zeit (1935-1944). Protokolle und Mitschriften der Arbeitstagungen der Reichsjustizminister mit den Präsidenten der Oberlandesgerichte, des Volksgerichtshofs, des Reichsgerichts sowie mit den Generalstaatsanwälten. Eingeleitet und herausgeben von Werner Schubert. 2015.

Band 456 Christian Vahl: Die gesetzliche Regelung des Seefrachtvertrags im deutschen Recht. Eine rechtshistorische Betrachtung unter besonderer Berücksichtigung der Beratungen des Seerechtsausschusses der Akademie für Deutsches Recht (1934-1942). 2015.

Band 457 Ruomeng Yang: Die Rezeption der europäischen Privatrechte in China und die konfuzianische Tradition. Das Beispiel des Deliktsrechts im frühen 20. Jahrhundert. 2015.

www.peterlang.com

www.ingramcontent.com/pod-product-compliance
Ingram Content Group UK Ltd.
Pitfield, Milton Keynes, MK11 3LW, UK
UKHW021853290926
8980IPUK00005B/821